湖南家谱家训选

湖南图书馆 编

浙江古籍出版社

图书在版编目(CIP)数据

湖南家谱家训选 / 湖南图书馆编. —杭州:浙江古籍出版社，2022.8
ISBN 978-7-5540-2357-0

Ⅰ.①湖… Ⅱ.①湖… Ⅲ.①家谱—汇编—湖南 ②家庭道德—汇编—湖南 Ⅳ.①K820.9 ②B823.1

中国版本图书馆 CIP 数据核字(2022)第 152989 号

湖南家谱家训选

湖南图书馆　编

出版发行　浙江古籍出版社
（杭州市体育场路 347 号　邮编:310006）
网　　址　https://zjgj.zjcbcm.com
责任编辑　刘成军
封面设计　吴思璐
责任校对　吴颖胤
责任印务　楼浩凯
照　　排　浙江时代出版服务有限公司
印　　刷　浙江海虹彩色印务有限公司
开　　本　880mm×1230mm　1/32
印　　张　9.375
字　　数　260 千
版　　次　2022 年 8 月第 1 版
印　　次　2022 年 8 月第 1 次印刷
书　　号　ISBN 978-7-5540-2357-0
定　　价　98.00 元

《湖南家谱家训选》编委会

主　编：伍　涛

副主编：刘雪平　寻　霖

编　辑：李　娇　龚雨璐　周克勤　张明涓
胡　婷　伍中一　王　芳　王　彬
易婧琪　陈晓晓　刘俞君

前 言

家训一般有“训”与“诫”两种形式，是各家族制定的教化或约束家族成员的规章约定。家训以谆谆劝导的文字，教育族人应该做什么；家戒则以较严厉的文字，告诫族人不能做什么及违反时应受的惩罚。家训、家戒对弘扬社会道德规范、约束家族成员言行起到潜移默化、防微杜渐的作用。1929 年《湘潭渚头朱氏支谱》“家训”小序云：“语曰：父兄之教不先，子弟之率不谨。则教之不可缓也，明矣。况今谱牒维新，家规革薄，不于此时章明教化，为端本澄源之急务，直待流于匪僻，而后法以绳之。所谓舍本而齐末，贤不肖之相去能以寸乎？兹摘其关乎伦常、切于身心者一十六条，编而成韵。”

各个家族的家训家戒几乎都刊刻于各家族族谱之中，是族谱的重要组成部分。如 1937 年[湘乡]《高冲文氏支谱》“家训”小序称：“谱之有训也，自昔然矣。顾教人道理，古圣先贤，载在五经四子书者甚详。人能身体力行，何患不为圣为贤？”1948 年《益阳习氏六修族谱》云：“家训者，所以引后进而臻于善良也。阖族之子姓众矣，人人耳提而面命之，必日不暇给，故笔之于谱，以示无忘。”

毋庸置疑，根植于中国古老宗法社会的族谱，天然就有一些糟粕，有着许多不合时宜之处。但各个家族所倡导的爱族爱国、孝敬长辈、睦邻友好、尽职守业、自强不息、洁身自好等优良的家风也莫不与当今社会主义核心价值观相契合，如各家族多将“孝父母”“亲兄弟”“睦乡邻”“勤职业”等列入家训中。清光绪元年(1875)[宁乡]《马氏三修族谱》“家训”云：“孝者，百行之首也。父母之德，何云昊天罔极？以一生之心思智虑，无非为子计耳。积金欲其富也，送读欲其贵也，完娶欲昌其后也。子而贤肖，则喜不自胜；子而顽钝，则忧从中来；子而勤劳，则悯惜不已；子而远游，则思念不忘。子有疾病，则忧形于色；子有善行，则情见于词。人有贵贱,爱子之心,贵贱皆切也;人有贤否,爱子之心,贤否皆真也。子其可不孝乎?"1933 年《湘乡大平易氏七房谱》"家训"云:"兄弟犹手足也,一肢废而一身残。骨肉之相亲,恩情之最厚者,固莫兄弟若也。……窃怪世之人广交游,联朋党,结盟连社,誓死不忘。而于同胞共乳之弟昆反视同秦越,其为倒行逆施无论矣。"清光绪七年(1881)[韶山]《中湘韶山毛氏二修族谱》"家训"列"和睦乡邻"条,云:"风俗何以近古,总在和族睦邻。三家五户要相亲,缓急大家帮衬。是非与他拆散,结好不啻朱陈。莫恃豪富莫欺贫,有事常相问讯。"民国间《湘阴毛塘任氏族谱》"家训"云:"民生在勤,勤则不匮。无论为士、为农、为工、为商,苟精一业,于以博功名、致富有不难,即不幸而无成,亦不至有贫穷之患。若使人而无业,或有业而不勤,怠惰自甘,无所事事,朝不谋夕,流荡忘归,如此则与无业游民何异?几何不至穷饿以终也!"

在众多的族谱中,家族对子弟的教育,不仅体现在对读书入仕积极鼓励上,更加体现在对子弟良好道德品质的培养上,以此引领家族的精神走向,形成优良的家族风貌。如 1917 年[华容]《邓氏族谱》"家规"云:"淫乃伐性之斧,赌乃败家之源。此古人制字,'色'字所以从刀,'赌'字所以从贝也。如若溺情丽色,恣意博弈,势必上玷父母,下累子孙,中戕性命。至声名败坏,更无论矣。吾族子弟于此二者,务须力为防闲,勿令辱门败产,其各凛之。"1934 年[湘潭]《湖田马氏五续族谱》"家范"载:"(鸦片)烟瘾渐深,虽少年子弟,亦必颜色憔悴,形容枯槁,精神由此不振,边幅由此不修,晨昏由此颠倒,读者废业,耕者失时,工商均不事事。自是家计益落,妻子无依,甚至始为扒,继为盗,终劫抢,明正典刑,儿流为丐,女或当娼,丧廉鲜耻,杀身亡家,势所必至。……凡族内人等已被害者,趁早回头,未入迷者,谨防失足。戒旃慎旃。"

许多家族的家训、家规都大同小异,或罗列历代圣贤说教文字于一书,或采用其时颇为流行的明末王士晋所立"宗规"十六条,有的家族干脆以清康熙皇帝"圣谕十六条"作为家规族训。但也有一些家族能根据本家族需要制定有别于其他家族的家训、家规,如清同治六年(1867)[宁乡]《王氏四修支谱》录清乾隆时大儒王文清《九溪公家训格言》,全篇“朴实无文，妇人孺子皆听而能解”，“每逢年节及朔望，凡聚会之期，在长者必口宣诸子孙听”，如“子弟宜痛戒赌博。近来赌博成风，有打纸牌者，有押宝者，有掷骰子者，一日一夜，可消花数百金。贪心求胜，越输越不放手，必至囊空金尽而后止。东家喜于抽头获利，遂至积日累月，流连不散，破家荡产，势若山崩。我子孙遇此等人，虽至亲密友，亦必远而绝之。此嘱”。1943 年[宁乡]《楚沩王氏八修族谱》则将“要优生”列入“家训”，云：“优生这是一个新的名字，但是对于种族的发展和家庭的幸福，都是非常重要的。子女的优劣，是决定于子女的遗传。优生的意义，即是要求得好的下一代。俗语说：‘讨坏一堂亲，出坏三代人。’”

家训是历代道德规范、法律制度的体现和延续。虽然各姓氏家训、家规的一些内容至今仍可读可循，但也有相当部分已不合时宜，如循古守旧、轻视妇女、排斥异姓子、蔑视底层劳动者等，这些都是当今社会需要切实摒弃的。

一个家族的兴盛根植于其优良的家风。优良的家风是中华民族五千年的灿烂文化所孕育传统美德的传承，是我们立身做人的行为准则，是社会和谐的基础。族谱中的家训家戒又是各个家族优良家风产生的基础。对以往各姓氏族谱中的家训族规，今人必须本着去其糟粕、取其精华的态度，把其中优秀传统文化精髓提炼出来、展示出来并传承下去。正如习近平总书记 2016 年 12 月 12 日会见第一届全国文明家庭代表时所言：“家风是社会风气的重要组成部分。家庭不只是人们身体的住处，更是人们心灵的归宿。家风好，就能家道兴盛、和顺美满；家风差，难免殃及子孙、贻害社会，正所谓‘积善之家，必有余庆；积不善之家，必有余殃’……广大家庭都要弘扬优良家风，以千千万万家庭的好家风支撑起全社会的好风气。”

本书收录历代湖南各姓氏家谱知名家训近百篇，其中所引有与原著不尽符者，今仅依各谱著录。

目　录

宁乡丁氏家训

源流：丁氏系出济阳，支分醴陵。西晋夔州太守嘉会公由醴迁善，有孙一居宁乡。元至正间九如公，讳崇泰，际元季之乱，于宁结义御寇，以绵一线之传。以九如公为宁乡丁氏始祖。清雍正元年(1723)、乾隆三十三年(1768)、咸丰十一年(1861)、1924 年纂修族谱。聚居宁乡四都二区八鲤冲。字派：至金公国用，良士启文元，绍业传贤嗣，承家本孝孙。

十二世子占公家训二则

居家有法戒，律己贵箴规。勤俭必昌，奢惰者自寻败辱；忠厚可久，刻薄者终必丧亡。早作夜思，惟期有以自立；食淡攻苦，决然不受人怜。矢志坚者事必成，用功苦者天必佑。细而洒扫拂拭，的有成规；微而进退周旋，不可失度。事父母虽谨乎温凊定省之文[①]，尚须诚敬；待兄弟能明乎手足骨肉之义，自然友恭。课儿孙以职业，则淫佚不生；任臧获以工程[②]，则游惰自警。智者读，愚者耕，各因其质；壮者劳，老者逸，咸适其天。衣服贵整齐，不须华丽；器皿务洁净，奚必精工。屋以容身，侈峻宇雕墙者，不转瞬而一瓦无可覆；食以养体，穷山珍海味者，到回头而半菽不能充。夜坐昼眠，实开淫盗之路；浅斟低唱，大启优倡之门。看戏看灯，在男子皆所当戒，安问女人？赌钱赌酒，即愚夫尚知自惩，何况文士？逞口舌之长者，终日是非不绝；争升斗之利者，连年词讼相寻。言必由中，宁讷毋辩；行期当理，宁拙无奇。多方供佛斋僧，何不欢承父

---

①凊(qìng)：凉，清凉，寒冷。

②臧获：奴婢。

母？与其结盟联社，岂若式好友昆[1]。酒肉之朋不必交，酒肉尽而交绝；道义之士乃可友，道义合而友亲。妒贤嫉能者，必不肖之子；乐灾幸祸者，真无福之人。方正之士，不合时宜，故谤之者众。诡随之子[2]，同乎流俗，故誉之者多。小人巧取诈谋，或幸得一时豪富；君子安分循理，又何伤毕世清贫。横逆之来，固宜忍耐，忍至万难忍时，著力再忍，而横逆自消。精微之理，本当思索，思至无可思处，用心再思，而精微自透。互混之田山不必争，是可让也；疑似之议评不足信，姑妄听之。办公事不可稍存私心，对正人不可一出戏语。可痛恨者，背枪携狗，日事游田，而流而忘反；可悼惜者，提笼养雀，群相征逐，而恬不知羞。犬牛皆效力于人，何忍大嚼其肉？燕雀实无害于我，何恶而毁其巢？绝宵小之往来，免使窥伺；谨门户之锁钥，不致疏虞。盗贼夜夜提防，火烛时时警惕。节嗜欲可以却病延年，慎饮食可以惜生养福。过不能无，恒思过而过可寡；灾可以却，时防灾而灾自无。甫秋收而国课早完，未冬寒而墙屋先葺。谨小慎微，自无失足；穷奢极欲，定难保家。欲作善良之人，须行正大之事。

尧舜人皆可为，均宜立志；孔颜自有真乐，惟在读书。人惟暴弃者多，遂谓古今人不相及。若能存养之密，安见先后圣不同揆[3]？穷理非细，极之可以达天；位育无奇，功只在于慎独。然学不可以躐等而进[4]，功必欲其循序而加。先诵《诗》《书》，以启其聪明，次习《礼》《乐》，以闲其情性。寡欲以清其心，多闻以晰其理。知能之功，日不敢阙；言行之谨，刻不敢忘。善恶明而好恶甚笃，义利辨而取舍自严。为己有志，决不参以为人；问心无惭，何必持以问世。毋见异而思迁，毋得半而遂止。欲登高，必自卑；欲反约，必先博。伦内之道有五，必修身乃能尽伦；性中之德惟三，必克己方可复性。格致诚正先之，又有先者。学问思辨密

---

①式好：骨肉和好。

②诡随：不顾是非而妄随人意。

③同揆：同一法则，同一道理。

④躐（liè）等：超越等级，不按次序。

矣，更加密焉。惟择善之既明，斯笃行之有本。夕惕朝乾①，功固贵乎不息；月将日就，学乃底于光明。夫不思而得，不勉而中，生知之圣，非所望也。而人一己百，人十己千，困勉之功，可不尽乎？故由致曲以求乎诚，由观物以审其几，则下学可以上达，而尽人可以合天矣。

十五世石麟公弟子训二十则

一、洒扫乃弟子之职，不可不谨。每晨先以水洒书堂，少间，以帚扫去尘垢，敛尘于箕，弃他所，乃位置几席，以巾拂拭之。次第整顿书册笔砚。其厅事廊除，令童仆洒扫拂拭，恐妨正课。书箧衣笥，亦须检点，毋令失次。

一、出入必谨。出必告，反必面。出不易方，入不逾期，惟视父兄师长命，不得辄任己意。即己有繁要正务当出，亦必请命于所尊，见许乃行，否则止。

一、坐立必恭。坐毋箕踞攲倚②，毋偃仰倾斜，毋交胫摇足。侍坐于尊长，必俟尊长坐定，命坐，则敛容下坐；同班，则序以齿，毋僭越。并坐尤当敛肃，毋横肱③。立必拱手，务庄重如山。毋倾侧不宁，毋倚靠墙壁，毋践阈④，毋背所尊。

一、行走务缓步徐行，足不可太阔。目常欲顾路，毋摇摆蹢躅⑤，毋掉臂跳足。若见尊长，须正直疾趋以致敬。回枉则失容，舒缓则近惰。登高必以两手抠衣⑥，恐防倾跌。有同行者，必以序，毋先所尊。

一、言语必慎。弟子尤当缄口静默，不可轻易出言。于所当言者，犹必致审，和声静气以出之，务真实有据，务义理无讹。毋虚诳，毋聒诈，毋轻诺戏谑，毋喧哗指点，毋妄评物理短长，人品高下。至习诡词市

①夕惕朝乾：终日勤勉谨慎，不敢懈怠。

②箕踞：张开两腿坐着。

③横肱：横放胳膊。

④践阈(yù)：踩在门槛上。

⑤蹢躅(dí zhú)：徘徊不进貌。

⑥抠衣：提起衣服前襟。

语及工状人之丑态者，最为可耻，尤当禁绝。

一、气度务从容和顺，驯雅大方。毋粗豪狠傲，毋轻佻骄矜。凡气度之纯肆，可征内蕴之臧否。恬静有养之士，自有一种冲和闲雅气象流于举止动静间，所谓书卷之气溢于眉宇。语云“学者须变化气质”，有以夫。

一、容貌必庄，燕居则舒迟，见所尊则齐遬[1]。毋柔媚，毋愁寂，喜不至鼓掌，怒不至厉色。

一、拜跪以致恭，务端正大方，详缓有度。毋卤莽，毋简率，毋矜持。凡肃揖，足稍阔则立稳，直其膝，曲其身，低其首，两手拱合，自上而极下，毋作推引势。跪须先屈左膝，次屈右膝，伸腰及股，若挺立然。拜乃下手，以头着地而即起，须默记拜数，不致多少失仪。起则先起右足，次起左足，仍揖而后退。

一、视听必以礼，非礼则否。在弟子，聪明初开，尤当专壹其耳目。目看书，则一意审谛，不得侧视他物。耳听训，则专心承受，不得杂听他言。看书听训外，别有可视可听者，亦务正容端视静听。毋偷睛邪视，毋倾耳窃听。至恶色淫声，尤当绝戒。

一、寝务后于所尊，必敛形舒体，静息安神。毋仰，毋伏，毋言，毋妄思，毋昼寝。黎明即兴，务先于所尊，整衣而起，叠被掩帐而后行。

一、衣服乃章身之具，敦尚朴雅，务整齐，务洁净，无须裘葛，无用丝罗。虽布素，浣濯补缀，自有可观。毋效华靡纤巧，毋任垢秽拖曳。虽燕居，虽盛暑，不得裸裎袒裼[2]。

一、饮食必以时，非时毋索。务甘淡泊，节滋味。既饥方食，未饱先止。毋咀嚼有声，毋匙箸乱顿，毋择好而乱拨肴馔，毋贪味而饱啜不休，侍食于所尊，俟尊者食然后食。既彻，执盘盂授从者，酒非节假及尊长命不得饮，饮亦不过三爵，毋至醉。

一、读书如对圣贤，必正身端坐，静气凝神，开声朗诵，潜心细思，必

---

①齐遬（sù）：谦卑恭敬的样子。

②裸裎袒裼（xī）：脱衣露体。

心与理融而后止。倘此书有未熟悟，而泛涉他书，或游艺笔砚，即为纷杂，纷杂则不能有成。凡无益之书，毋置案头，绝毋寓目。

一、作文代先圣先贤口气阐发道理，讵是易事？每一题到手，先将通章彻首彻尾解明，次按出题句段之神气，关注理会一番，然后伏案沉思，自得妙绪。毋翻阅旧文，毋袭取套语，毋向人诘问及兑看草稿，毋潦草了事，毋索隐搜奇。一艺未完，不得起身行动，若延挨惯病，则场屋愈不舒展矣①。念之，念之！

一、赋诗以见志，务风雅，务清新，而纪律尤不可不密，须得温柔敦厚气象，不可作轻薄寒瘦语。至嘲时触讳、调艳传奇，尤宜切戒。

一、写字必直身端坐，两手平拱，胸毋着几，笔毋倾斜，则濡墨挥毫，自然端楷。尤须摹临古帖，先观其布置之疏密，次审其结构之精神，会得筋摇脉动，官止神行，八字书法思过半矣。然字体严而正，秀而雅，毋随笔漫草，毋涂砚书几，字纸须一一纳洁瓶中，俟满焚之。灰置长江，或瘗②洁地。

一、晋接非弟子之事③，凡父兄接见宾客，不得辄出。客有欲见者，乃出，揖立侍。命坐则下坐，有问则从容而起，据实以对。毋琐言，毋雄辨，父兄命退，则揖客而退。

一、交友敬于终，尤须慎于始。非精于察识，不能亲贤远奸。如好学尊师，谦恭简默者，君子也，宜亲之。如挟富矜能，柔媚夸张者，小人也，宜远之。宁寡交，毋滥交。初交不须赠答，绝交不出恶言。

一、称谓乃正名定分之所在，毋容混淆。伯叔父兄，虽疏远，虽贫贱，必如分呼之。受业虽蒙师，亦不废师弟之称。大凡年长倍者以丈，十年长者以兄，年相若者以字，毋相尔汝④。书启亦如之。

---

①场屋：科场，科举考试的地方。

②瘗（yì）：掩埋，埋葬。

③晋接：进见，接见。

④尔汝：表示轻蔑之称。

一、使人务宽。使椎鲁[①]，不使俊俏；使诚悫[②]，不使狡猾。必庄以临之，恕以待之。有小过，教导之。再犯，诃之。三次，告知父兄惩之。终不悛[③]，禀父兄遣之，毋径自扑责。

十六世青门公存心论

余生平无他学问，只得圣贤存心一节，觉终身行之不尽。夫存心有道，非苟焉已尔。使其中无主宰，把持不定，凭其虚以存之，则流于佛老之坐禅守寂也，胶于迹以存之，则入于佛老之施舍感应也，均失之矣。孟子曰："君子以仁存心，以礼存心。"是以仁礼为主宰矣。余虽未至于君子，岂不可以学君子？乃以"孝、弟、忠、信、礼、义、廉、耻"八字为主宰，凡有合此八字者，则力行之，力所不及，必专心向之，或勉强行之，以期合焉而后快。反是则决志不行，即偶有所失，必深悔而痛恨之，及改而新之，犹愀然其不乐。然当其初亦有难焉者，或阻于时，或迫于势，或挠于不谅之人言时，即勉行，不以为怪，则以为迂矣，久且无难也。物论归之，物论何能扰我素定之天？世情自尔，世情焉得纷吾专壹之志？体行不倦，余亦将老矣。老则望儿孙之贤肖，汝曹能体我之心以存心，由是加勉，扩充到极处，虽圣贤之学，不外是矣。藉非然者，则是小人也，则是禽兽也。孟子曰人之所以异于禽兽者，以其存心也，"庶民去之，君子存之"。可不勉哉！可不勉哉！

余尝以存心之学教人，人终莫我听者，其心不以我为迂阔寡效[④]，方正难容，为不可学，必以我为规矩太峻，约束过严，为不便行。不知此道极近人情，极合天理，人人可为，为之辄效，有何难哉？其初但莫行不孝不弟、不忠不信、无礼无义、无廉无耻之事，迨事事留心，时时自省，久之自合于孝弟忠信、礼义廉耻，圣贤所谓四德五伦，不外是矣。此乃读

①椎(chuí)鲁：愚钝，鲁钝。

②诚悫(què)：诚朴，真诚。

③悛(quān)：悔改。

④迂阔：思想行为不切实际事理。

书人分内事，非余夸大言以欺人也。汝曹诚能行之，将有以自信，兼以信余言之实有据也。

十六世青门公遗属二则

读书必期明理，明理之极，即圣贤尽性致命之功也。然其初端，自经书中得来，故读书之时，丝毫不可放过。一字须求一字之解，不独实字有训诂，而虚字亦有意义。一句须求一句之解，不独琢炼之句有力量，即空衍之句亦有精神。一日须求一日之功，不独从师之日有体会，即游玩之日亦有领取。如此用心，一刻不违，终身不倦，何患理之不明？理明而谓有身之不修，名之不立，吾不信矣。

读书固不可驰骛，而功名二字亦不能自外。试观古之圣贤，修身为己，未有不建功立名，以显当时而传后世者。此巢由、务光，难免盗虚声之诮也。然须知功名乃实行之表著，有诸内者形诸外，自然之理也。若不精吾学问，徒功名之是图，或为奔竞，或为夤缘①，即侥幸得之，已不足贵。况朝廷法律森严，一有败露，刑罪立加，是欲求荣而反受辱，耻孰甚焉！何如尽其在我，得之不得，推之命哉？亦或有怠忽苟安，全无进取之志，反借口为安分，为隐逸，则又万万不可也。

选自《宁乡四都八鲤冲丁氏四修族谱》，1924 年广大堂木活字本

---

①夤(yín)缘：攀缘上升。喻拉拢关系，向上巴结。

益阳习氏家训

源流：始迁祖逸庵公，讳书琢，原籍江西泰和县，元进士，历官西蜀藩府。弟卧江公，讳书磨，元举人，历官贵州哈州州牧。值元时伯颜、哈麻相继弄权，伯仲偕隐。明洪武八年(1375)始徙湖广德安府云梦县，转迁长沙府益阳县长江村。宗祠落成于1935年，位于益阳桃林乡石井头。清乾隆九年(1744)一修族谱，乾隆四十九年(1784)、道光二十四年(1844)、光绪十二年(1886)、1920年续修。1948年与汉寿、临湘、澧县合修，其时已传25代，共7000余人。老派：书合位登台阁佐辅朝廷，兴希正楚护国安邦。新派：勋名畅达德业丰芳，英才卓立笃实辉光。续派：敦诗学礼孝友贤良，家声益远先泽孔长。

家 训

家训者，所以引后进而臻于善良也。阖族之子姓众矣，人人耳提而面命之，必日不暇给，故笔之于谱，以示无忘。然非自我作古也，祖考之彝训也。谨述十七条，统以四纲，每纲下各为引语，俾人知自勉焉。

厚人论

天地之性人为贵，人治之大伦为先。故必厚于伦，而后可以自立于天地间。今取其最切最近者，列为五目。

一、父母宜孝也。乌鸟有反哺之仁，豺獭有报本之义，人不生于空桑而忘亲[1]，可乎？鼎食备三牲之供，负米劳百里之养，孝无贫富也。从令而承亲之欢，几谏而谕亲于道[2]，孝无常变也。至于守身为大，则

---

①空桑：空心桑树，指非父母所生，来历不明者。

②几谏：对长辈委婉而和气的劝告。

《礼》曰:“一举足而不敢忘父母,一出言而不敢忘父母。”愿与族中人共勉之。

一、兄弟宜友也。有杕之杜[①],其叶菁菁,此无兄弟者,自伤其孤特也,奈何以同气而相尤乎?行有先后之伦,坐有长幼之序。居常而称花萼[②],急难而咏鸰原[③],庶兄弟痛痒相关,而外侮亦无由而至矣。

一、夫妇宜别也。人伦之始,风化之原。不和者伤恩,伤恩则道苦。过狎者伤敬,伤敬则情流。此挚而有别。《诗》所取兴于雎鸠,与古称举梁鸿之案,饷郤缺之耕,非独妇德可箴,亦由夫纲之克振也。《家人》之“初九”曰:“闲有家。”其“六二”曰:“无攸遂,在中馈。”愿以为族中夫妇勖之。

一、宗族宜睦也。古者重宗法,故族咸统于宗。后世宗法废而谱法行,俾一族中支派联络。有力者更能仿行范文正公义田之法,岂不视一族如一家乎?至于有无相通融,忧喜相吊庆,春秋相聚会,是亦睦族之大凡也。

一、朋友宜敬也。人必不可以无友,自乡党征逐,姻娅往来,以及缟纻赠答,皆友也。然而子鱼矫情,幼安为之割席;季伟饷客,林宗于以定交。古人之于朋友,岂苟也哉?诚令绝交之书不作,药石之言日闻,必能辅助德性,有所裨益。

务正业

民生在勤,勤则不匮,见于《楚箴》;民逸则淫,淫则忘善,见于《鲁语》。先王纳民于四业之中,上可以济世,中可以肥家,下可以润身,亦何惮而不务哉?今胪举以为后人训。

一、士有士之业,髫年而入塾,白首而不能通一经,如是可以为士乎?夫士不患名之不立,而患业之不精,亦不患业之不精,而患业之不勤。董江都目不窥园,朱公穆不知马足,古人之勤学也如此。况诗书非

---

①有杕(dì)之杜:孤生的赤棠。

②花萼:喻兄弟友爱。

③鸰原:喻指友爱的兄弟。

误人之事，车服亦稽古之荣。愿族中父兄之贤子弟之有造者，毋以怠忽从事。

一、农家之业，赋命攸关。庄子曰："耕而卤莽之，亦卤莽而报予；耘而灭裂之，亦灭裂而报予。"一夫不勤，必有受之饥者，奈何贪一时手足之逸，而忘终岁生活之资乎？我族之强壮务农者，须计日课功，切不可颓惰自安，致荒田亩。至衣食并资蚕织，妇人之业，亦宜相辅以勤。

一、百工之业，在民则列于九职，在国则与居六职，固服食器用之所由备也。子夏曰："百工居肆以成其事。"可见工虽小道，亦精于勤。器而窳①，墁而画②，血指而汗颜③，人必以为贱工矣。托业于此者，可一日舍业以嬉乎？

一、通有无，化居积者，商也。人而不士、不农、不工，更何以为生业乎？昔妹土有车牛服贾之风④，汉家有盐铁算缗之法，盖亦所上充国用而下顾身家也。然而都会之繁华，风花雪月之招引，一经浪费，生理何存⑤？逐什一者，尚其慎之。

遵礼制

礼以固人。肌肤之会，筋骸之束，少而习焉，长而安焉，则子弟不流于放荡，而慢易之心无自入矣。今取士庶家所宜遵用之制，列四条：

一、冠。古者二十而冠，重成人也。三加之服⑥，命字之词，醮酒之设，备载《礼经》。近则此礼不复讲矣，但于膺荣受贺家，犹时时见之。有冠服，有宾席，有主席，有傧赞位，有醮位，虽未必尽如古制，亦庶几乎饩羊之存云。

一、昏。物不可以苟合而已，故受之以贲⑦。其在婚姻之际，尤宜

①窳（yǔ）：粗糙，不坚实。

②墁而画：在新粉刷的墙壁上乱画。

③血指而汗颜：手指出血，脸上冒汗。形容不善其事的窘态。

④妹土：商王朝旧都之地。

⑤生理：生计。

⑥三加：古代冠礼由正宾依次将缁布冠、皮弁、爵弁等三种冠加于将冠者之首。

⑦贲（bì）：装饰，修饰。

详慎。彼夫室家不足，雀角起于闺中；媒妁不行，桑叶陨于淇上，其能无苟合之悔乎？故重礼所以正昏，非直贲饰而已也。

一、丧。送终为人子之大事。附身附棺，期于必诚必信。礼者，因人之情而为之节文也。斩齐变于貌，哭泣变于声，苫块变于居处，疏水变于饮食。朱子曰丧尽其礼，可见哀之至者，礼必至焉。虽丰俭称家有无，总不可草率了事。

一、祭。礼莫重于祭。感春露而怵惕，履秋霜而凄怆。君子观天时之变，以致反本之思，敢或忽与！至于忌日必哀，有故而告，虽礼之详略不同，其于报本追远之义一也。《诗》曰："温恭朝夕，执事有恪。"为人子孙者，尚无斁诸①？

崇节俭

《易》曰："节以制度，不伤财。"《春秋传》曰："俭，德之共也。"每见乡邻间父老悃愊而无华②，子弟奢淫而纵欲，数十年间而前后风气之殊已若此，过此以往，又当何如耶？因立节俭一则，以备家训，缕其目亦有四焉：

一、嫁娶。朱子曰："嫁女择佳婿，毋索重聘；娶媳求淑女，勿计厚奁。"近世门第相高，侈靡相耀，至有负债鬻产以为礼者。一酒席而破万钱之费，一迎送而备百两之仪，壮目前之观瞻，贻日后之匮乏，究何益乎？我族有嫁女娶妇者，返积习，屏繁文，是所望也。

一、居室。庇身以居室为重，风雨穿漏而仰叹，兄弟析产而分居，改旧更新，势所必尔。然或大兴土木之工，穷极奂仑之美，无论目前不免支绌，即绰有余裕，而后人苦于修理，则华丽之过，即颓败之根也。且屋宇既华，则其中铺设器玩，亦必穷工极巧，甚至逾礼越分而不自觉。故居室惟求内外整洁，不必过为华侈也。

一、衣服。服以章身，人所必不能无者。但恐过于侈靡，转相仿效，见人之锦绮，而觉布帛之无色；见人之狐貉，而觉缊袍之不温。至女服

①斁(dù)：败坏。

②悃愊(kǔn bì)：至诚，诚实。

奇邪，金钗珠翠，装妍尽态，徒以徇一时之好尚，而资财亦荡然矣。力挽靡风者，可不于被服留意乎？

一、饮食。民之失德，干糇以愆①，乡邻姻娅之款洽，吉凶庆吊之往来，是固人情所难已者也。但居常园蔬适口，不必市山海之珍。即偶尔肴馔宜丰，亦岂容方丈之列？计一岁中多费数十金易，节省数十金亦易。近见乡先辈贺凤梧先生有《还朴约》，谢云槎先生有《崇俭编》，虽积习难于骤返，而渐从简约，谅不至获戾于宾朋，而保家之要道在是矣。

选自《益阳习氏六修族谱》，1948 年东阳堂木活字本

①干糇以愆：粗食招待的罪过。

宁乡马氏家训

源流：援公传至二十七世仲翥公，为江西吉水县令，解组卜筑于吉水百步湾。再传至二十九世跃潭公，宋咸淳进士，宋亡隐居不仕，卜居历城。三十一世始迁祖成虎公，于元英宗至治二年（1322）偕兄成龙公宦游南楚。成龙公家于新化长鄄，今属隆回。成虎公居于宁乡长桥马家滩，生子二：添禄、添福。禄公徙本邑扶峰山麓马家冲，福公仍居故土。宗祠位于宁乡十都东田冲，建于清同治四年（1865）。族谱初修于明隆庆五年（1571），清嘉庆十一年（1806）续修，光绪元年（1875）三修。龙房班次：成添文子贵，仲昌才志高，再慕荣宗祖，福寿永远康。虎房班次：成添国章，盛列亿扬，万宗朝乾，世代荣昌，祖德光耀。龙、虎两房合议班次：忠孝传家训，诗书贻泽长，象贤崇典礼，敦本振纲常。

家训十六条（节选）

敦孝弟

孝者，百行之首也。父母之德，何云昊天罔极？以一生之心思智虑，无非为子计耳。积金欲其富也，送读欲其贵也，完娶欲昌其后也。子而贤肖，则喜不自胜；子而顽钝，则忧从中来；子而勤劳，则悯惜不已；子而远游，则思念不忘；子有疾病，则忧形于色；子有善行，则情见于词。人有贵贱，爱子之心，贵贱皆切也；人有贤否，爱子之心，贤否皆真也。子其可不孝乎？愚人自各爨①后，见妻子或形亲神洽，见父母或意隔情暌，真禽兽不若矣。古之孝子，至爱至敬，饮食衣服，必如其意，言语色笑，必适其情。昏必定，务其亲之安也；晨必省，恐其亲之不安也。冬寒

①各爨（cuàn）：指另行烧火做饭。喻分家。

则必有以温之，夏热则必有以凉之，丧必致其哀，祭必致其敬。非敢云报也，必如是而子心乃安耳。兄弟者，分形联气之人也。良朋虽好，人合何如天合之亲？密友虽真，同志岂如同胞之谊？患难一到，才知手足情亲；外侮来时，乃识天恩莫解。《棠棣》一诗，所为叹惜不已。人而孝弟，则其心和顺，和以召和，顺以召顺，周于里党，达于朝廷，通神明，光四海，孝弟顾不要欤？愿吾族其首敦焉。

笃恩义

齐家之道，有恩不可无义，有义不可无恩。父坐子立，兄先弟后，夫外妇内，名分森严，所以正伦理也。父慈子孝，兄友弟恭，夫义妇顺，情意交孚，所以笃恩谊也。伦理正，则秩然有礼以相接；恩谊笃，则欢然有爱以相亲。正之以义，联之以恩。程子之言，洵万世齐家不易之道也。

谨嫁娶

嫁女择佳婿，则半子无殊令子；娶妻求淑女，则宜室更以宜家。雎鸠叶德，麟趾呈祥，胥于是乎赖已。太姜胥宇，太任思斋，太姒幽静，皆圣女也。孟母三迁，侃母截发，柳母和丸，皆贤妇也。子孙之贤圣，福泽之绵延，固缘父德，亦本母仪。彼逆家之子，乱家之子，必多败德。世有刑人，世有恶疾，断少慈媛。必择良家子女而后娶，非诗书之家过为区别也。彼徒慕富贵者，陋甚已。

务本业

士农工商，各居一业，欲其专且精也。士当谨择名师，屏除俗务。早夜披吟，则闻见日博；精心研炼，则知识日开。养成德性，学问精深，则吐属工雅，出笔惊人。名成利就，自有余荣。此士之本业所当务也。稼穑者，生民之本图，耕宜深耕，耨宜易耨。精勤独至，则土田所出，必倍寻常。民无旷土，多种瓜蔬，佐食有余，可供蓄养。山林蓄禁，则材木茂美，蓄养池塘，则水族繁盛。农人惜粪如金，务宜广蓄。此农之本业所当务也。一物不备，不足以济生民之用，工商其可少乎？工者，巧也。师必求良师，器必求利器。技艺日习则日熟，日熟则日精。精则所制器物，人无不爱，爱则人皆争市，获利既多，艺名亦著。宋斤鲁削，名擅千秋。此工之本业亦当务也。商通货财，或数十里之中，或百里千里之外，以其所有，易其所无，获数十倍之利，而不失为公平正直之人，此慧商也。即或赀本有限，本乡本地鱼盐酒米，凡百杂货，亦可因时变化，铢积寸累，亦不患货财不生殖焉。此商之本业亦当务也。四民之外，即为莠民，家长必严戒之。

尚勤俭

勤俭者，财之所由裕也。居家之道，必勤以开财之源，俭以节财之流，斯匮乏可免。勤于耕凿，则百谷滋生；勤于种植，则树木繁多；勤于纺绩，则布帛有余；勤于牧畜，则六畜丰盛。勤，所以开财之源也，惰者反是。食取充腹，食之俭也；衣取被体，衣之俭也；用度有节，用之俭也。不营华屋，不侈交游，凡百器物，不求美丽，安分守己，淡泊自甘。俭，所以节财之流也，侈者反是。克勤克俭，家业日隆，于是诵读有赀，名成阀阅[①]，而家声克振矣。

笃闺训

凡女为淑女，训必为懿训。古者，必以温良恭敬、慎而寡言者使为女师。教以婉娩听从[②]，性欲其纯也；教以织纴组紃[③]，功欲其勤也；教令不出闺门，情欲其专静也。施之以衿，结之以帨，示以洁也。笑不见齿，语莫高声，示以贞也。素服淡妆，不事盛容华饰，所以正妇德也。相夫子必以道，事舅姑必以孝，待妯娌必以和，一一启迪，斯为素娴礼教，不失古人阃范。诗书之家，闺训不当如是乎？

隆师儒

凡子弟习举子业者，须择学有本源、文行兼优者，隆以西宾之任[④]。彼专浮华、有文无行者，固不可听信人言，轻延教读。而深识远见、品正行端之士，内不致其敬，外不尽其礼，心必有所不安，所谓鸾凤不栖枳棘也。隆师之道，先宜察之精，知之审，实为名师，嗣后信之必笃，任之必

---

①阀阅：有功勋的世家。

②婉娩：仪容柔顺。

③织纴（rèn）组紃（xún）：妇女从事的女红。

④西宾：塾师。

专，礼貌必隆，情意必挚，膳养必周，然后知无不言，言无不尽，不患子弟智识之不开。积年累月，矩肃规严，不忧子弟行诣之不正。内有贤父兄，外有严师长，自然日改月化，学问深纯。由是取青紫①，掇巍科，德业之崇隆，门第之光耀，于是乎赖已。

择友朋

父子情亲，君臣分隔，金兰之雅，无如结纳。与良友而参今古，如读异书；得正士而进箴规，自安攻错②。知识以友而开，性情以友而笃，嘤鸣之谊，至不可少也。第或学问浅陋，性术不端者，人心惟危，亦最易为其所破坏，是诚不可以不慎。下之勤耕苦力，居必择邻；服贾牵车，商必择伴；邻女情联纺绩，篝火亦有余辉。甚勿漫为狎昵而不惧也。

正学术

学术者，性情心术所由关，即治乱安危所由系。佛老之教，先儒辨之详矣。文人学士务于驳杂③，专尚词章，功利之习，中于其心。体不能明，用于何达？吾族子弟之贤者，朱子《或问·格致》一篇，浩瀚数千言，实为迷津者所必问。《诚意》一篇，朱子于斯绝笔。学术之正，在此两关。盖必知圣贤之所知，然后能行圣贤之所行。文章根于性命，道德发为英华，不驰于高远，不狃于卑近④，斯处为名儒，出为良吏。倘差之毫厘，即谬以千里之远已。

睦宗族

祖宗者，根本也；宗族者，枝叶也。薄待其宗族，即薄待其祖宗，葛藟犹能庇其根本，可以人而不如物乎？范文正公云：“宗族于吾固有亲疏，自祖宗视之，实无亲疏之别。”凡我族众，当思本支百世之谊，互相亲爱，吉凶庆吊，罔有所遗，周恤问馈，恩无或缺，庶几长此雍睦，不玷家

---

①青紫：古时公卿绶带之色，指高官显爵。

②攻错：借他人的长处，补救自己的短处。

③驳杂：交杂混乱。

④狃：习惯，安于。

声。倘因一事不谐而顿生觖望[①]，一语不合而辄起猜嫌，是宗族等于途人，祖灵有知，憾何如也！枝叶不坏，根本日以深固；根本深固，枝叶日以荣昌。交相培养，族之福也。

和乡党

古者五族为党，五州为乡，姻睦任恤之教，由来尚矣。圣王之世，耕者让畔，行者让路，出入相友，守望相助，疾病相持扶，谊何笃也。晚季俗尚浇漓，自私自利，或爨火久虚，置之度外，颠连困苦，漠不相关。更有睚眦小衅，一或不戒，凌竞以起，遂至屈辱公庭，委身法吏，负者自觉无颜，胜者人皆侧目。里巷之近，动相猜忌，报复相寻，何以安生乐业，为子孙长久计哉？是故人无贤否，概接之以温厚；事无大小，皆处之以宽和。毋恃富以吞贫，毋挟贵以凌贱，毋饰智以欺愚[②]，毋倚强而凌弱。人或过分，常以情恕，非意干相，动以理遣。我既有包容之度，彼必生愧悔之良。容人所不能容，忍人所不能忍。性量恢宏，小忿断无不释。乡党能和，风俗于兹厚已。

积阴德

阴德者，存心积善，不求人知也。赈济贫穷，哀怜孤寡。人有患难，尽力维持；人有疾苦，深心保护；人有冤仇，多方劝释。人有美举，必为之赞襄；人有恶念，必为之惩诫。不窥人妇女，不谋人良田，不言人过失，不忌人富贵，不阳奉阴违。桥当架，即纠众架之；路当修，即集众修之。力所能为，不辞艰苦，不动声色，日积月累，心顺理安，天未有不佑之者。

尊高年

《王制》优老之矩，最为详尽。天子临雍拜老，尤有乞言之典。倘以其发苍苍，其视茫茫，其齿牙摇落，其形容跼蹐[③]，或萌狎侮之思，不肖孰甚焉。予族荷蒙祖德，不失书香，凡伯叔祖父、乡党先达、姻亲耆老，

---

①觖（jué）望：不满意，抱怨。

②饰智：装作有智慧，弄巧欺人。

③跼蹐（jú jí）：困顿窘迫。

务期授几奉杖，隅坐随行[①]，饮食则必敬奉，言语则必温柔，恭循弟子之职。至于三老五更，必为齿德俱尊，视寻常长老，宜更加敬礼焉。

完国赋

国赋为吾民之职分所当供，君子野人，分有攸判，惟正之供，无所逃避。我辈幸逢圣主乾纲独揽，贤尹痛念民瘼[②]，祖孙父子安享太平。每年征输，又有程限，各宜依期早纳，不待差役追呼，庶为输将恐后之良民焉。

赈困穷

赈恤困穷，仁人事也，况属一本之亲乎？同宗困苦，置如秦越，最为忍心害理。各随分量，因时赈救。安厝无具助之，则死生沾恩矣；嫁娶无赀给之，则男女戴德矣。族党各怀悯恤之心，众志即有成城之象。酿花可以成蜜，集腋可以成裘，善何如乎！至于孤弱，赈恤之外，有事则尽力维持，外侮则深心捍卫，念切恫瘝[③]，恩铭肺腑，上有以慰宗祖之灵，下有以展同宗之义，族谊不于斯笃乎？

选自[宁乡]《马氏三修族谱》，清光绪元年(1875)铜柱堂木活字本

---

①隅坐：坐于席侧。

②民瘼：民众的疾苦。

③恫瘝(guān)：病痛，疾苦。

湘潭马氏家训

源流：鼻祖文渊公，起家茂陵，卒葬凤翔之扶风。自唐显庆以后，有由茂陵官吉州路者，子孙因民之爱，遂留居永新城东之木塘。递传至仔仪公，宋元之际徙新邑六都西山下，明时谱牒尊为始祖。一传为天升公，字京甫，以贡士简学政，子四：圣可、文可、祥可、敬可。敬可之长子正初又四子：成东、成中、成开、成克。成中公元至正二十二年(1362)因陈友谅之乱，挈其家属徙衡之安仁。明洪武元年(1368)，又抵长沙投武指挥，卜居大托铺。其子光佑荫职，于永乐八年(1410)，奉其母及妻子，由长沙溯流而上，泊石州岸，由港口进，见杨溪埠及湖田一带山环水抱，遂卜筑于斯。族谱一修于清康熙六十年(1721)，嘉庆十八年(1813)、咸丰十一年(1861)、光绪二十六年(1900)、1933 年凡五修。派语(自第十四派始)：世士尚志，学遵大人，英才继起，克佐天廷，懋昭先绪，显扬芳声，树德宣猷，邦家之荣。

家范二十八则(节选)

隆师傅

民生于三①，事之如一。师也者，以学问变化其气质，以礼乐陶淑其性情也。古者负笈从师，今则延师受业，易地皆然，去古远矣。然既择而延之，无论端蒙养，教成才，欲其严则勿护短，欲其专则勿旁挠②。须令子弟朝夕侍侧，则开卷有益，虚心受教，则入耳惊心。而礼貌款待之仪，与其隆以虚文，不若将以实意责成。属望之念，与其速效一旦，不

---

①民生于三：人在世间生活靠的是君王、父亲、老师。

②旁挠：从旁阻挠。

若俟其深造。谚云久教无顽子，又云水到渠自成，岂虚语耶？

重托孤

受人之托，必当忠人之事，虽事事宜然，惟托孤为最。盖人至临危时，万事可休，所垂顾者，惟此幼孤耳。世有阳袭托孤之名，阴行欺孤之术者，此人世枭禽，死者有知，岂甘瞑目于地下乎？又有谨守遗命，不负前言，力为养育婚娶，以其人之物还之其人，而于孤之才也听之，不才也亦听之，亦不得谓之不负所托矣。愿我族抚弟侄孤者，既勿利其所有，必且责其成立，则问心无惭，可以对天地，即可以告神人矣。

广施济

麦舟之与，解囊之赠，古之广施济者，士大夫以下，莫不共存此心。近见世人建寺烧香，塑佛燃灯，趋炎赴势，交通公署，往往不惜千金，而独于所识贫乏，反争厘较忽，算斗计升，目击其无衣无食，坐听其叫苦叫寒，周急之谓何？胡不少苏其涸辙耶？夫济人要在急难，为惠不论大小，纵受恩不知感恩，冥冥之中，宁无阴伺其功德者？况桑下饿夫能出赵盾于难，而一饭千金之报，亦未必古有之而今遂无之也。故凡有施济之念者，宜随分量力，即升斗分文足救眼前之急，亦当获无量之福。《易》曰："积善之家，必有余庆。"请与族人共证之。

兴义举

《大圣》曰："见义不为，无勇也。"夫义者事之宜，宜为者而不为，则不宜为者无不为矣。近日人心浇薄，习染奢华，凡富豪之家，栋宇则必极其恢宏，衣服则必矜其美丽，饮食则必求其肥甘，甚至冠婚丧祭，肆筵设席，好尚铺张，有耗费多金而不惜者。遇乡邻一切义举，则裹足不前，亦何悭吝之甚也。吾愿族内殷实者，遍行阴骘[①]，广种福田，或除道以利行人，或架梁以通险阻。或绝流而渡舟楫，来往相宜；或建庙以安神灵，天人共鉴。或置义学以培子弟，英才蒙作育之休；或捐义山以瘗髑髅[②]，枯骨感安全之泽。或遇贫寒而全枕，两姓亦共铭心；或怜孤独而

①阴骘（zhì）：阴德。

②髑髅（dú lóu）：死人的头盖骨。

施棺，九原尤当含笑。凡兹义举，已兴者子孙务宜绳武[①]，未兴者及身更宜勇为。我族人尚其勉旃。

戒洋烟

鸦片种自西洋，名为罂粟，初无甚毒，因洋人攒和砒霜及众毒药，乃至杀人，故吞土者遍身青黑，唇焦舌烂，肠裂肚爆而亡，即熬为胶，其性尤烈。本朝自道光初元流入中华，为我邦一大劫数。无如世之人畏信土，畏亡药，畏蛇蝎猘犬[②]，独不畏洋烟，不知洋烟之毒，更酷于诸物，乃于彼则趋而避之，于此反亲而近之，殊不解其何心。洋烟之性，捷于收提，或行疲，或病气，偶食颇有神效。然收提寒暑在内，病根未除，转瞬必发，所谓漏肉充饥、鸩酒止渴也。但初食未久，苟能猛省，戒之犹易。若逐日对时，延至半月三旬，毒气充周脏腑，烟瘾渐深，虽少年子弟，亦必颜色憔悴，形容枯槁，精神由此不振，边幅由此不修，晨昏由此颠倒，读者废业，耕者失时，工商均不事事。自是家计益落，妻子无依，甚至始为扒，继为盗，终劫抢，明正典刑，儿流为丐，女或当娼，丧廉鲜耻，杀身亡家，势所必至。无论城市乡村，夫妻诟谇，兄弟参商[③]，父子轇轕[④]，愚者攘鸡叉鸭，拆毁笆篱，黠者滋事生端，包揽词讼，无非洋烟所害。故嫖赌均为败行，尚可收场。惟洋烟瘾重，则身心之行止，性命之存亡，皆为烟使而不能自由。窃见富贵之家，不知约束儿孙，致令青年中毒，精为火烁，妻纵红颜，生而不育，绝祀斩宗，莫此为甚。凡族内人等已被害者，趁早回头，未入迷者，谨防失足。戒旃慎旃。

选自［湘潭］《湖田马氏五续族谱》，1934 年敦本堂木活字本

---

①绳武：继承祖先业迹。

②猘（zhì）：疯狂的。

③参商：比喻彼此对立，不和睦。

④轇轕（jiāo gé）：交错，杂乱。

宁乡王氏家训

源流：始祖该公居庐陵，子二：余、肱。余公二十一派孙弼，讳贵，号天相，明洪武时官辽东指挥，为铜瓦桥王氏始祖。其子辅，字翼卿，亦于明永乐间授指挥，同征云南。弼公归镇辽东，辅公封怀远将军，奉旨屯长沙卫，安置宁乡铜瓦桥。清乾隆十一年(1746)建支祠于王家湾阿公岭。十五世孙文清，字廷鉴，雍正进士，授九溪卫学正，任内阁纂修，宗人府主事，奉旨掌教岳麓书院。清康熙五十年(1711)文清纠修宁乡王氏七大房族谱，乾隆三十六年(1771)又修铜瓦桥、石坝、火烧塘三房族谱，道光六年(1826)、同治六年(1867)、光绪二十年(1894)又续修，1931年又修铜瓦桥、株山桥、梅溪滩、油草铺各支族谱。七大房派语：礼乐修明定，湘南泰运开，今逢清鼎位，代毓国家材，世际人文起，源从晋祚来，子孙发千亿，贤仕策金台。

九溪公家训格言

此训朴实无文，妇人孺子皆听而能解。每逢年节及朔望，凡聚会之期，在长者必口宣诸子孙听。

一、祖宗为我们根本，世代必要敬重古人敬前人，后代每新年必要到坟上拜年，每岁毕必往辞年，俱要率其子孙，手持香烛。春秋祭祀必到祠堂上祭。虽是远祖，亦如亲见的一般。我每过牌楼丘便思祖上功德，过黄茅岭便念祖上精魂。尔辈其慎守此意。至于光宗耀祖，则随力量为之。

一、父母必要孝敬。平常士庶之家，那能得三牲五鼎？只是顺父母之所好，竭力办之。或父母有不肯说出者，亦当曲探之，以遂其心。若父母不双全者，更宜分外婉曲以体谅之。或有疾病，即宜请医下药，细心调理，万不可服庸医之药。即父母偶有不顺，然天下无不是的父母，只宜委曲转移，切勿唐突。如此事父母，则自己子孙必孝顺矣。

一、兄弟必须友爱。古云："一回相见一回老，能得几时为弟兄。"有弟兄者，勿听枕上谗言，勿争钱米小事。偶有参商，亦惟不藏怒，不宿怨，一门和气，父母亦必欢喜也。

一、教子必有专业，聪明者读，顽钝者耕，都是好事，可以仰事俯畜。如读不用心，耕不竭力，习成桐油罐子，误了一生，父母不严之过也。谚云："穷汉养娇子，富汉得奴使。"可不慎哉。

一、媳妇闺女，务以纺棉织布，或养蚕喂桑为事，绩麻次之，中馈又次之，不可搽脂抹粉为虚花之事，并挑花绣锦亦不算正经女工。潘抚院告我曰："我今虽作巡抚，内人还不废纺织。"何况士庶之家。

一、闺门必须严肃。内外有规，男女有别，外人固不待言，即佃户工人等，亦不许一足入内室，并不许赤膊入厨房。《律例》王注云："人家事上者，使下者聚在一处，熟无忌惮，往往嬉戏生端。"至哉此言，可以为鉴。

一、家族必要和睦，房分虽有亲疏，然后来千枝万叶，当初总共一条根。但愿人人乐业，家家温饱。如有贫困者，可扶则扶之，可济则济之。倘有不肖，然一树之果有苦有甜，亦宜委曲开导之，甚则鸠齐族众，申大义以斥之，庶令其改过自新也。

一、子弟虽顽劣，亦要教他几年书，令他眼中认得字，手中动得笔，方可做人出世。若不识一丁，不能提笔出门，寸步难行，百般生意难做，不悔自己之顽皮，只怨父母之不教，嗟何及矣。

一、邻里必须相爱相敬。昔人云："戴高帽子的也相与，戴斗笠的也相与，穿皂靴的也相与，穿草鞋的也相与。"我一生为人，凡破衣亲友来家，我必亲送出大门外。故亲友到老，情谊不绝。

一、居家必宜早起。谚云："起得早，千般好；起得晏，千般绊。"又云："早起三朝当一工。"且当家夫妇一早，则儿女、媳妇、奴婢、工人无人不早。谚云："世间第一穷，朝朝睡到日头红。"我年八十几岁，并未睡一日晏床。此通国所知也。

一、为人必要公直，是则是，非则非，不可东边说好，西边说歹，更不可搬弄口舌，离间人家骨肉。如此则一言一事，无人不服矣。

一、立身必要廉洁，万不可惯入词讼，作地邻干证，图得白钱子。谚云："日间不作亏心事，半夜敲门心不惊。"我曾寄书戒一友云："恢恢天眼，作孽必报在儿孙；汹汹人情，埋怨必深于骨髓。"其人遂听言改过，至今昌盛。又见许多好事，赚白钱者，到老未见发财，子孙亦日见荡败，可鉴也。

一、衣服、饮食、宫室、妻妾之类，不可求其华美。绫罗与布胥同一暖也，珍羞与疏菜同一饱也，大厦与茅檐同一住居也，美色与丑女同一承上接下也。予眼见少年时有好盛服者，到晚年衣不中身；好美味者，到晚年食不充腹；起大厦者，转眼卖与他人；谋美人者，后来供他人之枕，亦何益矣。尔辈戒之。

一、为人不可好高。温温恭人，谦谦君子，满面春风和气，自然到处相安。路上遇了熟人，必要下马下轿。若天晴地干，路途不远，但可徒步行去，万不可轻裘肥马，南腔北调，使正人君子指其背心也。

一、乡中居家最好，切不可往城市住。昔人歌曰："柴在山中菜在园，鱼在池中谷在田。钱粮差役可付托，街上只提几包盐。"予亦曾招友下乡，书云："池内鱼虾作点心，只拿双箸；篱边鸡犬留好客，不费半文。"此皆居乡之乐也。寻每见上街住家者，其初亦十分闹热，久之游手无业，囊金吃空，枵腹不堪。下乡又无容身之地，竟甘为厮仆之役，甚至有不肖之行，只求活命，不顾体面，又何如株守乡村，犹不至出丑至此。

一、谷米不可作贱。前人云："谷上有两眼看人，人看得他重，他便肯跟他。"曾有一富人之子，嗷嗷无食，邻庵一老僧，日日以晒干阴米送此人煮粥。此人入寺跪谢，僧曰："此阴米乃君家物也。老僧二十年前见君家厨房沟中日日有米流出，老僧乃扫来淘净，晒干收好。今见君绝粮，乃出以相救，其实是君家之物，老僧不过代为收拾耳。"其人全家方悟，炊爨之人，犹记见此僧沟中扫米事也。

一、产业莫图成锦。昔人云："田地三十年，多半不方圆。"又有一百岁老人，长官问其所见之事，答曰："我曾见有一大丘肥田，换了十八个主人。”长官闻而叹息，且田地生成有主，何用机谋图之？予亲见有肥业一所，左右两家皆便之。其一家重价得之，旋以债重卖之。其一家未尝谋之，竟坐而唾手得之。枉用图谋，亦复何益？

一、用度必须节省，每见少年侈费，自谓豁达，其实此等人在家则必为荡子，在仕则必为贪官，滥用者必滥取也。我子孙切勿侈费，可以养己之廉节，可以防家之不虞，且衣食亦宜节俭。昔孝感屠艾山年伯，身为巡抚，曾一缎袍着三十年。赵武进都宪、陈榕门相国皆每食只用二簋，此皆我所亲见者，可师也。

一、祖宗坟山为庇荫子孙之所，尔等必要禁止斧斤，勿伐枝条，围禁牛羊，勿伤萌蘖，庶使祖坟藏风聚气，而子孙亦受其福矣。

一、坟山隔家路远者，要常常着子孙到坟上看看，即到山下人家，付托他照顾一番。如系公众坟山，则诸家轮流往看。诚恐有不肖之人，谋地惊冢，砍树伐竹，移石挖土，不如常常照应，免得烦恼。如有惊犯，必要鸣官。

一、案头勿用玩器，我一生本无玩器，心亦不喜玩之。往时常应大官延请，久住署中，玩器极易取之，却从不好此。每每送我，亦复坚却之，取其平常适用者。曾有人送我一水池，一印色盒，辞之不得。闻此二物值银四两或六两，我携出署来，得一串钱，遂令爱者拿去。昔有以宝砚示东坡者云：“此砚一呵气，便有水流出。”东坡笑曰：“就是一呵流得一石水，也只值得一个钱。”此言可记。

一、待僮仆，下人有犯，不可即打。昔人有六不打，彼醉不打，彼病不打，彼生日不打，彼有喜事不打，彼有伤心事不打，事未查得的确不打。凡有打骂，总要能服其心方是。

一、家中吉凶大事，总宜量力为之。乃俗云：“爷好亲事好，儿好葬事好。”因此婚姻则车马仪物倍极喧哗，丧葬则演戏筵宴多致僭越。岂知古人昏礼不贺，丧则哭不绝声，均非喧哗筵宴之事。予每见好盛者，勉强婚事，遂至负债以累及子孙；勉强葬事，遂至破家，以忧父母于地下。何不随力为之，毋取一时闹热，以致无穷之悔也。

一、人当学含忍之量，须臾不忍，往往结成大仇，酿成大祸。昔人唾面自干，过后多少省事。

一、酒之误人有五：醉则举止不正，多至倾跌，一也；语言狂乱，得罪亲友，二也；作事逞凶，不循礼法，三也；伤肝伤肺，每致成疾，四也；一醉连日困倒，百事抛荒，五也。可不戒耶？

一、子弟宜痛戒赌博。近来赌博成风，有打纸牌者，有押宝者，有掷骰子者，一日一夜，可消花数百金。贪心求胜，越输越不放手，必至囊空金尽而后止。东家喜于抽头获利，遂至积日累月，流连不散，破家荡产，势若山崩。我子孙遇此等人，虽至亲密友，亦必远而绝之。此嘱。

一、家中不可作戏，戏文尽属假捏，一片花前月下之词，虽有忠义之事，看者每厌正而喜新，凡上下内外见之以为实事，开多少淫荡之门。况戏子中无一正人，跳脚舞手，斜眉细眼，更可远而不可近乎？

一、过往三姑六婆及施药看相之妇女①，断不可令其入门。此辈每入人内室，歪头软颈，口无正言，多端摇惑。前长沙拿一熊姓女医，竟是男扮女妆，高髻小脚，许多人家受其污玷，抚台凌迟杀之，亦已晚矣。

一、风水实有可凭。然古云："阴地本于心地，积德之家，必获吉地。"惟当延明师遍地采之，得则备价买之，不得则止，另看别处。一不可谋葬人家之地，二不可私葬祖坟之地，三不可停柩久远，只求谋地，四不可听堪舆之讽，出重价以图大地。从来大地不受大价，乃天生此穴以待吉人也。

一、异教必须屏绝。古人云："不交僧与道，便是好人家。"又有泥塑木雕之物，流俗扛抬舞弄，共夸神灵，恐惑乡俗。乃予目见善化地方有白氏一娘者，煽惑白箬铺一带，忽善化知县委捕衙来取白氏焚之，一境肃然。又荷塘桥有两木像，通境供奉而神之。郭昆圃弟兄誓众曰："息邪说，正人心，双木偶，一火焚。"后皆无事，其妄可知。

一、师巫救病，杀牲拜斗之说，尤不可信。乡俗或有疾病，巫者便云某怪为殃，须宰猪遣之，或拜斗解之。其后幸愈者十之一，不救者十之九。岂知大命由天，岂邪术能司其柄？谚云："杀猪救得命，皇帝万万

①三姑：尼姑、道姑、卦姑。六婆：牙婆、媒婆、师婆、虔婆、药婆、稳婆。

年。”此言是也。

一、士庶家所敬奉者，太岁星君、祖宗香火而外，惟有司命灶神与庙王、土地、社稷之神，关系合家人口、六畜、田谷诸事，不可不敬。其余神坛后山七宝等物，决不可立。予目见我祖父曾手掘一坛山，投之河下，又见予侄运楷手掘一冷坛，投之桥下，家中俱无恙。我子孙决不可立之，免为召怪也。

一、新年顽灯者，亦庆贺太平之事，然亦只须耍狮子、唱采茶、打土地、唱秧歌为乐而已。近来多用打花鼓，唱闹五更，新年大节，唱此淫邪不正之歌，儿童学之，唱和念诵，败坏风俗。我曾做《采茶歌》十首，地方已唱熟了，将来要做《插秧歌》《采桑歌》《敬奉老人茶汤歌》《儿童上学歌》，只期小补风俗耳。

一、家中正饷必要早完，漕米必要早纳。我们践朝廷之土，食朝廷之毛，理应早完国课，倡首急公。谚云：“完了粮，盖了墙，门前狗咬又何妨。”尔辈万不可缓也。

一、出入常存仁厚之心。谷米要车净，莫留乙壳糠秕；银水要通行正色，莫使低潮假造。凡遇小生意之人，切勿亏折其本利。至戥秤斗斛，出纳总同一样，万勿轻出重入，折磨后人，并遭天谴。

一、为人不可好名。一好虚名，则假冒剿袭，请托钻营，无所不至。一经撞破，一败涂地矣。茶陵云：“鼓钟于宫，声闻于外，暗然日章，实至名归。”古人信不欺我矣。

一、地方桥梁，如我铜瓦桥之类，倘有崩阙，定须即行修补。小则独捐，大则鸠众合力。一则不枉费我之前功，一则不没祖宗下屯之旧处。

一、借贷最易取穷，只要能忍，身上忍得破衣，口中忍得吃粥，人情往来忍得清淡寂寞。只坚守读书本业，不可动便求人，自不得十分落薄。

一、儿孙习举业，务作根柢实在工夫。凡五经、三传、《周》《仪》二礼、《国语》《国策》《史记》《纲目》诸书，必要全读熟玩，经经纬史，下笔自能传世，不作八股牢笼中物也。彼剽窃饾饤，非我所望于后人也。

一、教书必要尽心，误人子弟，如杀人父兄一般，故教书人往往不昌其后，予见多矣。予一生无功德及人，惟教书一事，尽心力为之，如教己子一般。于经书必求精通，于时文必讲理法，于品行必合端方，所以到处多有成功。而三十年前之弟子，至今其子孙犹音问不绝也。予尝说："我若替人插秧，必根根与他插稳；我若替人扮禾，必粒粒与他扮净。"只存这点良心，教书何独不然？

一、万事以保身为本，酒色财气皆戕伐之斧斤也。人不出家，岂能绝此数事？但须自己节制，所谓百花丛里过，一叶不沾身也。至于安分守己，不交官府，不谈时事，又明哲保身之一道云。

选自[宁乡]《王氏四修支谱》，清同治六年(1867)太原堂木活字本

宁乡楚沩王氏家训

源流：长者公下二十四派孚明公，三子：庸德（显卿公之祖）、周德（与宾公之祖）、建德（昂公之祖）。显卿、与宾、昂明三公，皆明成化、嘉靖间人。显卿公居宁邑县城南，与宾公居资江安庄冲，昂公居宁邑车架园。清同治十年（1871）卿、昂两房纂修族谱。1943 年三房合修，称楚沩八修。派语：礼乐修明定，湘南泰运开，传家征世泽，光国蔚人才，道立英贤作，心恒孝友培，熙朝荣俊彦，宝树植庭槐。

家　训

序言

我国的政治是伦理的政治。《孟子》上说："天下之本在国，国之本在家。"可见我国是以家庭为本位的。家庭不过是国家的缩影，国族则是家族的演进。家族主义中的"孝"字，与国族主义的"忠"字原是一个东西。古时帝王求忠臣于孝子之门，就已明白了，"孝"与"忠"原同一体。现在一般人以为中国人民没有国家观念，是由于家族主义的原故，因而主张废止家族主义。这个看法我以为极其不对。家族主义在我国有数千年的历史，中华民族中经几许的外族之侵袭，犹能延续至今，屹然无恙，比之于印度、埃及、巴比伦许多古国，可谓硕果仅存。若果家族主义不利于国族主义，中华民族便应早已灭亡，何至以有今日？不过我们维护家族主义的人，应该把眼睛放大，不要自限于家族主义的小范围，而要推广及于国族。因为只有自己的国家富强和民族自主，才可以保障自己家族的安全和求得繁荣。否则，覆巢之下，焉有完卵？皮之不存，毛将安附？要保障家族的安全和求得繁荣，固有赖于国家民族的富强和自主。但反过来说，欲求国家与民族的富强和自主，又必须先健全自己的家族。若果家族不健全，教养不出佳子弟，国家因之就没有好国民；若果家庭只是全然消费的而不能生产，国家因之就无所征课，竭其财源。所以健全家庭又是富强国家的先决条件。我们的祖先，为了保障家族的安全和繁荣，曾经尽了最大的努力，建立了富强的国家，开拓了广大的土地。现在我们子孙为了复兴民族，重振国势，我们应该如何努力，先求得家庭的健全，庶家齐而后国治，国治而后天下平。尼兹举下面数点，以与我族人共免之。

要和睦

家庭是自然的结合。家庭的组成者不是血亲，即是姻亲，其间具有天性之爱，本应融融洽洽，乐叙天伦，互助合作，以求生活之臻于完善。但是有许多家庭却往往不能如此探求。其原因则不外是家庭中各人未尽到各人的本分，以及各人未能做到推己及人的地步，以致纠纷时起，使一个应该相亲相爱的家庭，反变为一个匿恨积怨之所。其结果使得老者无以娱晚年，壮者不能从事于事业的发展，少者不能读书求上进，儿童不能得到健康的身心发育。影响所及，于国家，于民族，是多么的深大。所以就家庭来说，和睦是应该站在第一。一个家庭不和睦，这个家庭就非瓦解不可。要如何才能一家和睦呢？第一就是家庭中的各分子，要各人能尽到各人的本分。具体的来说，即是父要慈、子要孝、兄要友、弟要恭、夫要义、妇要顺等。其次，就是要各人能做到推己及人的地步，即己所不欲，勿施于人。再分析来说，即所恶于上，勿以施于下；所恶于前，勿以施于后；所恶于左，勿以施于右。如此，则家庭才能和睦。家庭和睦，个人才有幸福可言，国家民族才可望其富强独立。

要生产

人的生活受着经济的支配，美满的家庭生活尤须赖有丰富的财源。但这种财源须不是仰给于祖宗的余荫，而必须是由于每个人自己工作而来。《孟子》曰："五亩之宅，树墙下以桑，匹夫蚕之，则老者足以衣帛矣。五母鸡，二母彘，无失其时，老者足以无失肉矣。百亩之田，匹夫耕之，八口之家可以无饥矣。"上面的叙述是一个多么美满的家庭生活。可是现在一般人有一个最错误的观念，就是鄙视劳动，以从事生产为不清高。谁知自己不知不觉中,已做了世界上最可耻的无业游民。又有一般为父母者,大多因为溺爱的原故,不养成子女们劳动的习惯,使之游手好闲,肩不能挑,手不能提,为他日伏下倾家荡产之祸,这真是愚昧到了极点。凡我族人,应该猛省猛省。一家之中,无论男女老少,必须个个人能做事,必须个个人有事做,大家分工合作,务期人尽其才,地尽其利。教养子女,必使之有一技之长,能忍劳刻苦,万勿以财产为可恃,须防坐吃能山空。

要健康

健康是人生幸福的源泉,也是事业的基础。但是中国人不健康的很多,一向有"东亚病夫"之议,其原因是由于不讲卫生,不重清洁,以致人口的死亡率很高,人生的寿命也很短促。这不但于个人于家庭是极其不幸,即对国家说,也是莫大的损失。所以凡我族人,皆应该注意及此。房屋的建筑,必须要通空气,透日光,要时常打扫清洁。衣服饮食都要讲究卫生,不要穿不洁之衣,不要吃不洁之物。起居要有定时,要养成爱好运动的习惯。一有疾病发生,即须延医诊治,万不可求神问卦,为迷信所误。要如此,家庭才有真正的幸福可言。不然,疾病死亡接踵而来,言之可怕。

要读书

人要读书,是为了要求得知识,使之明白是非善恶,使之知道如何做人处世,使生活更进于美满的境界,而绝不是为了仅仅认识字,为了做得文章,更不是为着读了书可以做官。俗话说:"养子不教如养猪。"做父母的人,如果不送子女读书受教育,真是葬丧了自己的子女。所以,凡我族人,不论其家庭经济情形如何,不论其子女是否聪明,都要尽其为父母的最大能力,送其子女读书受教育,以为自己家庭培植佳子弟,为国家造就好人才。

要优生

优生这是一个新的名字,但是对于种族的发展和家庭的幸福,都是非常重要的。子女的优劣,是决定于子女的遗传。优生的意义,即是要求得好的下一代。俗语说:"讨坏一堂亲,出坏三代人。"可见一般对于优生的意义已有相当的认识，不过这种认识还太不够。兹根据优生学的研究，举出数点，望我族人注意及之：

一、不要与愚笨、不健康以及有遗传性疾病的人结婚。

二、不要与血统太亲近的人结婚。

三、不要令未成年的子女结婚。

上面三种人的结合，都很容易生出不健康、不优良的子女来。我们无论是种稻或种瓜菜，都知道要选种，为什么对于子女的求得反不注意呢？人谁不愿有优良的子孙，谁不愿有显赫的家族？但是若欲要有好的子孙和有好的家族，我们必须讲究优生。

选自[宁乡]《楚沩王氏八修族谱》，1943年太原堂木活字本

韶山毛氏家训

源流：始迁祖太华公，元至正间人，因避乱自江西吉州龙城迁云南澜沧卫，生有八子。明洪武十三年(1380)以军功官入楚省，惟长子清一、四子清四偕行。始居湘乡县北门外绯紫桥，后清一、清四卜居湘潭县之韶山，至四世衍为震、瑞、鉴、深四房。震房分竹溪、彬溪、介溪三支，瑞房分显色、显名、显定三支，鉴房分泉溪、高溪两支，深房分立睽、立明、立旸、万支四支。族谱始修于清乾隆二年(1737)，光绪七年(1881)二修，宣统元年(1909)三修，1941年四修，2001年五修。旧派：(自第七派始)立显荣朝士，文方运际祥，祖恩贻泽远，世代永承昌。续派：孝友传家本，忠良振国光，起元敦圣学，风雅列明章。

家规十八条

一、孝弟为百行之原，固人道之所当尽。凡为子弟者，务宜服劳奉养以事亲，逊顺恭让以尽弟。苟或不孝养父母，不弟事兄长，大则忤逆违悖，小则言语撞触，族长传祠，从重惩诫，训之不悛，送官究治。

一、兄弟本天伦之乐，固人生之最难得。兄当克友于弟，弟当克恭于兄，岂容以世故末务，同室操戈，残伤骨肉？凡我族中，或有因产业听妇言，不重手足，不睦兄弟者，族公惩之，不服理论，送官究治。

一、夫妇为室家之望，固妇道之所宜修。孝敬翁姑，恭顺夫子为重，女红中馈之勤犹后焉者。或有恃爱怙势，不敬不顺，不守妇道，不遵夫训，请凭族长戒饬。如或悍妒不改，即屏之母家可也。若夫妇果无亏，夫或无故凌辱，设意屏出，族长传祠，从重责惩，不服，禀官究治。

一、尊卑为族纪之表，固恩谊之所由敦。即同族服制已尽之尊长，务宜隆以礼貌，方不至有干名犯义。苟有冒犯尊长，不顾伦纪者，传祠责戒，父兄以失教论。而为尊长者，或偶因细故，辄加以无礼，则无论恃尊凌卑有例，亦公论之所不容。

一、子弟之成败，全在父兄之教训，故父兄之教不严，子弟之率不谨。凡我族人，于子弟知识稍开、天真未凿之际，提撕①训道，以保天性。及长，教以正业。如有听其游荡放辟，不加约束，先以容纵处父兄，后以不肖治子弟。

一、士农工商皆属正业，专一足以谋生。如或不务本业，则失计无聊，势必流为博徒、为优人、为僧道、为皂隶②、为窃匪、为奴仆，生不齿于人，死不入于庙，实足玷辱祖宗，吾族永宜禁止。有一于此，责归父兄。

一、冠婚丧祭，称家有无。俭啬太过，鄙吝失之固，骄奢靡丽，侈浪失之浮。惟其不固不浪，乃得之中，则于礼无悖，于人无议，且足以风世。愿我族人酌而行之，凛而遵之。

一、好生乃天地之德，尤人生之所当体。乾道成男，坤道成女，似续所由重也，则女子而敢自我生之，自我杀之乎？且律载溺女与故杀儿女同罪，故近世州县乡村，莫不饬建育婴堂，如有擅行溺女，绝灭人道，从重理处，不服禀究。凡我族人，尚体遵之。

一、孤儿寡子，最为苦楚，无论亲支同族，务宜一体体恤，无事则共相顾复，有事则力为扶持，方不愧亲亲一本之谊。如或乘其孤弱可欺，谋占田产，搬剥家财，族长传祠，追回财产，从重处究。

一、妇人少寡，克励冰操，朝庭尚旌其节，实足增族党之光。有子者当为辅助，无子者务为立继。如或窥其家财，伺其年少，欺嚼侮辱，夺志阻继，族长传祠责惩外，公为择继保全，不服禀究。

一、邱墓乃祖宗瘗玉之所，尤孙子之当亲。每年清明大寒，公坟及无后孤冢，着值年经管，动用公费，带工挂擢。私坟，该各家长亲率后生祭挂修擢，庶前传后度不致遗失。如有不亲挂擢，堆冢荆棘，碑墓崩塌，

---

①提撕：教导，提醒。

②皂隶：同“皂吏”。古时衙门里的差役。

即以不孝论，经管即行罚革，家长即行传祠责惩。

一、报本莫大于祭，凡属入祠祀祖之日，理宜整齐衣冠，雍肃礼仪，以昭诚敬。即或家无美冠华服，而小帽长衫，亦可交神明敬。如有蒙垢不洁，科头跣足①，以不敬宗论，即行逐去，不许与祭。不服，立即责惩。

一、祠祭之日，除筹办公事外，凡属私事，概不许借祭入祠，横中争论。即或有万不得已之事，亦须另约日期，邀请族长户首一干入祠理处。如违，公同议罚。

一、词讼最为无益之事，实居家之所宜戒，一时不忍，激成讼端，用费多金，终归乌有。纵有不平之事，亦宜听人劝解，不必坚执。万难冰释，曲直自有公论，毋得一朝之忿，忘身及亲，反罹三尺之法。凡我族人，尚曲谅之。

一、公项银谷，除供国课、办祭费、妥公用外，或有赢余，任听经管掌理出入，每年凭众清算，开除若干，实存若干，注载公簿，以示清洁。如有肆意侵噬，浮开数目，除追还赔偿外，立行斥革论罚。

一、凡各祖坟山，理宜蓄禁，不得砍伐，一以存先冢之荫护，一以壮往来之观瞻。如有私行判伐，擅行砍取，任各祖坟下经管子孙动用各公公费，传祠理处。经管徇容受嘱，论罚论革。

一、进葬各祖坟山，除永禁进葬外，亦必昭穆相当②，牵骑无碍，庶无两相乖舛。如有妄听术人，贪谋风水，不论尊卑昭穆，骑头牵脚，甚或破墓伴葬，穿插盗截，族长验实，传祠理处。押令起迁，以息讼端。

一、祠庙礼法森严，尊卑名分之地。凡属公事、祀事入庙，务宜衣冠整齐，堂规严肃，尊卑次序，礼貌相隆，则九族昭雍睦之风，一家敦仁让之俗，上对宗功祖德而无惭，下顾孝子仁人而可乐，抑何盛欤，尚其信之。

---

①科头跣（xiǎn）足：不戴帽子，光着脚，形容散漫随便。

②昭穆相当：古代宗法制度，指宗庙、墓地或神主的辈次排列，以始祖居中以下父子递为昭穆，左为昭，右为穆。

家训十则

培植心田

一生吃着不尽，只是半点心田。摸摸此处实无愆，到处有人称羡。不看欺瞒等辈，将来堕海沉渊。吃斋念佛也徒然，心好便膺帝眷。

品行端正

从来人有三品，持身端正为良。弄文侮法有何长，但见天良尽丧。居心无少邪曲，行事没些乖张。光明俊伟子孙昌，莫作蛇神伎俩。

孝养父母

终身报答不尽，惟尔父母之恩。亲意欣欣子色温，便见一家孝顺。乌鸟尚知报本，人子应念逮存。若还忤逆悖天伦，只恐将来雷震。

友爱弟兄

兄弟分形连气，天生羽翼是他。只因娶妇便参差，弄出许多古怪。酒饭交结异姓，无端骨肉喧哗。莫为些小竟分家，百忍千秋佳话。

和睦乡邻

风俗何以近古，总在和族睦邻。三家五户要相亲，缓急大家帮衬。是非与他拆散，结好不啻朱陈。莫恃豪富莫欺贫，有事常相问讯。

教训子孙

子孙何为贤知，父兄教训有方。朴归陇亩秀归庠，不许闲游放荡。雕琢方成美器，姑息未为慈祥。教子须如窦十郎，舐犊养成无状。

矜怜孤寡

天下穷民有四，孤寡最宜周全。儿雏母苦最堪怜，况复加之贫贱。寒则予以旧絮，饥则授之余饘[①]。积些阴德福无边，劝你行些方便。

婚姻随宜

儿女前生之债，也宜随分还他。一时逞兴务繁华，曾见繁华品谢。韩侯方歌百两，齐姜始咏六珈。大家从俭莫从奢，彼此永称姻娅。

---

①饘（zhān）：稠粥。

奋志芸窗

坐我明窗讲习，几曾挥汗荷锄。驱蚊呵冻志无休，诵读不分昼夜。任他数伏数九，我只索典披图。桂花不上懒人头，刻苦便居人右。

勤劳本业

天下有本有末，还须务本为高。百般做作尽糠糟，纵有便宜休讨。有田且勤尔业，一艺亦足自豪。栉风沐雨莫乱劳，安用许多机巧？

家戒十则

游荡

人有耳目，能听能睹。人有手足，能蹈能舞。具此官骸①，不农不贾。饱食暖衣，逍遥过午。弃尔诗书，荒尔田圃。家计萧条，基业易主。自此嬉游，有玷尔祖。

赌博

人惟懒惰，遂交赌友。赌尽家资，一无所有。三五成群，将为盗薮。且引匪徒，钻墙窥牖。非盗即奸，中冓亦丑②。博棋好饮，不顾父母。不此之戒，祖岂尔佑？

争讼

争长竞短，都是客气。讼到公庭，太爷小的。出与人言，扬扬得意。不知当官，吁天抢地。倘或理亏，受刑系累。幸而胜焉，也要破费。莫逞雄心，免贻后悔。

攘窃

冥窃暗偷，谓莫予见。一朝败露，捕拿到县。招认受刑，皮穿肉颤。差役起赃，辱及女眷。饱捕亡家，东逃西窜。死不入祠，生有何面。凡我子孙，莫拈钱断。

符法

法打包身，磨拳擦掌。打降行凶，强牵强抢。犯法遭刑，捷如影响。

---

①官骸：指身躯，形体。

②中冓（gòu）：内室。

为首为从，那个漏网？大则抵伤，小则笞杖。不思肌肤，父母生养。忘身及亲，你去想想。

酗酒

世上是非，多起于酒。加以贪杯，愈丧所守。乱语胡言，得非亲友。甚至醉时，胆大如斗。酗酒放风，裂肤碎首。醒后问之，十忘八九。何如节饮，免致献丑。

为胥隶

人在乡村，闲言存养。一入衙门，便如魍魉。一票一签，几斤几两。只讲盘子，不思冤枉。少不得意，一索三掌。怒气冲天，报施不爽。快活赚钱，休作此想。

为僧道

邪说异端，莫如僧道。高者谈玄，卑者应教。昔圣昔贤，辟佛辟妙。倘非虚无，何故抹倒。人有五伦，僧归一扫。尽如此辈，人类绝了。邪正两途，各宜分晓。

谋风水

既有天文，必有地理。得之有缘，非可妄取。近听术人，动谋风水。他人祖茔，恃强破毁。或牵或骑，连讼不已。死既不安，生何利矣？戒之戒之，牛眠在迩①。

占产业

凡人产业，各有抵址。窥其唇联，奸谋顿起。得寸思尺，造契造纸。曾不数年，弃如敝屣。向所越占，几能到底？拱手让人，落魄而已。何如守分，免受嗤诋。

选自［韶山］《中湘韶山毛氏二修族谱》，清光绪七年（1881）西河堂木活字本

---

①牛眠：卜葬的吉地。

湘乡文氏家训

源流：伯琦公于北宋大观年间自赣来湘乡居长田。再传六世至渊淙公，于明成化年间自长田迁居高冲双井，子二：益选、益循。益选公生四子：楚显、楚恩、楚宪、楚用。楚用公裔十九世孙锦薰，字芝仪，道光元年（1830）生，光绪十四年（1888）卒，配贺氏，女三，第三女适湘潭毛，即毛泽东之母。清乾隆五十三年（1788）高冲文氏重修支谱，道光二十九年（1849）四修，光绪三十二年（1906）五修，1937 年六修。派语：大明嘉应国，万年道德绵，正士端期上，英才望拔先，诗书徽甲第，礼乐绍薪传，在昔垂忠义，克绳仰象贤。

家训汇纂

谱之有训也，自昔然矣。顾教人道理，古圣先贤，载在五经四子书者甚详。人能身体力行，何患不为圣为贤？但或词语深奥，一时难解。且民国注重科学，学校暂缓读经，凡圣人教人做好人的门路，人莫得知。于今将圣贤道理衍说条目，原取浅近明白，使后嗣子孙，开卷了然，可以为学做圣贤之一助云。

一、要立志。志者，心之所向。我心要做好人，自然向好人一边做去；我心要做歹人，自然向歹人一边做去。所以人生不可不立志，立志务期光明正大，便可为圣为贤。如或好小利，顾眼前，便流入卑下矣。

一、要修身。志向既定，便当从身上做起，天地父母生我之身，原有仁义礼智孝弟忠信的道理，我能全此道理，固是修；我于此理有相悖处，但能改过自新，亦是修。惟敬谨小心，常恐此身所行不合道理，自然身无不修矣。

一、要读书。修身不读书，不能明白道理，如我要做仁人义士，书上先有仁人义士；我要做孝子慈孙，书上先有孝子慈孙，看他是如何样做法，便跟着样子做去。如此读书，不惟功名远大，自然是圣贤一边人。

一、要齐家。一家之中不过是父子、兄弟、夫妇及奴仆而已。父要慈，创些家业与他固是慈，教训他做好人更是慈。子要孝，服劳奉养固是孝，扬名显亲更是孝。兄要友，弟要恭，让产均爱固是友恭，同心合意做好人更是友恭。夫要倡，妇要随，持家以夫为主，丈夫行好事，妇人便当跟着去，无或牝鸡司晨为家之索。待奴仆要恩威并济，恩行则无叛仆，威行则无悍仆。如此则一家之中，岂不整齐画一。

一、要忠义。于今民国时代，忠德要不可缺。忠者何？忠于国也。做官的洁己爱民，为政府办事，固是忠国。做百姓的安分守己，早完国课，亦是忠国。至于待朋友，要真心实意，有善相劝，有过相规，不敢阿谀游荡，此便是义。

一、要远利。“利”之一字，最为害理。所以好利之人，一心孜孜，只知有利，不知有理。无论志趣流于卑下，连父子兄弟都不顾了，必致父子不亲，兄弟不睦，甚者夫妻反目，而朋友不消说了。至于伦常乖舛，亦何利之有哉？

一、要勤俭。士农工商，皆人生本分常业，各当正其趋向，做一件便当勤此一件，稍懈则业必不精。人生天地间，要几经磨练，备尝艰辛，方知浮华之当戒，困乏之堪忧，斯克勤克俭，而家自兴矣。

一、要助读书。人家出好人，大抵都自读书中来。每见人家有聪明子弟，家贫不能送读，或家厚能送读者，子弟愚顽不能读书，二者不能相兼，以致读书者少。是在家厚者，于族房子弟有能读书而父母不能教者，捐金助资，倘能显达，固是一家之光，即不显达，族房读书人多，便成书香门第，官府自然加敬，乡党自然称羡。

一、要惜贫困。人谁不想做好人，饥寒所迫，歹心遂生。强者必为盗，懦者必乞丐，甚且妻子出乖弄丑。今人见族房有此三种人，便不好意思，此是一种好心肠。何不充满此心，将朝山修佛的余钱资助他，或与他赀本贸易，或与他佃田耕种，各有职业营生，必不致作此三种人，比朝山修佛的阴功，更现在实落。

一、要尚贞节。男子能为孝子顺孙、悌弟义夫，固是美事，然读书明理，晓得是当做的事，国府尚然褒扬。若少年女子，夫死守节，已是难事。且有无子而守者，有家贫而守者，尤是难事。族房有此，当竭力扶持，有欺孤凌寡者，当秉公理处。翁姑伯叔分家析产，当分外优恤，庶不负苦节女子。

一、要戒淫行。一阴一阳，天地尚然。自家闺门，须有内外之防，岂可任情野合？不惟坏人门风，自损阴骘，亦且泄祖宗血脉。试思不问配偶而非类相从者，此何物哉？

一、要慎自由。民国成立，人皆享自由幸福。然须知自由要守法律，我欲自由，人岂不欲自由乎？故必循规蹈矩，不可暴戾恣睢，侵犯人之自由，乃为真自由。若一出范围，则招灾惹祸，大失自由之旨矣。

一、要笃伉俪。民国男女平权，婚嫁必取同意，固是文明现象。然君子之道，造端夫妇。尝见报纸栏中声明离婚日不绝书，始合不慎，中道而弃之，岂大丈夫之所为？故吾谓族房结婚者，当择之于初。须知百年嘉偶，宁可乏容，不可乏德。古人糟糠之妻不下堂，千秋高谊，可敬可风，岂有既合而复离者乎？

一、要安生理。人必各有生理，为士农工商，自有恒产。如有不务生理，游手好闲，专务赌博者，定是为盗之辈。一经犯出，赃真证确，务须举究，毋得轻纵。

以上诸条，皆所当为当戒之事，故明白浅近，条列谱首，后嗣子孙，触目警心，何患不为圣为贤？族房领袖，于春秋祭过祖宗之后，聚坐讲劝，使人人为正人君子，岂不甚善？

选自[湘乡]《高冲文氏支谱》，1937 年雁门堂木活字本

华容邓氏家训

源流：一世祖十五郎公，宋末因避兵乱自江西丰城县落星桥迁长沙北门，元初又自长沙迁华容谭子湾。四世正本、正源、正始、积宗诸公。正本为仁分始祖，积宗为义分始祖。仁分籍沙港，义分籍邓家山及花砖头。仁分老派：学以成家政，儒宗祚自永，奕泽惟忠恕，敦崇德乃本（“永”字后改用通派）。义分老派：宏文传可大，本笃兆其昌，惟学克修诚，以斯久益彰（“昌”字后改用通派）。通派：国运昌隆际，名垂竹帛时，簪缨联世胄，兰桂秀芳枝。

秀峰公家规十则

一、敦孝弟

人列三才，灵于万物。试思乌鸟尚能反哺，鸿雁且知分行，使孝弟有亏，几至禽鸟不若。吾族子弟，虽爱亲敬长，而绝干犯之条，免贻伊戚。

二、务诗书

诗书本经世宰物之谟，我邓氏两秀三登，彪炳宇宙，无非由诗书中来也。愿我族中遇聪颖子弟，须极力玉成，以为国家舟楫材。即椎鲁成性者，亦宜延师课读，勿吝费自阻。朱柏庐云：“子孙虽愚，经书不可不读。”诚哉斯言，尚其勉旃。

三、勤农桑

一粥一饭出于农，半丝半粮系于桑。农不耕则菽粟安出，女不绩则布帛无资。吾族男妇，务宜耕耘维勤，纺绩勿怠，切勿宴佚自如，致饥寒交迫。凛之哉，以崇本业。

四、虔祭祀

忾然僾然[①]，古有明训矣。凡我族众，每届祭期，主祭、助祭人等，慎毋遣人替代。即遇疾风骤雨，亦当亲诣祖祠，捧杯棬而伸敬，奉牺牲以迎神，切勿诚意稍懈，致来跛倚之讥[②]，庶祭则受福，以妥先人之灵。此告诫。

五、睦宗族

睦族之典，载在《虞书》；敬宗之文，详于《戴记》。我邓氏椒衍瓜绵，至今不无棋布，一本之谊，要自难忘。昔张公九世同居，李相百余共爨，迄今称道不已。愿我族人共敦雍睦，勿以派远支分，遂致情谊不笃，以干家法。此嘱。

六、戒骄奢

骄矜自恃，速祸之媒；奢侈为怀，耗财之蠹。如欲保世滋大，安可置身华丽之场，奔走佚乐之处乎？昔王凝之恭恕持己，勤俭治家；司马光列科名赴宴，独不戴花，士林咸艳称之。愿我族众，谨遵模范，毋违。

七、警淫赌

淫乃伐性之斧，赌乃败家之源。此古人制字，"色"字所以从刀，"赌"字所以从贝也。如若溺情丽色，恣意博弈，势必上玷父母，下累子孙，中戕性命。至声名败坏，更无论矣。吾族子弟于此二者，务须力为防闲，勿令辱门败产，其各凛之。

八、完钱粮

耕天子土，蒙恩匪浅。我族中有田庐者，即有钱漕，务须及早完纳，免罹法网。朱子云："国课早完，虽囊橐无余，自得至乐。"斯言也，慎勿忽诸。

九、培邱墓

子孙原以保邱墓，凡亲疏坟茔山向，谱牒所载虽详，然使不亲身祭扫，几何不释卷茫然，以长他姓戕害之萌乎？自后族众每届令节，须举

---

①忾(kài)然：感慨貌。僾(ài)然：隐约貌。

②跛倚：站立不正，斜靠他物。喻不庄重。

步勿惮。至若陵谷变迁，亦理数之常，墓下人等更宜竖立碑文，令后嗣无或游移。此心此理，当共念之。

十、泯讼狱

鹬蚌相持，渔人两得，此讼则终凶，《大易》所以深戒也。我族人等倘或同宗参商，固需记忆百忍，即与外人口角，亦当忍耐三思，庶争消雀角，衅泯鼠牙，当年南国之化，或可再见于今日南阳之堂矣。其各勉之，毋忽。

选自[华容]《邓氏族谱》，1917年三登堂木活字本

攸县龙氏家训

源流：始祖庚公。其八世孙耀公，唐天祐间任茶陵令，子孙遂家茶陵褒书东山。至二十六世清公，字悦仲，明洪武二年(1369)由茶陵徙居攸县学门前，为攸县龙氏开基祖。长子仕信，生楚珍、楚琳、楚瑞；次子仕鼎，生楚瑛、楚琼、楚瑶。琼公徙云南，瑶公徙醴陵黄谷田，余皆居攸县。族谱始修于清顺治十二年(1655)，1999年九修。字派：(以清公为二世，自十三世起派)伯高兆祚，来自永新，世传理学，廷显良臣，泽承先正，光启后昆，忠信为本，谦和乃珍，星辉霞灿，柏茂松荣，家训同佩，吉庆长臻。

家　规

为申饬家规事，本族赖先人遗泽，科贡蝉联，皆资上世祖考钦奉圣谕，遵守家训，父戒其子，兄勉其弟，嘉言懿行，是循是蹈，用能家声丕振，合族光昌。迩来子侄率皆意气相矜，傲游是好，且狂暴成风，以卑凌尊，以少狎长，目击心伤，深堪痛恨。今愚蒙不弃，谬膺户长之任，寸心自揣，德薄能鲜，难以倡率，还赖诸父、昆弟、幼子、童孙匡其不逮，庶免尤悔，更期涤虑洗心，一改积习，敢伸约言，垂为家规，斤斤奉守，罔或逾越。庶上不坠先人家声，下不至贻讥庶姓矣。谨酌八条开列于左。

一、修身齐家，内外肃穆。

一、延师训子，敦行孝弟。

一、勤以率下，毋荒于嬉。

一、量入为出，缓急时通。

一、尊祖敬宗，训戒族人。

一、修整先坟，春秋挂扫。

一、倡行家礼，毋延僧道。

一、切禁溺女，毋伤生理。

以上八条循乎天理，合乎王法。遵之为秀士，为良民，祖宗佑之，子孙亦食其福。违之为劣士，为顽民，祖宗遣之，子孙亦蒙其祸。幸祈鉴原，毋罪僭戾。

选自[攸县]《梅城龙氏七修族谱》，清宣统元年(1909)武陵堂木活字本

湘乡田氏家训

源流:始迁祖仁可公,讳旺广,宋咸淳元年(1265)自江西省安福县圳上卜居湘乡县麒台冲,至八派衍为积、税、裴三房。清乾隆三十七年(1772)始修族谱,咸丰九年(1859)续修,光绪三十年(1904)三修,嘉庆间建宗祠于湘乡大田家冲。字派:光裕成宗德,诗书启俊贤,文章华上国,科甲世常传。

家训(节选)

读书务践实行

从来礼义生于富贵,若富而不教,则近于禽兽。每见扬名显亲,光前裕后,莫不从勉力诗书中得来。倘自暴自弃,甘居人下,虽处顺适之境,不过浮沉衣食中,亦何乐有是子孙哉。故士人读书明理,其当躬行实践者,亦有何穷。而于木本水源之思,尤宜恳至。所以禴祀蒸尝①,其典不可缺者,盖谓报本追远,孝子享亲之道,理有固然也。吾愿汝辈衣食既足,更当隆师亲友,励志上进,光大门闾,于以见祖宗之德泽绵长,而子孙之炽昌愈大。朱子云:"祖宗虽远,祭祀不可不诚;子孙虽愚,经书不可不读。"

农业务期勤敏

农桑为王政之首业,赋税乃百姓之常分。可知耕耘收获,为民生国本所维系,亦綦重矣②。苟有聪明才力,固当奋志青云。若或鲁钝,即宜努力南亩,以为谋生之计。至于输赋,尤当及时,庶免追呼之迫。吾

①禴(yuè)祀(sì)蒸尝:一年四季在宗庙里举行的祭祀。

②綦(qí):极。

愿汝辈勤劳生理，切不可游手好闲，致荒本业，有误国课。朱子云："国课早完，虽囊橐无余，自得至乐。"

性情务养和平

凡物柔则久存，刚则必折。为人处世，何独不然？故必熏陶其性，涵养其情，始能猝然临之而不惊，无故加之而不怒。如或外侮适至，不思曲直攸分，即逞一朝之忿，势必祸难相寻，因之家败身亡。后虽追悔，亦无及矣。吾愿汝辈血气之勇不可有，而义理之气不可无。朱子云："刚愎自恃，悔误必多。"

博饮务加谨戒

每闻家计萧条，流离失所，皆从好赌所致，好饮所招。大抵呼朋聚党，日以酒食为欢娱，呼卢喝雉为快乐①，遂至日久月深，万事堕坏，家道自此消耗。吾愿汝辈切勿误入圈套，为乡党所耻笑。惟各务本业，自知尊重，始能长保其家，方称象贤之子。朱子云："勿贪非分之财，莫饮过量之酒。"

丰俭务须适中

由俭入奢易，由奢入俭难。人生处世固不可过俭，尤不宜太奢。每见各门巨族，莫不由祖宗忠孝勤俭以成立之，莫不由于孙顽率奢傲以覆坠之。故冠婚丧祭止宜称家之有无，切不可从俗奢靡，荡佚家产。吾愿汝辈量入为出，丰俭得宜，庶免固陋之讥，自来大雅之誉。朱子云："居身务其质朴，宴客切勿流连。"

选自[湘乡]《田氏重修族谱》，清咸丰十年(1860)紫荆堂木活字本

①呼卢喝雉：泛指赌博。

衡阳、邵阳、祁阳宁氏家训

源流：始祖斡公，原籍河南荥阳，隋仁寿二年(602)为衡阳司马，因家于衡阳回雁峰下。至唐僖宗时，族人因避黄巢之乱徙邵阳，乱息后复由邵阳归衡，住太平乡玉兰村。传至元末时道可公，字仕南，由玉兰村徙邵阳富田，为邵阳基祖。荣公自玉兰村徙祁阳马江埠，为祁阳宁氏基祖。明正德间建宁司马祠于衡阳城福乡。1940 年衡、邵、祁三邑宁氏九修族谱。

训约(节选)

训为人父

世人皆说父天母地，父是尊的。又说天下无不是父母，又是个好的。既尊且好，何以训为？不知说个尊，果然是尊，说个无不是，未必尽然。“无不是”三字，乃人子看父母如此，非父母自看如此。故善为父者，必要尽为父的道理，开一句口，做一场事，皆要足以为子孙法则。如子孙众多，吾惟待之以平，不可爱一个嫌一个。虽有前后嫡庶，则母所出，必不以后出而嫌前出，不为庶出而嫌嫡出。子有不是处，立地要他改正。即子已成人，为人所敬畏，不可为这寡门面替他遮饰，这方是为人父，可为做父亲的榜样。愿为父者勉焉。

训为人子

《诗经》上说“欲报之德，昊天罔极”，盖言亲恩浩大，人于报答不尽也。奈何古人防了难报，今人忘欲不报，诚可叹息。吾愿吾族之为子者，当思所以克尽子道。子道如何能尽？定省旷、奉养缺，有事不能代劳，俱不是孝。必须早夜亲近，打点扶事，出必告，反必面，饥进食，寒进衣，疾病进汤药，父母做不得的替他做，去不得的替他去。这等以身事父母，又怕不体亲之心，也不是孝。必重自己的身子，莫惹出疾病，以遗父母之忧。畏朝廷的法度，莫弄出是非，忘其身以及其亲。发愤去做人，不致流落下贱，以慰父母之心。这等以心事父母，又怕不能谕亲之道，也不是大孝。更须于父母有过，为之讥谏，见志不从，又敬不违，劳而不怨，这等成就父母之德，如此尽道，虽是好处，假若忖量可尽才尽，不可尽则不尽，也不是孝道，须委曲求尽。不但居富贵才尽，就是居贫贱也要尽父母心。愿为子者勉焉。

训子弟务生理

人家子弟有一世贫穷者，有先殷富后贫穷者，岂尽数命使然？或因懒惰偷闲，不求资身之策所致，未可知也。吾愿吾族子弟各务生理。读得书的以读书为生理，耕得田的以耕田为生理。无书可读，无田可耕，或为商，或为贾，或为医匠星相等术，左右务一件生理，这方是不叫做食闲子弟。大之可以取富贵，小之不致穷饿。若不去务生理，难免贫穷，及到贫穷无以度活，不免做出许多不好的事。弱者鬻身卖子，低眉下贱；强者额外横取，光棍骗人，甚至生事非为，出乖弄丑，玷辱祖宗矣。故务生理一事，子弟不可忽也。

训子弟守法度

朝廷法度是人都该守，而吾族子弟犹甚。盖吾族后先辈俱忝有民社之寄①，守法一事，自是家常茶饭，况又赖宗祖颇有一个积善的家声，倘或违法，无论身家不可保，将置先人于何地？吾愿吾族子弟各谨守法度，无论有职的、无职的，俱要依时完钱粮。做官的守官箴，不要贪财害民；做秀才的守卧碑②，不要干名犯事；做百姓的畏刑罚，不要生事告状。不但流徒绞斩不敢犯，即一两三、二两八亦不敢犯。求可以保身，可以保家，可以不辱先人，方象我家子孙。故守法度一事，众子弟不可忽也。

---

①民社之寄：指任地方长官。

②卧碑：明清时期称镌刻约束在学生员条规的碑石。

训子弟忠厚

自古帝王享国长久，无如成周八百年，而溯其所自，不过以忠厚垂训。由此思之，“忠厚”二字，国尚可开，况绵家乎？吾愿吾族子弟一本敦矣，九族睦矣，推之如待母党、妻党故旧之家，亦不可疏其往来，弛其恩礼。再推之如待乡邻之人，体古人千万买邻之意，年长一倍，以父事之，十年以长，以兄事之，不可恃我富贵，欺他贫贱。推之如待佃民及求贷之辈，一切所取钱谷，额以外故不可多取，额以内不妨少宽。推之如役使僮仆，隆冬溽暑、更深雨泥之际，亦当体恤，不可草菅视之。又推之如待乞丐募化之辈，亦当量力致意，不可漠然视之。其在家里，周人之急，拯人之危，隐人之恶，扬人之善，愿天常生好人，愿人常行好事。出去做官，不可受嘱托而妄输人官司，不可为罪纸而轻害人性命。转狱之时，宁失不经，勿失不辜，这方是不失忠厚之道。你看祖父忠厚，那个子孙不昌盛？故忠厚一事，众子弟不可忽也。

训子弟读律

子弟当读之书颇多，吾何故独以读律责之。不知吾族子弟赖先人以耕凿经术起家，业农者任是有书不暇读，不止于律业学者，所读不过经书是鉴而已。说到律，不说是不紧要的不必读，即说待做官时方读。然做官者一家之中能有几人？所以子弟多未见此书，不知律法之严，作奸犯科比比是也。吾愿吾族子弟个个要习律，当看所载本宗及母党妻党服图①，如何是斩衰三年，如何是齐衰、杖期、不杖期，如何是大功、小功，如何是缌麻，见此中服以礼起，违服即违礼，违礼即违法，一毫稍越不得，并所载问刑名例条例，如何是笞杖，如何是徒流，如何是绞斩，见此中犯轻得轻，犯重得重，又有犯轻得重，为常赦所不原，一毫幸逃不得，知之自不背之。一切刑罪，不待禁之，使不敢犯，自然合度而不犯矣。此习律一事，众子弟不可忽也。

---

①服图：服制图，古代丧服制度，以情谊的亲疏，分斩衰、齐衰、大功、小功、缌麻五等。

训子弟讲学

吾族赖先人以诗书起家，除了农工商贾，那个不读书？然读书是场好事，不消说了。殊不知讲学也是一场好事。书不可不读，学亦不可不讲。那里见得不可不讲？盖读书成了，登科及第，位居及品，封赠祖父，恩荫子孙，果是极好。然学讲成了，或生前有征聘，殁后从祀孔庙，其祖父为圣贤之祖，子孙为圣贤之裔，亦是极好的。论受享的益处，二者俱好；论受享的大处，讲学更好。盖读书止于取尘世浮荣，若讲学的要体道迪德，要成个圣贤的品第。读书好的，不过建功立业而止，若讲学的要治国齐家，参天两地，尽心知性，心性既明，去来由我。虽未尝说到轮回，自然不受轮回。又况二者之成功难易有分。如读书非少年聪明不可，讲学则不论年之老少、资之敏钝，不然，何参也竟以鲁得之？读书止于士者一途，讲学则不论农工商贾个个做得，不然，何近日王心斋先生原先是个卖枣子的客人也！此吾于读书外，又望子弟讲学也。

选自[衡阳、邵阳、祁阳]《三阳宁氏宗谱》，清道光四年(1824)种德堂木活字本

双峰匡氏家训

源流：始迁祖学金公，字金三，宋绍兴间自江西迁居湘乡涓水桥杨梅庄，今属双峰。至十代贤仲公，生财可、财玉。财可生元明、元聪、元通，为匡家塘、匡家垄、长山田心之祖。财玉生元发，世居涓水桥。族谱始修不详。清雍正十二年(1734)、道光八年(1828)、光绪二十八年(1902)、1949年续修。班次：学通朝法，武应梦明，景贤才元，安继再友，文尧太祖，良臣佐国，定逢清世，颂肇麟振，敬修先泽，惟是俊英，道隆作述，德裕志行，声名远大，万载显荣。

家训(节选)

躬行孝弟

昔子舆氏云："孩提之童，无不知爱其亲。及其长也，无不知敬其兄。"是爱敬之良，人性所同具也。无如人为气禀所拘，习俗所染，把本来真心丧失，竟成不孝不弟之人。即有时爱敬之良偶发，又不能就此而推广之，使念念如此，事事如此。呜呼，以极重极大之事，反渐流于浮薄，宁不大可哀乎！故吾族子弟，或士、或农、或工、或商，于"孝弟"二字，必须朝夕督令，着意敦行。由一念积而至于念念，由一事积而至于事事。勿尚虚文，勿略细行，勿沽名而钓誉，勿始勤而终倦。盖人能为孝子，然后能为悌弟。能为孝子悌弟，然后犯乱俱泯。是孝弟乃生人之本，百行之原，乌可视为泛常也？第孝有孝中节目，弟有弟中节目，如昏定晨省，言语必顺，容貌必恭，衣食必丰，死丧必哀，这是孝中节目。如偶坐随行，饮食先让，财产退后，勿听妻孥而成嫌隙，勿因小忿而离骨肉，这是弟中节目。若能一一遵行，始难勉强行之，既久终成自然，家庭中纯是一团太和气象，而兴家发业，又不足言矣。

和睦乡邻

乡邻间平日往还最密，而生齿日繁，良莠不齐，使处置无道，则争讼易起，争讼起则风俗薄。欲息争讼，务在彼此退让。然平日因物我未化，知有己不知有人，于是一事之小，定必见个胜负，一言之微，务要见个高下，而彼此相猜，报复无已。倘平日群然尊齿恤孤，悯凶周贫，纵其中有一二非礼相犯，便能情恕理遣，自反自厚，由是所见皆和颜悦色之人，所行尽格薄从淳之事，出入相友，守望相助，疾病相扶持，岂不美哉？况乡邻与我世世相聚，我今日有势有力可以欺人，安知势孤力弱时不转为他人所欺？天道循环，不可不审察也。

妄行致戒

人当幼稚之时，心胸最为纯洁，然近朱者赤，近墨者黑。为兄者必须及时开导，或讲先辈格言，或举今人懿行。若者有切于伦常，务要力行，不可放过；若者有损于身心，当要革除，不可轻试。即燕居之时，一举一动，一言一语，亦当循规蹈矩。细行不谨，终累大德，此之谓也。每见人家子弟，在幼时骄惰成性，及到长大，肆欲妄行，非己所当做的事，偏要去做。其初稍知畏惧，尚在父兄面前遮掩，驯至习与性成，悍然不顾，即父兄亦无可奈何。甚至心凶手滑，身犯刑法，累及父兄，害及宗族。人皆说某家子弟不肖，岂知子弟之不肖，由父兄平时不教之故也。更可笑者，父兄爱子弟，不啻珍宝，而待子弟反若路人，把子弟光阴错过，不知随时教训，任他养成坏气习，即有良师益友，时加督责，却又内外护短，代为遮饰。师友见此等作为，只得歇手。后来弄得昏愚不肖，一事无成，流入匪类，是爱子弟者，陷子弟也。夫至陷子弟于匪类，父兄未尝不悔，然已悔无及矣；父兄又未尝不责，责亦晚矣。总之，父子至性深恩，心中虽有怜恤，外面却要严厉，方得言语听从。待后子弟成立，回思父兄一片婆心，几番苦口，自不觉感激泣下。吾族训子弟者，固不可不知，而吾族之为子弟者，尤不可不体父兄之教也。

奉公守法

人在年少时为家庭一份子，及其长大，则为国家一公民。集家成国，不爱国则无以保家。公民对国家固有其应尽之义务与权利。当今世界潮流，力行民治，公民对国家行政官吏有选举罢免之权，对立法有创制复决之权。然推行二政，举办公共建设，国家必须收纳各种税捐；为捍卫国土、保护主权，国家必须推行兵役制度。此为公民对国家所应尽之两种义务。我姓子弟自应适合世界潮流，为一个良好的公民，万不可因私废公，致干法以重罪，而自放弃其公民权利也。

选自[双峰]《湄水匡氏五修族谱》，1949 年解颐堂木活字本

湘潭朱氏家训

源流：始祖通公，字圣基，宋开禧时自江西泰和县梅子坡圳上游学湖南，卜居湘潭城西唐兴湾。子大儒徙善化；大清、大福、大麓徙湘乡，大福裔孙梦江又于元至正间分迁宁乡；大广仍居唐兴湾；大文公，字象先，号默轩，后更名为大一，徙居本邑渚头桥。宗祠在永安乡瓦子坪，重建于清康熙五十七年（1718）。乾隆二十一年（1756）始修族谱。至1948年，全族人口1.5万余人，多分布于湘潭十四都石鼓湾以上、歇马以下及湘乡、宁乡、益阳、澧县、长沙等地。派语：作述后先起，建修次序成，才与昌山秀，品同义泽清，怀仁嗣必盛，立志道行能，九重锡凤诏，万代颂治平。

公明公家训

语曰：父兄之教不先，子弟之率不谨。则教之不可缓也，明矣。况今谱牒维新，家规革薄，不于此时章明教化，为端本澄源之急务，直待流于匪僻，而后法以绳之。所谓舍本而齐末，贤不肖之相去能以寸乎？兹摘其关乎伦常、切于身心者一十六条，编而成韵。词取其浅，喻颛蒙也①；调类乎歌，便记诵也。尤在父兄师友，反复谆谆，诠释以明其义，使之熏陶气质，涵养德性，有不蹈仁履义而成吾族之佳子弟者，无是理也。备著其目于左。

孝训

训尔孝，孝为先，人生百行此是源。为人不识生身本，独不见反哺跪乳物且然。愿儿孙思昊天，莫负怀胎乳哺恩。尔孝其亲子孝尔，点点

①颛（zhuān）蒙：愚昧。

滴滴到檐前。

弟训

训尔弟，敬其兄，兄或不友弟当恭。长成各自分门户，独不见千朵桃花共树红。愿儿孙，自省衷，勿听妻言薄弟兄。尔敬其兄兄敬尔，楼前花萼永昌隆。

忠训

训尔忠，忠无伪，食禄须尽臣子职。瞒天昧理用心机，独不见十目所视十手指。愿儿孙，无粉饰，小吏大僚皆如一。贤奸自古有攸分，莫遗骂名千古耻。

信训

训尔信，信其言，然诺无欺远憎嫌。巧好如簧愚耳目，独不闻掩耳盗铃何益焉。愿儿孙，自省愆①，狙诈之名恐播传。尔不欺人人信尔，有何冰炭到胸前。

慈训

训尔慈，慈幼小，幼小如同春日草。斧斤偏斩嫩柔条，独不念乍见良心原不少。愿儿孙，心地好，亲疏贵贱皆怀保。矜怜孤幼及颠危，受福还同天地老。

让训

训尔让，戒乎争，退步原来是向前。小忿终须成大衅，独不见相持鹬蚌在江边。愿儿孙，自省愆，莫争闲气结仇冤。六爻皆吉为谦卦，动起斗心何益焉。

忍训

训尔忍，贵能容，有容方见量之洪。忿怒为雄称楚项，独不闻当年无面见江东。愿儿孙，敦古风，横逆潜消自反中。九世同居全尚忍，张家和气蔼帘栊。

廉训

训尔廉，须分晓，衣禄不从门外讨。若还过取必伤廉，独不见悖人

---

①省愆(qiān)：反省过失。

悖出天心巧。愿儿孙，不必恼，见得思义须当早。一介不取古称贤，何须贪得图温饱。

勤训

训尔勤，医尔贫，贫富关头勤惰分。安逸清闲谁不爱，独不见朝臣坐待五更星。愿儿孙，勿因循，士农工商别前程。休羡闲人闲不得，闲人非是等闲人。

馆训

训尔馆，舌代耕[1]，舌耕须要守青毡[2]。莫道先生为贱役，独不见宾师有位受香烟。愿儿孙，守砚田，砚田终岁可逢年。尽职专斋完正课，余灯且自理残篇。

耕训

训尔耕，学耕田，人生衣禄各埋根。休道农夫居业贱，独不见耕为大本食为天。愿儿孙，听我言，耕读何为两并兼。莫待两般皆失误，江心补漏枉徒然。

读训

训尔读，读书高，笔底生花品自超。几多白屋公卿出，独不见世世书香谱内标。愿儿孙，勿惮劳，青灯黄卷度清宵。谩道居官身富贵，便为民庶也英豪。

庄训

训尔庄，庄主恭，尊长之前如对君。常见少年夸放诞，独不见夫妻相敬尚如宾。愿儿孙，勿慢轻，尔要人尊先自尊。心志衣冠常整肃，鬼神窃视亦相钦。

俭训

训尔俭，俭成家，节俭成家信不差。歌舞楼头酣夜月，独不见床头金尽枉嗟呀。愿儿孙，戒奢华，莫将此物等泥沙。此物若还轻粪土，嫌贫爱富走天涯。

---

①舌代耕：指靠教书为生。

②青毡：指清寒贫困的生活。

宽训

训尔宽，修尔德，御下宜宽容过失。小小过失不相容，独不见朝服羹污无怒色。愿儿孙，无苛刻，宽则得众人心悦。曾记古人一句言，上弦太紧下弦绝。

严训

训尔严，严则尊，齐家先要肃闺门。人道至亲无内外，独不见亲亡兄在不归宁。愿儿孙，学古人，居家严肃若朝廷。从此治国平天下，何患闾阎风不清①。

选自《湘潭渚头朱氏支谱》，1929年木活字本

①闾阎：古代平民居住的地区，居家。泛指民间，也指平民。

湘阴任氏家训

源流：始祖夔公，后唐同光二年(924)自江西南昌县铁树观迁居湘阴县一都樟树湾。明初添庆公又迁一都石壁毛塘，今属汨罗。清乾隆十一年(1746)始修族谱，嘉庆二年(1797)、道光十七年(1837)、光绪八年(1882)续修。派语：添必公永胜，大仕本兴启，学乃朝廷崇，正道文章理，孝友承先德，贤良延世纪。

家　训

一、敬祖宗

物本乎天，人本乎祖，孝思不存，则本实先拨，枝叶未有不害者。是惟立家庙以妥先灵，置祭田以供禋祀，修坟墓而挂扫不替，设寝荐而香火日供，虽非孝思不匮，亦尚事死如生。乃若春祀秋尝之期，并无蕴藻苹繁之荐，视远祖近宗之墓，一任兔窟狐穴而若罔闻知，忘本昧良，莫此为甚。乃如之人，祖宗其能庇佑耶？凡我同宗，其切识之。

二、孝父母

父母之恩，昊天罔极，大孝不匮，人所最难，而用力用劳，亦可随分自尽。为人子者，家苟丰裕，虽甘旨可供，尤当积爱积敬，愉色婉容，以尽吾顺事之礼。家即贫寒，而菽水以奉①，亦当先意承颜，不违亲志，务有以得其欢心。夫立身行道，显亲扬名，孝也。否则竭力耕田，牵车服买，供为子职，亦无愧为孝子。每见人家兄弟，养亲必均日，葬亲必均费，是视父母犹公器，不孝莫大焉。至若在家则忤逆以伤父母，在外则好勇斗很以危父母，甚或私其妻子，不顾父母之养。乃如之人，是天理

①菽水：豆和水。比喻粗劣清淡的饮食，形容生活清苦。

王法所不能容也。凡为子者其戒之。

三、和兄弟

弟者，分形连气之人也。古有大被同眠，灼艾分痛者，无非笃友恭之谊。惟是兄爱其弟，弟敬其兄，勿以小忿而生忌刻，勿因财利而起争端。居常则协力维持，有变则同心御侮，庶几式好无尤，而外人不敢相欺矣。匪但同胞，即从兄弟，亦皆宜敦和好，厚恩谊，方为右族。近世要结成风，每联异姓为兄弟，喜则庆，忧则吊，财货相遍。曾一从、再从、三从兄弟与我共高曾祖者，而反不相联属乎？凡人家兄弟不和，多为妇言所惑，以致竞短争长，猜嫌成忿，分门别户，视若寇雠①，骨肉参商，几同秦越。如此之人，宜为宗族乡党所不齿，吾族切勿效之。

四、端夫妇

夫者，扶也，所以扶持一家者也。妇者，服也，所以服事于夫者也。语云："阴阳和而后雨泽降，夫妇和而后家道成。"未有夫妇不和，而家道能有成者。故夫不可不敬其妇，妇不可不敬其夫。夫妇相敬如宾，此冀缺之所以见知于臼季也。是以男正位乎外，不可偏听内言；女正位乎内，不宜与闻外事。然后乾纲坤维，各得其所。和气日集，家道日兴，唱随之义，不綦重乎？每见庸夫浪子，或不克自振，而有牝鸡之晨，或贪嫖爱赌，日与邪僻往来，及至家财荡尽，妻亦淫人，遂忿极而轻弃之，而己又无再娶之能力，竟使祖宗血脉斩于其手，固其妻之罪，抑其夫不能自立有以致之也。又见轻薄之儿，花柳迷性，窃妻以逃，及与其旧妻两不相容，乃于己身谋为兼继，作两房以处之，卒至家业益薄，门祚益衰，此事之大可叹者也。礼始于谨夫妇，其始不正，其终未有能成者，其切戒之。

五、谨家范

一家之众，尊卑长幼、男妇大小，各有不齐，遵何道以治之？是有范焉，非范之以智术威力，而范之以好恶之公、言动之慎也。凡一切声色货利不正之事，豫为禁绝，则一家之耳目心志无所乖僻，而皆就乎规矩。

---

①视若寇雠（chóu）：比喻极端仇视。

尤当爱亲敬长，以身作则，日用饮食，一无所私，则形端表正，而教家之道不外是矣。否则教者以正，而反唇相稽，是皆己之好恶不公、言动不慎有以致之，乌睹所谓家范哉？

六、教子弟

蒙以养正，是谓圣功。父兄之教不先，子弟之率不谨。但人家子弟，贤智者少，愚不肖者多，而皆不可以不教。彼夫聪明俊秀者，年幼时先教之以少仪，爱亲敬长，谨言慎行，毋长骄傲，毋事嬉游。稍长乃课以诗书，期以远大，贤父兄督之于内，严师友辅之于外，未有不底于成者。幸而名成业就，固可光大门闾；不幸而屈抑蓬茅①，亦不失为明理笃行之士。至若姿质愚钝，不能读书，即教以务本力农，亦可以丰衣足食。即或无田可耕，而为工为商，苟精其业，亦可借以成家。倘或任其怠惰废业，或听其狎比匪人，或赌博淫佚，或酗酒猖狂，如此之类，皆由教诫不明所致，其不至败坏家声者几希。

七、敦族谊

宗族者，吾祖宗所分之支派也。自我观之，固有远近亲疏之别，自祖宗视之，则均是子孙，非若秦越人之不相关切也。其在父兄辈，当尽父兄之道；在子弟辈，当尽子弟之分。相接以礼，相敦以让，弗因细故而生仇恨之心，弗乘危困而有乐祸之心，弗以彼之富贵而怀嫉妒之心，弗以彼之贫贱而有厌薄之心。近则时相聚会，远则岁节往来，吉则庆，凶则吊，家难则协力排解，外患则共为扶持。如此则亲亲长长，人皆雍睦，无愧名门望族矣。近日处宗族者，贤则傲愚，富则傲贫，众则傲寡，强则傲弱，甚至同宗共族，见衰微者不屑与之齿，他族异姓，见势盛者反附以为荣。是亲其所疏，疏其所亲，可耻之甚者也。知其可耻，则知所以敦族谊也。

八、慎交游

朋友居五伦之一，必心志相孚，丽泽相资，乃为金兰之契。而尤必须胜己者，见闻博洽，可以扩吾知识；正直针规，可以镜吾得失；道义孚

---

①蓬茅：比喻低微、贫贱。

恰，可以济吾缓急。此友之益我者。若夫骄傲之士，喜怒无常；势利之流，炎凉可鄙。贪婪者见利忘义，阴险者貌合情乖。始以为友，终或成仇，此岂可与交者哉？甚至淫纵之徒，以邪僻而诱我，凶恶之辈，以罪逆而陷我，宴安之子，以流荡而染我。则损我已多，害将胡底！故人不可无交，而交尤不可不慎也。

九、睦邻里

择里以仁为美，交邻以和为贵。邻里不睦，则猜嫌易起，口舌必多，因忿生仇，幸灾乐祸，不可以一朝居矣。是必先有以尽其在我者。平时往来，勿因小忍而生仇隙，勿以细故而启争端，毋恃强凌弱，毋以众暴寡，吉则庆，忧则吊，有无相通，缓急相济，则我之所以待邻里者厚，斯邻里之所以待我者自不至于薄矣。孟子云："出入相友，守望相助，疾病相扶持，则百姓亲睦。"此之谓也。

十、勤本业

民生在勤，勤则不匮。无论为士、为农、为工、为商，苟精一业，于以博功名、致富有不难，即不幸而无成，亦不至有贫穷之患。若使人而无业，或有业而不勤，怠惰自甘，无所事事，朝不谋夕，流荡忘归，如此则与无业游民何异？几何不至穷饿以终也！故士必勤诵读，农必勤耕耨，工必勤艺术，商必勤贸易。诚之所至，金石为开，业虽不同，而其克底于成则一。吾族中人亦众矣，其有业者亦多矣，而其不士、不农、不工、不商者，亦在所或有。推求其故，皆由不勤之所致。时不再来，事将谁咎？少壮不力，老大徒悲。吁，晚矣，可惧也已！

十一、尚节俭

节者何？减省之谓。俭者何？不奢之谓。天地生财，止有此数。财之在人，此盈彼虚，彼盈此虚，亦无常期。故当富有之时，宜为造物留其有余。若仅少有，更宜为子孙防其不足，是亦酌盈剂虚之至理也①。近世风俗浮靡，豪侠子弟席父兄之余业，博弈饮酒，歌妓盈前，穷奢极

①酌盈剂虚：拿多余的弥补不足的或亏损的。

欲，浪费无已，不崇朝而破产亡家①，良可叹也。吾族富者少而贫者多，苟能节俭，富者可以长保其富，贫者自能不终于贫。语云："积之难如针取土，败之易如浪撼沙。"此言虽浅，极有至理。

十二、恤孤寡

凡孤儿寡妇，为天伦之缺陷，人生之苦境，在外人视之犹加怜悯，况同宗共族，安忍坐视？倘族有孤子孤女不能自存者，当设法扶持，并劝令殷实者设法调剂。其不能嫁娶者，亦当酌量助之。至于妇人之性，最易动摇，彼不幸而失所天，为尊长者，亦当委曲谕以节义之重。更不幸而无子，则宜择昭穆相当者以继之，毋觊其所有而逼之嫁。惟极贫年少而无所归者，度其苦节不可以贞，乃择配以全之。凡此皆善举，亦族谊也。《苏氏谱》云："少而孤，则老者字之；贫而无归，则富者收之。"观此，则矜恤之念当油然生矣。

十三、重童媳

古者男子二十而娶，礼也。近世有抚待童媳者，揆其初意，厥有两端：一则恐其子年长大，而家苦贫寒，无肯与为婚者；一则恐其男女长成，彼此婚嫁所费之资必较多者。故宁于子幼时抚待童媳，意亦良是。乃有愚夫愚妇不知事体，于己所生之女倍加珍惜，于所抚之童媳为似续所关者，反轻而贱之。以童稚之年，专供使令之用，稍不如意，辄加咒骂，咒骂不足，施以捶楚，而童媳之畏其姑，遂无一时一刻之安矣。孰知畏极则心慌，心慌则思乱，灵机益闭而不开，身体益委而不长，是谁之过欤？其甚者，痛楚之下，使以苦工，寒不为之衣，饥不为之食，必欲置之死地而后已。若此者，尚得谓有人心乎？今家规已增"凌磨童媳"一条，如有此妇，严加惩处，并罪其夫，其无悔。

十四、循礼义

人之所以异于禽兽者，以其知有礼义也。苟能以义制事，以礼制心，举凡视听言动，辞受取与，皆循循于规矩理法之中，而一切非礼之礼，非义之义，皆不屑为，则可谓贤矣。至于平常之人，虽不遽责以贤者

---

①崇朝：整个早上，比喻时间短暂。

之事，而要不可蔑弃礼义，小而云为动作，不至荡检逾闲[①]，大而名教纲常，不至越分犯纪。若是则粗识大体，亦无愧于为人。若夫少凌长，卑犯尊，乱人伦，干国纪，放僻邪侈，无所不至，噫，若而人者，不知礼义为何物，近于禽兽而不知，宗族所羞称，乡党所不耻，而犹腼然人面[②]，自谓曰人，是诚不可以为人矣。其与禽兽奚择哉？

十五、砺廉耻

清廉自矢，昭名节也，不廉则居心甚贪，而名节必污。愧耻常存，励功修也，不耻则士气不振，而功修必坏。二者立品之大闲也。利非绝不可取，苟见利思义，于分所宜取者取之，不期廉而自廉。人皆有羞恶之心，苟已能自立，常恨已之不若人，常以非礼为辱已，自于耻而有合。由是而名节以尊，功修以立，廉耻之所关甚大也。昔乐羊子妻曰："志士不饮盗泉之水，廉士不受嗟来之食。"此之谓也。

选自《湘阴毛塘任氏族谱》，民国庆德堂木活字本

①荡检逾闲：行为放荡，不守礼法。

②腼然：惭愧貌。

宁乡刘氏家训

源流：始迁祖时显公，原居江西吉水，明中叶因长子长庚（名宝）出宰于楚之资阳，公夙慕湘滨沩麓之间秀毓灵钟，乃率其子宝、楠、恩及孙邦益、邦义、邦礼等卜筑宁邑南乡距城六十里之茅田滩。邦礼之子返籍。邦益子日映、昭、晖、旺，邦义子日旼，衍为五房，自茅田而析居各处：映居上南塘，昭居石栗冲，晖居火熵冲，旺则半留茅田、半徙洴田，旼居画林。族谱创修于清康熙六十年（1721），嘉庆七年（1802）续修，同治五年（1866）三修，1921 年四修。昭房十三派孙绍选，字渭璜，即前国家主席刘少奇。班次：（自九世起）起序端方，绍允维藏，麟勋渠翰，际运隆昌，枝荣本固，家庆绵长，世守耕读，辉耀先芳。

家训十条

敬祖宗

祖者，根本之地，为子若孙者如树木之千枝万叶，无非根深本固所致也。故其晨起也必揖，其奉祀也必时，其远游也必祷，其归家也必告，其祠堂主椟也必新，其墓所土木也必培。他如冬至祭始祖，立春祭先祖，季秋祭祢，忌日迁主祭于中堂，一以诚敬将之，如有见而如有闻。

孝父母

哀哀父母，生我劬劳[①]，安得不孝？然少则膝下，长则忤逆者多，独不曰忤逆还生忤逆儿，檐前之水点点滴入旧窠，自然之理也。冬温夏凊，昏定晨省，竭力以服其劳，承欢以养其志，谨疾以解其忧，和家以致其顺。父母或有过举，则几谏之。妻妾不敬翁姑，则急出之。盖父母年

①劬（qú）劳：勤劳，劳苦。

暮气衰，存日少而去日多，后虽追悔，晚矣。念之哉。

友兄弟

古人以手足喻兄弟，惟其痛痒相关也。虽极无良之人，未有以手残足，何兄弟相残者之纷纷耶？大约听信妇女之言、奸人之播、奴仆之谮，或因争山争产争财所致，独不思产业自有丈册，山地自有分关，财务自有分定。苟或恃强争多，万一干天之怒，灾之以疾痛，假手于穿窬[1]，岂非得此失彼乎！极宜猛省。

正室家

夫妇人伦之始，闺门万化之原，必也严以临之，恩以结之，不可过狎昵以纵其性也。《记》曰："嫂叔不通问，男女不亲授。"又曰"男不言内，女不言外"，盖防微杜渐，意至深远焉。文伯之母谓民劳则思，思则善心生，逸则淫，淫则恶心生。妇女晨起纺绩、炊爨、井臼亲操[2]，劳心劳力，日不暇给。虽欲他有所为，得乎？至妻妾有定分，不可纵妻凌妾，尤不可宠妾犯妻，以渎分而致乱。

睦族党

族党者，与我同枝共叶之人也。虽有富贵贫贱之不同，要皆一脉流行，乌得轻相搏击？凡我族人务宜同心一德，切勿尔诈我虞。即有不平，鸣族赴祠，辨明是非曲直，而居尊者理处之，不应动辄与讼，以伤庭谊。若有贫困不堪者，必设法周济以免饥寒之苦。盖恤族即以孝先也，至于邻里戚友皆六行中所必讲者，俱宜存古道以厚风俗。

务本业

士农工商各有本业，原非朝更夕改者之可以苟且为也。乃今之读者不坚其志，耕者不尽其力，居肆服贾不竭其营为，坐失本业，一事无成，势必饥饿无聊，终填沟壑。吾为二字以语之，曰"专"曰"勤"，盖专则无弗精，勤则无弗成也。吾族之习为游惰不知有常业，与有常业而不知自奋者，尚知所自返。

---

①穿窬：挖墙洞和爬墙头，指偷窃行为。

②井臼：提水舂米。

崇节俭

华靡奢侈谁不欲之？然其流必至于倾家荡产而不知止。昔晏子一狐裘三十年，岂不足于衣者，而俭德实堪为百世之师。由是以推一粥一饭，须常念物力维艰。试观名门巨族，其忽而败者，必由于奢；其沛然兴者，必由于俭。奈何不警心于败而肆志于奢哉？

戒忿争

圣人云："一朝之忿，亡其身以及其亲。"又曰："小不忍则乱大谋。"自来丧身败家者，未有不由于片念之不忍。其人是而我非者，固宜反躬自责俯首受之矣。即或横逆相加，无知者可以情恕，有知者可以理遣，何必挟忿与争？至于些微芥蒂酿成不测，破产亡家贻累终身，噬脐何及①！凡我族人务知所戒。

择交游

人之善恶皆成之于友，而家之兴败亦职是焉。然常人既无知人之哲，而奸佞之徒又或多藏匿之私，于此而欲泾渭之分也难矣。但须观其素行若何，临时所言所为若何，久之臧否自见。其有心术叵测，操术不端者，正颜以临之，委曲以谢之，小人远而君子进，可以集益，可以远害，可以保家，何幸如之，而顾辨之不早辨，何耶？

训子弟

凡人生来聪颖不烦训诲而成者，不可多得，下此则必待于教训，勉以孝弟忠信，课以经史诗文，无长其骄傲，无听其晏安②，则少成若天性，习惯成自然矣。即不读书者，亦须防闲而督责之，倘任其放荡淫佚，小则辱名败行，大则危身及亲。可不慎与。

选自《宁乡南塘刘氏四修族谱》，1921年存著堂木活字本

①噬脐何及：自啮腹脐。比喻后悔不及。

②晏安：安乐，安定。

衡山刘氏家训

源流：始迁祖翱公，字鹏冲，唐末由彭城而寄籍京兆，清泰中始官州判，后屡迁秩，多惠政。尝道经湖湘，慕山水之秀，卜居于衡。以下谥“忠”者共五人，故堂号“五忠”。至明仲质公，派衍六房。清乾隆二十九年(1764)、嘉庆二十五年(1820)、咸丰十年(1860)、光绪十五年(1889)、1945 年纂修族谱。班行：锡受同源远，衡湘聚庆长，传家惟孝友，允克迪前光。

家训十四则并序(节选)

古昔圣贤及诸儒格言益人身家者切矣。但散在群书，繁难悉记。余向欲撮其大意，编汇以示家人，未果。今耄矣，窃惧丁口繁衍，家政难齐，因抒管见，采辑名言实行，合而成篇。敢谓与古训并垂乎？但俾家人易于翻阅，不病其繁云。

先教

孺子与新妇，教均宜先。语云“教子婴孩，教妇初来”，是也。盖孺子性情未定，教不先则率不谨。惟预择严师，兼择村童之恂谨者与之处，不可杂一狡童。温节孝曰：“远邪佞是富家教子第一义，远耻辱是贫家教子第一义。”唐彪曰：“枝条从小揉，则曲者可使直。”儿童之性亦然。诚于少时检束，庶几从绳则正，渐化赤邻丹为黔迩墨矣。至新妇来自异姓，或恃母家富势，不尽妇道。在初来时，须亟以礼法饬之。昔范文正公子娶妇将归，或传以罗为帐幔，公闻之曰：“吾家素清俭，安得乱吾家法？持至当火于庭。”盖以遏其骄而防其始也。司马温公曰：“吾见贵族女嫁一寒士，其士于入门时，范之以礼法，而妇卒归于正。若初时失法，后即莫救。”是改于初则易，改于日久则难也。二者慎之于始，何患无孝子顺媳哉！

勉学

天下最上之事，莫如读书，故学宜时敏时习焉。苟作辍靡常，浑身在闹场中，或聚谈，或戏弄，或酣酒沉睡，倩作诗文，欺蒙师傅，浪费父母资财，虚度自己光阴，不成不就，流为下贱，谁之咎也？若席承丰厚，夤缘异路，非不自以为荣，及遇有吉凶大事，议论得失，懵然如坐云雾。甚至公私宴集，谈古赋诗，则塞默低头欠伸而已，何辱如之？夏正夫曰："此生不学一可惜，此日闲过二可惜。"朱子曰："勿谓今日不学而有来日，勿谓今年不学而有来年。日月逝矣，岁不我与，学其可片刻已乎？"范氏曰："君子之学，没其身而已。"故古来大人物，都从勤学中出来。汝辈欲掇巍科，登显位，荣身光亲，须法古人，焚膏继晷[①]，分阴是惜，始能读遍群书，洞达古今，号通儒而收盛名也。不然，则终身面墙，乌足与士君子齿之？

存心

昔人谓心如明镜止水，圣人特不尘不波耳。夫不尘不波者，清心也，公心也，亦善心也。时尘时波者，机心也，私心也，亦恶心也。范阳张氏曰："一念之善，天地神明鉴之，祥风和气随之；一念之恶，妖星疠鬼临之，凶荒札瘥应之[②]。"故心不可不存也。吾愿汝曹扩充善心，禁止恶心。凡行一事，务先于心地上问其安否。古人云："十日行善，善犹不足；片时行恶，恶便有余。"若平时存一残忍刻薄之心，遇事萌一利己损人之见，外面必放无穷杀机，则天必降之殃而予之祸。嗟乎！祸其身犹小，而祸其子孙，则人尽归咎于祖宗，以为损心丧德之报也。若如古训所云："但存方寸地，留与子孙耕。"洗心涤虑，念念从善根发见，事事向善端着落，总无纤毫违心害理之行，则天必降之祥而予之福。休哉！福其身犹小，而福其子孙，则人必归美于祖宗，以为存心积德之报也。

---

①焚膏继晷（guǐ）：形容夜以继日地勤奋学习、工作等。

②札瘥（chài）：因疫疠、疾病而死。

遏欲

万恶淫为首，古昔圣贤恳切训戒矣。乃人偏置若罔闻，纵其情于爱欲海中、温柔乡里，或淫人妻女，或术污寡妇，或逼辱婢女，败人名节，丧人廉耻，玷人清白，罪大恶极，实为天地所不容。故重则削籍夺算①，祸及子孙；轻则报应妻孥，辱其门户。昔人云："劝君莫借风流债，借得快时还得快。室中自有代还人，你要赖时他不赖。"嗟乎！淫恶之报若此，人可不恸自把持乎？试看古来贤士，如狄梁公之绝艳姬，李茂先之拒邻妇，杨希仲之却馆妾，陆容之疾辞馆女，其后诸公俱登显宦，其子并掇巍科。向使诸公稍不自禁，为妖姬美女所惑，安知毕生之功名福泽，不丧于片刻之欢娱乎？然片刻欢娱，人何难禁？一想到古人制欲者福，纵欲者祸，则迷魂之阵立破，而寿命之元永保矣。

扐谦

《易》曰："人道恶盈而好谦。"则处己接物之际，不可满假。盖满则招损，未有物满而不覆者。唐彪曰：大荣即大辱所倚，大福即大祸所伏。苟矜己傲物，不于盈满是戒，则大辱大祸不停瞬而即至矣。人能持盈戒满，不矜不伐，如孔子所谓聪明睿知，守之以愚，功被天下；守之以让，勇力震世；守之以怯，则虽狂暴之夫，可平圭角②，道高之士，可得教诲。即昔留侯进履，而老人授以三略，可不为谦受益之一证乎。且鬼神福谦，凡虚己敛容之子，无有不显达者，如丁敬宇、冯闻之辈，未第时，袁坤仪已于谦光之气决之，故谦无不利。《谦卦》六爻皆吉，而人不可无此象者。是以君子自卑尊人，不敢存自满之意，以速取尤悔也。

戒薄

均薄也，而轻与刻不同。轻薄者，狂妄无端，不惜己之元气，漫攻人之隐匿，而重伤厚道。刻薄者，贪欲无厌，徒剥人之脂膏，以肥己之囊橐，而重伤仁道。夫伤仁则干天地之和，伤厚则干天地之怒，其罪孽与杀生邪淫等。昔人谓言轻招忧，貌轻招辱，行轻招辜。朱子曰："刻薄成

①夺算：削去寿数，缩短寿命。

②圭角：棱角，锋芒。

家，理无久享。”从未有轻且刻而不祸其身家者。此杨子所以去四轻而取四重。疏太傅只以赐金供食具，不为子孙计赢余，盖恐益其过而生怨也。汝曹宜仿杨子之意，而学龙伯高之敦厚周慎，可为谨饬之士，而不失于轻薄；慕疏公之心，而学冯驩之焚券市义，可为重义之人，而不陷为刻薄。是二薄者果两无犯，则仁与厚具，而身家自受福无穷矣。

谨言

论礼论事均藉乎言，不妨详明剀切[①]。至论人则须浑厚，而闺阃尤宜勿谈[②]。伊川先生云：“人于闺阃往往言者津津，听者跃跃，卒致酿成巨祸。”又云：“君子于人，当于有过中求无过，不可于无过中求有过。”故昔人拒奔女而不言，所以掩人体面。而程澔见有訾朋侪短者，必徐为之辨，且为人说其美事，此亦大舜隐恶扬善之意也。若攻恶太严，令彼不堪受，必起衅隙[③]。《书》曰：“惟口启羞，惟口兴戎。”良不谬也。故伯宗好直言而戮于晋，武子好尽言而杀于齐，是皆未得古人言当快意须忍住之道。范鲁公曰：“戒尔勿多言，多言众所忌。苟不慎枢机，灾厄从此始。”此孔子所以传金人之铭，程子所以著勿言之箴，人可不加之意乎？

忍气

气犹火也，最难禁制，惟忍为妙。然忍亦匪易。东莱云：“二十年治个忍字，尚未消融得尽。故人于气，不可不加十全功夫。”夏忠靖曰：“吾少时遇犯我者，未尝不怒，始忍于色，中忍于心。久则自熟，不与人较矣。”潘仲谋祖曰：“人褊急，我受之以含容；人险仄，我承之以坦易。犹炎熟中投以清凉散，斯人之焰自熄，而不复以非意相干也。若含养未熟，小有所犯，即与之较，是犹滔天之水，生乎其微，燎原之火，起于其细。两石相撞，必有一碎，两虎相图，必有一毙也。”夫怒以动成，而忍以静济，忍得一番横逆，便增得一番器量。昔孙登性无怒，人有投之水中，出便大笑。娄师德数为狄梁公所挤，绝不计狄之用自己荐，而教弟耐

①剀（kǎi）切：切中事理。

②闺阃（kǔn）：旧指妇女居住的地方。

③衅隙：裂缝，引申为意见不合，感情有裂痕。

事，又曰："唾面自干。"富郑公或告有詈之者，公曰："骂彼耳。"曰："直叱公名。"曰："天下岂无同姓名者？"凡此皆有海阔天空之量，人能得其一似气象，自然从容儒雅，而冰炭自不到胸中矣。

慎交

朋类有真伪，孚于嘉则吉，比之匪则伤，交友者不可不辨。唐彪曰："上士择交，必择文行忠信、才能胜己之人；下士择交，多嫉胜己者，而喜面谀讪己之人①。"夫此上士下士之交，即欧公"君子与君子为朋，小人与小人为朋"之谓也。古诗云："君子淡如水，岁久情愈真。小人情如蜜，转眼成敌邻。"故交友必慎所择也。苟不择而谬与小人为朋，始相蜜，继相引，今日花街，明日赌场，弄得他昏迷颠倒，产破家倾，而犹不肯释手。东野云："面结口头交，肚里生荆棘。"此辈是也。惟与君子为朋则异是，盖直谅多闻，允为辅仁之助，而疾恸患难，尤相维而相顾。昔管、鲍、杜、左、罗圯、吴庭举辈，所以独称生死交也。夫凶终隙末，世亦不乏，究其病根，皆始之不慎而处之不善。王阳明曰："大凡朋友，须箴规指摘处少，诱掖奖劝意多。"庶几相视莫逆，而《谷风》之怨以泯乎！②

退步说

予居室之内堂，榜"退步"二字于壁。客有见之者，谓："子进可有为，非漫无所表见，而言退，义何居焉？"余曰："昔王半山名其居曰知妄，鲁参政题其室曰退思，黄山谷亦云退我一步，行安乐法。余之意盖有取尔也。"客曰："如子言，非徒托于一退者。"余曰："退之义大矣，终身用之不尽。凡情伪相感，惟退可远；朋从类引，惟退可拒；穷理察物，惟退藏可以有契；出谋发虑，惟退省可以无误；横逆忧患之至，惟退而三自反，则人己之是否立明。甚或因事相争，机智相攻，亦惟退可平其隙而保无虞。乃世多昧此，徒恣刚暴之气，冲突之概，以为燎原之火，人莫能向，眈眈之虎，人莫能逐。不知激湍之下，必有深潭，高邱之下，必有浚谷。

①面谀讪己：当面恭维，背后毁谤。

②《谷风》之怨：指《诗经·小雅·谷风》，怨朋友相弃之诗。

一临斯境，羝羊触藩[1]，势必有欲退而不能者。余每见人如此，因念杜茶村诗‘康济谁能尽，功成退步宽’二语，隐与山谷意合，故书其说于堂，欲以自勖，兼为后人勖。”

赌博论

四民之正业，耕读为上，其次则工与商。自世有赌博，民多舍业而嬉，于是良贱不分，或聚于肆，或窝于家，精神命脉，全注于持筹角胜之间，终宵永昼，不知倦劳；父母妻儿，不知顾爱；亲故朋侪，不知礼接；田园庐舍，不知荒颓；门第家声，不知覆坠。甚或内外不别，男女不避，此赌人之陷溺其心者然也。及至赌败而负，或典衣，或书券，逼勒无偿，或变产，或易妻，饥寒交迫，或则为丐，或则为盗，上玷祖宗，中辱己身，下绝婚姻，此赌人之末路，而后悔无及也。昔李适之谓：“凡为家长者，务宜戒慎，不可以赌为暂时消遣，流毒于后。”而晋陶侃见人双六[2]，亦投其局于江，曰：“众人当惜分阴，毋以荒时废事。”予虽不敢望古人，而其心亦有同然者。窃愿好赌之辈，即出迷途。以赌中之心思智力，用之于耕，则硚地可为沃壤[3]，无年胜于有秋矣。用之于读，则庸愚可几睿智，鲁钝进于高明矣。用之于工与商，则术无不精，货无不储，而利可操券获矣。庶几旧德先畴，顿然以复，仰事俯畜，宽然有余，又何至失为落魄而受冻馁之苦，流为穿窬而受科条之辱哉？

选自[衡山]《刘氏六修族谱》，1945 年五忠堂木活字本

---

①羝羊触藩：公羊角钩在篱笆上，比喻进退两难。

②双六：古代一种博戏。

③硚(qiáo)：不肥沃。

宁乡江氏家训

源流：远祖万里公，卜居饶州。四世八郎迁居福建上杭。七世百十郎迁大浦县，后因行商至粤东嘉应州，生念二郎，因隶籍焉。传五世开深、潜二大房。深房君塘、潜房君贵、君和、君相、君显、君振，六房后裔大半明末清初间迁居宁乡枧头坪、钱家山、六渡庵，善化白箬铺、山枣铺、谭家山，长沙易家坝等处。清同治六年(1867)、1913年、1944年纂修支谱。派语：百念千万汉，碧秉波君名，奇肇可佳美，英才华国新，仁慈生孝友，真靖定安平，世泽延长久，洪均开泰清。

家训十诫(节选)

戒兄弟争讼

兄弟构衅，多以田土之故，不夺不餍①。昔麻姑见沧桑三易，此田亦复何常？人顾欲以此哓哓公庭，萁豆相煎乎？先儒有言曰："易求者田地，难得者兄弟。"又云："鹬蚌相持，兔犬共毙。"冷眼观来，令猛气全消。今之骨肉操戈者盍恸思之。

戒子弟赌博

顽傲子弟，多不务本业，喝雉呼卢，一掷千金，至于倾家荡产，毫不知悔。嗟嗟！乃祖乃父，几经辛苦勤俭以成其家，忍令后人双手送失乎？况金尽交衰，谁复过而问焉？人何不悟甚也。《语》曰："不有博弈者乎？"此为不用心者说法耳。读书人莫错认这个题目。

戒恶少斗狠

士君子往来揖让相见，明礼义也。今人子弟不尊父兄之教，轻侠成

①餍(yàn)：满足。

性，少有拂意，即拳足逞凶，如牛马豚犬相搏噬者然，甚以小忿而忘身及亲，毫不之顾。夫身体发肤，受之父母，全而生之，必全而归之，乃可谓孝。《语》曰："血气方刚，戒之在斗。"思之慎之。

戒造作糜费

今人好架大屋，极尽华丽，土木之工，十年二十年不住手。昔始皇作长城，思为磐石之倚，倏尔力尽债来，鹊巢鸠居，异哉！杨椒山《遗二子书》曰："见人穿好衣，勿要做；见人住好屋，勿要起。"信乎至言。

戒饮食暴殄

粗蔬淡饮，家常本等。今人日食贪味，客来便数海味，穷极奢靡，虽田连阡陌，都只填得滥费，可慨也。先辈云："脱却纱帽上床，依旧一副穷骨肉。"食者当时作此想。又东坡书云："早晚饮食，不过一爵一肉，有尊客则三之：一安分以养福，二宽胃以养气，三省费以养财。"洵至论也。

戒巫觋祈祷[①]

吾楚人多尚鬼，割牲祈祷，相习成风，虽贤者不免。夫死生祸福，冥冥中原有主张，岂一鸡一豚可遂偿人命乎？何不伦至此！昔晋侯有疾，史云是实沉、台骀为灾[②]，君子以为下。然子曰："某之祷久矣。"试更从此思之。

戒僧道葬禅

亲始死，以至禅除，当行朝夕拜奠哭踊，居丧卒事。今人一味延僧道于家，咒水喝煞，烧钱诵经，以为人子第一要紧。夫君子不欲死其亲，忍喝之使去如奴隶乎。若楮钱[③]，不过王屿、殷长史备为明器，烧之何用？至《地藏》诸经，只如东土人说话一般，如径能为死者脱罪，则是世上喇僧，皆得嘻笑上天堂矣。伊川先生家法不用浮屠，在洛亦有一二人家化之。吾辈读书明理，独明知之而昧之乎？

选自[宁乡]《沩宁江氏四修支谱》，1944年种德堂木活字本

---

①巫觋（xí）：古代称女巫为巫，男巫为觋。

②实沉、台骀：神仙名。

③楮（chǔ）钱：旧俗祭祀时焚化的纸钱。

醴陵汤氏家训

源流：昭萍始祖恂公。恂生镇，镇生玠，玠生梦悦、梦观。梦观之孙思哲、梦悦之孙思敬于宋绍兴三十年(1160)自江西萍乡迁醴。思敬居醴东之冷水坑，后裔明嘉靖二年(1523)又徙铁江，为西分；思哲居醴东之仙石，为东分。清光绪十八年(1892)东分七修族谱，1919年八修。1949年九修，其时人口7000人。世次总歌：因封受姓自成汤，贵水宗祊世泽长；由恂生镇镇生玠，悦观兄弟列两行；九派著衍吴楚地，京一至九序端详；蔓延天下皆一脉，敬哲振兴于渌江；东西两派源流远，京六支分敬与祥；京七裔孙开四叶，富贵文华次序彰；彬分十五联芳秀，相传继世炽而昌。

家训(节选)

居家之训

传家两字，曰读与耕。兴家两字，曰勤与俭。安家两字，曰让与忍。败家两字，曰淫与暴。亡家两字，曰奸与盗。休存猜忌之心，休听离间之言，休作过分之事，休夺公共之利。吃紧处各求尽分，恶习在潜戒未形。子孙不患少而患不才，产业不患贫而患不守，门户不患衰而患无志，交游不患寡而患不慎。人不可孤立，孤立则危。在宗族不失为宗族之心，在亲戚不失为亲戚之心。推之乡党朋友，亦如之。欲得其心，非有他道，忠信以存诚，敬慎以持己，平恕以接物而已。是以君子不求人而求己，不责人而责己。

处己之训

处己接物，常怀慢心、伪心、妒心、疑心者，皆自取辱于人，君子不为也。慢心者，自不如人，而好轻薄人，对人当面不加批评，背后又复谤讪，无知人之明，而又有自足之心，不平不恕，何能收集思广益之效也？伪心者，言语委曲，若甚相厚，一时之间，为人所信，久则踪迹显露，口是心非，为人所唾弃矣。妒心者，常欲我之高出于人，闻道人之美者，则不以为然，闻人有不如己者，则津津乐道，此何加损于人，只厚怨耳。疑心者，人之发言，或主公道而言，或据正理而言，非对我也。而自己行为不正，谓人之所言抨击我，摧残我，至如此极。一念之差，遂结终身之怨。君子则躬自厚而薄责于人也。

田宅之训

田宅有交关不清者，虽其价廉，不可与之交易，他时事发到官，则费若干倍。然富人多要买此产，自谓将来拼钱打官司，其弊不可救药，自遗患与子孙者甚多。贫富无定局，田宅无定主，有钱则买，无钱则卖，买产之家，当知此理，不可苦害卖产之人。人之卖产，或以缺食，或以负债，或以疾病、死亡、婚嫁、争讼，已有百千之费，则鬻百千之产，层层困难，俱为可悯。彼富而买产者，若种种作难，良心何在？为富不仁，决无久享之理。国家以农为重，衣食之源在此。耕种出于佃人之手，可不以佃人为重乎？遇其有生育、嫁娶、营造、死亡，当厚赒之。耕耘之际，有所假贷，少收其息。水旱之年，察其所亏，早为除减。不可有非理之索，不可有非时之役，不可令子弟及干仆私有所扰，不可因其仇者告语增其岁入之租，不可强其称贷使供厚息，不可见其自有田园，辄起贪图之意。亲之爱之，不啻骨肉，如此方为互助合作之道。

四戒之训

粒米皆从农夫血汗而来，点滴不易，狼藉酒浆，或夭年而寿不永，或奢侈而家不昌，必为造物所忌。此饮酒折福之害也。清心治事，极其明当。一至酒醉，神思迷离，言语颠倒，行为悖乱，此饮酒昏志。流连杯酌，罔顾正业。一人醇醪之费，已耗数人日食之资。且坐骂生事，非泄平生之机谋，即种他日之隐祸。此饮酒肆言之害也。更有大者，酒醉之后，不畏国法，不顾伦理，昏沉放肆，生灾召祸，及醒后悔已无及。国法不为酒醉而宽，家产即由酒醉而败。此饮酒无节，而致杀身败家之害也。（右酒戒）

庸夫俗子，显蹈匪行，罔知顾忌。文人学士，诵习圣贤，竟尔自号风流，侈谈情种，娇艳无心顾盼，辄视为有意。凝眸深闺，不无笑言，便揣作多情勾引。或贿不足饵而以才诱，或情不能遂而以巧媒。机关不止千般，流毒或遗数世。不思月下花间，为乐有限，粉白黛绿，转眼皆空。显则倾家荡产，阴则削禄减年，大则亏体危亲，小则辱身败名。甚而败露触凶，七尺之躯，顷刻作刀头之鬼。奈世溺于色者，动曰无伤。然杀人者杀其一身，淫人者杀其三世。盖秽德彰闻，恶声易播，上而杀其父母，中而杀其妻室，下而杀其子女，无异挟白刃刳人三世之腹而谓何伤①。其谁欺？欺天乎？（右色戒）

人生终日营营，皆为日食之计，不能一日不需财也。故圣人不禁取财，惟教人思义。农桑者衣食之源，勤俭者持家之本，耕读者分内之事，经营者生理之常，公平者积福之基，知足者不贪为宝。俗人不知此理，以为习巧者富之计，用诈者富之术。不由正道，刻薄营私，犯国法而不畏，干天怒而不怕，丧良心而不顾，害平人而不惜，败人纪而不问。其得利时，未尝不喜其术之工也。转盼之间，或消耗冷退，化为乌有，骄奢浪费，荡然无余。天灾人祸，害且不测。金边有戈，禾边有刀，故君子利无苟取，见利防害，所以安身立命也。（右财戒）

人有禀质刚僻，量褊浅而少容，性燥暴而难忍，平时既无涵养之功，临事又无抑制之力，偶有拂意之事，外侮之来，辄不胜其忿懑，必欲逞气以求胜。所谓有一朝之忿，忘其身以及其亲者也。亦有平时以理自处，反之一己，若无不是之处，而横逆之徒，忽以非礼相加，真令人按察不下，不得不拂然生气者，亦当稍为让步，且就其人其事而熟思之，权其轻重缓急。如万不得已，亦必静以镇之，从容以处置之，所谓退步自然宽也。不得徒以浮张盛气，一直做到尽头，毫不留余地也。（右气戒）

选自[醴陵]《醴东仙石汤氏族谱》，1949年怀远堂木活字本

---

①刳（kū）：从中间破开再挖空。

浏阳寻氏家训

源流：谱载寻氏自有夏斟鄩氏受封诸侯，子孙袭寻为氏。始祖祥甫公，后唐同光二年(924)由江西吉水县新江乡避乱迁湘，开基于浏阳县莲溪乡玉田湾。传若干世，至元末衍为忠一等八房。惟忠六公世居玉田，衍为志和、志杰、志善、志礼、志益五房，分支迁浏邑东乡、南乡、华容、万载、湘阴、长沙、蒲圻、新田、平江等处。族谱始修不详，续修于清乾隆六十年(1795)，道光二十八年(1848)三修，光绪八年(1882)四修，1920年五修，1995年六修。派行：(自第二世始)志达思颜孟，名贤代继醇，英才逢盛世，道学本先民，孝友传家泽，诗书启后人，用能承祖绪，余庆自长新。

旧谱家劝(节选)

一、孝弟。孔孟教人，谆谆以孝弟为前提。观《蓼莪》一篇，则知父母之恩，高厚难报。益人寿几何？桑傕榆迫，人子奉侍父母之时期，实不逮父母鬻育子女之岁月。此风摇静树，欲养无存，椎牛难黍，孝子所以增感也。至弟之于兄，同气分形，鸰原雁羽，互相饮助。兄待弟宜友，弟事兄宜恭。周公秉璧，纪在金縢；叔齐让国，名留孤竹。较后世以小忿废懿亲，因家财伤骨肉者，奚啻霄壤？此子弟宜以圣贤为法，故先之以孝弟。

一、博爱。爱众亲仁，为弟子职。西儒则更推之爱国家，爱种族。顾使一族之众，一本之亲，犹争气结怨，恃强构讼，不特有惭合群进化之义，亦非任恤睦姻之道也。族之人务推广其爱字，由爱身以爱其家，由爱家以爱其族，更由爱族以爱其乡邻。待其爱护之观念充实弥满，则进而达于国家种族，群在爱育之中矣。故圣人立教，首重孝弟，即次之以泛爱。

一、励学。国之强弱与家之兴衰，无非视人物之知识能力为进退，是教育实为保国保家之一大要素。顾教育不良，责在师长；子弟失学，责在父兄。吾族总祠业已提有的款，为人中学以上或同等级者补助学费。才美力优者，自当力求上进，以期无负培植至意。家贫质鲁者，则于义务教育毕业后，即进以职业教育，于农工商各就一业。务使通族之人各具有公同道德、独立能力而后已。女学亦宜并重，务求识礼义以正性情，习书算以理家政，并授以手工、缝纫、饲蚕、缫丝、绩麻之学，使堪立，圣人早已详言之矣。近世欺诈成风，言非虚夸即谀妄，行非诡随即反复。推其害之所极，经济因无信而见阻，事业因无信而中隳，种种困难问题，皆由自己丧失信用之所致。故诚信为人之要领，固无分于治国治家治身者也。族之人务须去伪存诚，言必期其践，行必征诸实，毋尚口头，毋轻然诺，总使社会上群推为至诚君子，不耻为凉血动物，则庶乎近道矣。

一、尚节。妇人早寡，最不幸事。或青年无出，即矢志靡他；或生计艰难，甘纺织自给。其苦心孤诣，实堪盟白水而质鬼神。族中妇女有能守节合例，兼抚孤成立者，理宜代请旌表，以资褒劝而发幽光。

一、崇俭。俭以养廉，古训具在。今则眷属之服饰，宴客之酒肴，戚好之馈赠，以及婚嫁庆吊之仪文，踵事增华。富者倡之，贫者效之，故终岁所费之数，亦足抵中产收益之额。惟其用费浩繁，恒苦不足，至使远道亲朋经岁不相往还，成年子弟过时每多怨旷。且有薄洗腆而厚称觞①，恶含殓而美释奠者，不求实益，专尚虚文，共知其非，群以为苦。若有迫于势之不能不如是者，此无非以世俗之耳目累之也，是宜矫之以节。族之人凡冠婚丧祭，务宜称家之有无量入为出。举凡世俗中一切争相仿效之艳习，在所必禁；人事上一切牢不可破之繁文，在所必革。

①洗腆：指用来孝敬父母或款待客人的丰洁酒食。称觞：举杯祝寿。

各以俭约相持，人狐裘而我蕴袍之[①]，人膏粱而我藜藿之[②]，我不以他人为风气，而他人自以我为风气。由是转移积习，既无虚靡之费，又无浪耗之资，庶侵侵乎家给人足，日企敦庞矣[③]。

一、砺廉。世人不明义利之界，以贪多务得为能事。对于公款上或股伙上，卖弄售欺，藉归中饱。甚至遇人是非，有钱者生，无钱者死。一时利令智昏，那管坏公破产，怨声载道。噫！此等不义之财，悖入者能保无悖出乎？每见廉洁君子，守约不懈，非道非义，一介不取。此心光明磊落，实质诸天地鬼神而无憾。我族人须将利锁打开，于分内固有之权利则取之，非分内固有之权利则勿取。若人人共知砥砺廉隅[④]，斯公私无患矣。

一、守法。国家之有法律，所以确定人民权利义务，保障人民生命财产。凡我国民，自应遵守各自范围其心志者也。乃世人多昧自由真理，往往不于法律范围内自由，而于法律范围外自由，放荡恣肆，不知检束，以致作奸犯科，动罹法网，名誉因而丧失，权利因而剥夺，即生命亦因而危险。到此日暮途穷，始叹挽救无术，亦已晚矣。族之人务宜战兢自矢，三复君子怀刑之语，父戒其子，兄勉其弟，凡一切远礼背义之举动，为法律所不许者，不得失足其间。农者以农为目的，工者以工为目的，商者以商为目的，读者以读为目的，既无出位之思，自无缘木之求。此守分即以安分，畏法即以守法也。

一、忍让。古人有言："终身让路，不失尺寸。"《周书》曰："必有忍，其乃有济；有容，德乃大。"《左氏》曰："让，德之本也。"处里闬之间[⑤]，信世俗之言，不过日渐不可长，不过日后将更甚，是大不然。人孰无天理良心，是非公道？揆之天道，有满损虚益之义；揆之鬼神，有亏盈福谦之

①蕴袍：以乱麻为絮的袍子。古为贫者所穿。

②藜藿(lí huò)：指粗劣的饭菜。

③敦庞：丰厚，富足。

④廉隅：有节操，端正的品行。

⑤里闬(hàn)：里闾，里巷。

理。自古只闻忍与让消无穷之灾，未闻忍与让翻以酿后来之祸也。欲行忍让之道，须先从小事做起。每见天下大讼大狱，多从极小事起。君子谨小慎微，凡事只从小处了。受得小气，则不至于受大气；吃得小亏，则不至于吃大亏。如能容人，能让人，能下人，决不至于受人之侮也。族之人务宜慕公艺、泰伯之风，毋效专诸、要离之习，庶不至讦讼见于宗族，仇杀起于比闾矣。

选自[浏阳]《寻氏六修族谱》，1995 年河内堂铅印本

华容严氏家训

源流:湘鄂严氏,大抵出自唐剑南节度使武公一脉。武公随唐玄宗入蜀。子安国,自关中南迁,卜居章华红柿村。一说安国于后唐同光二年(924)自江西迁华容。安国子广远,为马楚评事,一说广远于后唐天成间自江西南昌历珠港迁华容,生隆、祚、达。祚公迁湖北公安,为段堤严氏之祖。隆公卜居华西仁义乡,为官路严氏之祖。达公卜居华东十三都,为青湖严氏之祖。清乾隆三十一年(1766)严首升主修湘、鄂合谱。官路严氏族谱,续修于乾隆三十六年(1771)、道光四年(1824)、咸丰七年(1857)、1919年。青湖严氏族谱续修于乾隆三十八年(1773)、道光二年(1822)、咸丰八年(1858)、光绪十八年(1892)。1996年东西两支及浏阳、湖北潜江又合修族谱。字派:承惟永大,仲本希而,自正廷献,必然文明。梦首循天一,克开先有章,其文钦奉若,定得久全昌。绍宗敦孝敬,振绪启贤良,世远知传述,立征祖泽长。

汉征士子陵公家训

心吉则百事皆吉。

闻过而意不逆,百无一二,千无一二。

喜于闻过,岂非君子之人?所亲者君子,吾即君子也。所亲者小人,吾即小人也。

君子处心尚恕,不恕则与小人一间耳。

吾遇事则审而求其理,不敢遽以私见定其去取,故少过误。

损人即此自损也,爱人即此自爱也。

奢则财散,俭则财聚。用度当俭不当奢,亦理也。

贪则有害于子孙,而且以是为子孙计,不胜其误矣。

吾家子弟当急亲贤,广置田园,不如教子为善。

颜子箪瓢,人知其贫,谁知其富,此箪瓢中万事皆足。

人之大患在乎自满,以己为贤,故损其身,学无所成。

近来学者多伪,至于临死亦安排。

慈爱恭俭,可以修身,可以齐家,可以治国,可以平天下。安富尊荣,由此而出。

吾家子弟,或忝科名,第未可以遽入仕,必待所学开明,从而自试,上不误君上委任之心,下不失人民倚赖之意,九泉乃祖于此无恨矣。

贤者重德则服人也众,德轻则服人也寡。观人之众寡,则知己德之轻重。

外事不可深必,凡得失奉天命也。动心则逆天命,祸将至矣。

大人君子兴言立教,皆奉天命,岂有己意哉?

君子有所养,处富不骄,处贫不忧,无得失,无顺逆,其心常一,应酬不乱,无所不容。

圣贤垂训,盖使人求诸己也。

人贫贱则忽之,事细微则不谨,若此者率以为常。君子于此,战战兢兢,敬心无二。

此身乃天地间一物,不必兜揽为己。处高堂则气宽,居茅舍则气隘,对风日则气清,当晦昧则不爽,类皆如此,以其有我也。

叵耐之语起于心①,已失道矣。

人生一世,只忙迫一场便休。

学欲得要,则学不劳而成。

不贪则百祥来集,贪则众祸生。

人惟颠倒故多忧,不颠倒故常乐。

人心至灵,惜乎错用却。君子无所欲,亦无所不欲,第由理而行耳。

好学之心,人皆有之,其间所以不成就者,有待来年之失也。

大中至正之道,近在日用,见于动静语默,不必他求。

---

①叵(pǒ)耐:不可忍耐。

凡有家者，或栋宇可以居，谷粟可以食，更有园蔬足用，若此则已属于富矣。惜乎人有所不知，是以人间知足者鲜。

学有进时，如龙换骨，如鸟脱毛，身与心俱轻，安享福泽无已。

立家有法度，人不敢轻易。

君子以国为先，祖宗次之。居官以民为先，子孙次之。善治国者，必以德教，德教行则治道成矣。

实心无所往而不可。盖实心一也，可以应天下之万变。

家事处置了则休，不留滞在心。

君子仕宦，或有升擢，自顾其才不足则辞之，于义为当，于身则荣，才不称职，君子耻之。

治人不在威，得理则人敬服，如四三百临事，通变寡怒，人自不犯，死之日邻里下泪。

智乃我自有，不患无智。

此心不动，日夜常清，物至自明，事至自应，如明镜止水，毫发无差。

有家者，起不可不早，食不可不齐，于此可以观家之兴衰，吾家之乐不可量也。

贤者干事，谨终如始。

万事存乎天命，不达则止。见人为处世劳苦，孟子曰："臧氏之子，焉能使予不遇哉？"①

凡有家者，当行七事：好善、行直、谨虚、容物、长厚、质朴、俭约。此可以修身，可以齐家，而道在其中矣。

选自［华容］《严氏重修族谱》，清道光二年(1822)木活字本

---

①"孟子"句：语出《孟子・梁惠王》，孟子想见鲁侯而不被接见，别人说是因为臧仓从中阻止的，而孟子认为是天意，与臧仓无关。臧氏之子，即臧仓。

醴陵李氏家训

源流：始迁祖荣松公，明洪武三年(1370)自江西庐陵迁此。赣以前之家族源流难以考证。自明代起至清中叶，入湘繁衍以数百年之久，其间无家谱记载。清道光二十五年(1845)始初修谱牒，光绪十年(1884)续修，1916年三修，1944年四修。族人分布于三刀石、君子桥、攸县、萍乡。至1948年，全族人口3000人。历代字派图：李本全枝茂，福松正时香，日生成秀华，大学裕家修，前光允迪耀，彝伦惇国典，余庆滋长绵。

读书要论

凡人读书，只要有恒。若今日如是，明日不如是，工夫间断，欲望有成，难矣。南人有言曰："人而无恒，不可以作巫医。"①非明征欤？然人每日间未必无一二俗事，但事至治事，事去即读书，心不以事而牵，书不以事而废。心不外驰，读一遍可当百遍；心向外驰，则虽口诵百遍，究书自书而我自我，书与心奚自而一也。孟子曰："学问之道无他，求其放心而已矣。"诚哉，是言也。又或以为无净洁书室，遂生厌倦，此皆安享富贵者之所为也。果欲发愤上达，不居下流，则随时随地可读。虽茅舍陋栖，无不有自得之处。倘必曰明窗净几，僻境幽栖，然后可专意诵习，则贫士何能有出人头地之一日哉？所以囊萤映雪，负薪挂角，足为千古美谈也。有志之士勿让古人，日积月累，工夫有恒，将见功深者效自著，读书何患不成？是为训。

选自《醴陵罗田妙泉李氏四修族谱》，1944年惇裕堂木活字本

---

①"南人"句：语出《论语》。指人要是没有恒心，连个巫医都做不了，终将一事无成。南人，指楚人。

湘潭李氏家训

源流：始迁祖华什公，讳裔远，原居江西吉水县城东立棋山，明洪武初挈家来潭，屯居白汜，传至六派衍为群、岳、禄、辐四房。清雍正十年(1732)建宗祠于白汜。乾隆三十一年(1766)始订墨谱，乾隆五十二年(1787)、道光七年(1827)、光绪三年(1877)、宣统二年(1910)、1938年续修。字派：(自十四派始)宗士慎修德，家声懋锡光，诒谋崇孝友，敦本裕贤良，笃谨承先泽，诗书发后祥，人文斯蔚起，兰桂允联芳。

家训(节选)

唐柳氏教家有法，凡所以谆谆垂训者，无非日用常行。彼岂不能抽鸡林之珍秘，摅鸿藻于简篇？诚以一家之言，一族之矩，当法当禁，是训是行，只取其明白易晓，无以铺张扬厉为也。谨立家规十余条用当箴铭。凡我族人，各人遵守。

孝父母

大善莫过于孝，百行以孝为先。故孝之一字非可言罄。富贵有富贵之孝，贫贱有贫贱之孝。我族力农者多，菽水可以承欢，鸡豚足以致敬，有事必力代劳苦，有病必亲尝汤药，冬温而夏凊，昏定而晨省，能如此虽未足为孝，亦豫顺之道也。

敬伯叔

长于父者为伯，幼于父者为叔，伯叔之分，尊等于父。一家之中与吾父吹埙篪者，伯叔也。近见子侄辈借口于简易之说，放荡于礼法之外，坐作鲜退让之风，辞气乏雍容之度，以伯父叔父之尊且不知敬，何况他人乎！故子弟侍伯叔之侧立必俯，坐必隅，奉伯叔之命唯而起，趋而进，谦恭逊顺，庶于幼仪之节有合焉。

和兄弟

大被同眠，世传姜氏；紫荆复活，人颂田风。盖兄弟同根异枝，犹一体之有手足也。当幼稚时，食则同案，衣则传服，学则连业，游则共方，可谓“式相好，无相尤矣”。及其长也，或私积财谷致起争端，或偏听妇言致生嫌隙。始则视为秦越，既则成为寇仇。同室操戈，不自戕其手足乎？必也轻资财如粪土，等产业若浮云。兄与兄言友，弟与弟言恭，如此则一堂雁序，阋墙之事无闻，而和乐且耽之象见矣。

和乡里

圣人曰“观于乡而知王道之易易也”，则以世道污隆、人心厚薄皆自乡始。近见世人于乡里间少有睚眦便成仇敌，所谓和乡睦族之道安在哉？须知出入相友、守望相助之道，若田地山林各守疆界，饲养六畜严加收管，如此则斗殴詈骂之习无闻，雍容揖逊之风自见矣。

勤耕读

谚曰：“有田不耕仓廪虚，有书不读子孙愚。”是耕读二事人所不能少也。族中子弟有姿性颖悟者，无论贫富，必令其专心读书以振家声，即中才亦必从师讲解方知礼义。否则不读即耕，服畴力穑谋食而食自饶，栽苎种棉谋衣而衣自足。大富由天，小富由人，诚至言也。

崇节俭

俭者，奢之反也。节者，俭之宜也。世人不知当丰当俭之道，一味好胜，必致败家破产，悔之晚矣。一味过于吝啬，虽能保家，难免世鄙。二者皆非得中。必也服饰器用量财施用，冠婚丧祭称家有无，事事悉本简省，事事又有体统，如此则用财得当而蓄积有余。己身致富在此，为子孙积福亦在此也。

禁恃尊凌卑

卑幼事长，固宜恭顺。然或尊长挟伊名分下肆欺凌，致使卑幼向隅饮恨，情不获申，即为家道不睦之始。有一于此，我族当秉公执正，辨是别非，使卑幼安、尊长服而后已。其或尊长抗衡不屈，公行处罚，不得以尊卑概论。

禁酗酒行凶

圣人云："惟酒无量不及乱。"又曰："血气方刚，戒之在斗。"圣语谆谆，其昭然矣。近来人情狃于习尚，或陪宴或对饮，三爵之后遂至饕餮，一言不合怒气相加，故有赤身露体羞耻不顾，持刀挟棍性命可舍，以致上辱父母，下辱妻孥，勿遑计矣。如此恶态理宜痛惩戒之。

禁赌博

人生成败固由时命。近来赌博成风，始因二三勾引，潇洒度日。既而心大胆壮，一入窝赌之家，遂至日夜昏迷，不惜破家荡产，不分父子叔侄，败名辱先莫此为甚。我族子弟自无赌博之事，然无则加勉，有则当戒。设有犯此者，合族痛加督责。如敢仍前不悛，即行送官惩治。

禁盗窃

弭盗贼以靖地方，国法其严禁矣。而世人多怙恶终不悛者，亦有从新。为此者以谓罪不至死，而笞杖牢狱，希图可以苟免，不知小窃便成大盗，非惟玷辱祖先，而且流毒乡村。我族各知自爱，孰肯为此？而防闲不得不严。或有犯者，公同鸣上究治，断不宽恕。

戒结盟会

人生士农工商各有正业，友朋亲戚岂乏交情，何事浪迹江湖，嬉游市井，结连匪党，误入迷途。近日哥匪蔓延，或啸聚深箐，潜谋叛逆，或拦截僻路，劫掠资财，大胆包天，憝不畏法①。岂知邪难胜正，罪不容诛，一经剿办，每数十百名骈受首戮，曾刑鸡斩豖之不如。此在本犯不足惜，惟株连亲属倾荡家资，良用惨伤，深堪痛恨。我族支分万派，星散四方。从前幸无干犯，此后益切防闲。务宜父兄戒勉，房户稽查，倘有入会匪流，胁从姑予自新，首恶定须捆送。

戒吸鸦片烟

近世鸦片烟盛行，凡城市乡村到处皆有其受害者，不一而足。富家子弟因此倾家败产，变而为盗为窃，无所不至。聪明才辩之子一经服惯，日夜惟此是务，终身不复有为，竟成废人。肥美之躯转瞬间皮包骨

①憝（duì）：坏，恶。

立，肩耸胸陷，面黑唇焦，而人不成形。夫鸦片烟之废时、失事、败家、促寿，而人反嗜之，是人自取殃也，何昧如之？我族子弟浩繁，其父兄务宜严加约束，勿令沉迷，实属甚幸。

选自《湘潭白汔李氏六修家谱》，1938 年广居堂木活字本

浏阳杨氏家训

源流：一世杼公。六十四世辂公，居庐陵，生九子。第五子云岫，唐末进士，官潮州太守，居梅州水南里。三子：思孝、思恭、思聪。明末清初，因居处人稠地密，而湖南浏阳大遭兵燹，居民苦少，孝、聪两公后裔纷纷由福建汀州、广东梅州迁浏，由浏而万载、而宜春。清光绪二十七年(1901)纂修族谱。名派：(自九十六世始)家本宗周裔，忠厚庆贤良，封锡先声振，吉梅肇发祥。

家训(节选)

立志

吾人立身天地间，只思量作得一个人是第一义，余事都没要紧。作人的道理，不必多言，即看《小学》，便是依此作去，岂有差失？从古聪明睿智，圣贤豪杰，只于此见得透，下手早，所以其人千古万古不可磨灭。闻此言不信，便是凡愚，所宜猛省。

志不立，天下无可成之事。虽百工技艺，未有不本于志者。志不立，如无舵之舟，无衔之马，漂荡奔逸，何所底乎？昔人有言："使为善，而父母怒之，兄弟怨之，宗族乡党恶之，如此而不为善可也。为善则父母爱之，兄弟悦之，宗族乡党敬信之，何苦而不为善？使为恶而父母爱之，兄弟悦之，宗族乡党敬信之，如此而为恶可也。为恶则父母怒之，兄弟怨之，宗族乡党贱恶之，何苦而必为恶？"子孙念之，可以知所立矣。

教子

教子须令其有常业。贫贱而有业，可不至于饥寒；富贵而有业，亦不至于为非。凡富贵之子弟，耽酒色，好赌博，异衣服饰，与马与群小为伍，以至破产者，非其本心尽不肖，由无业以度日，每起为非之心。小人赞其为非，则有哺啜钱财之利，常乘间而翼成之也。

凡家世茂盛者，多以仁厚谦恭立教，故能保世滋大，不为造物之忌。但处世用宽，而律家用严，其于教训子孙，方始得力。不然自家从艰辛中得来，犹知义理。至膏粱子弟，习成性气，颐指骄人，且以老成为迂阔，以脱略为时行①，如此安得不败？故洒扫应对，守弟子职，古人立教之最要也。

人有数子，饮食衣服之爱，不可不均；长幼尊卑之分，不可不严；贤否是非之迹，不可不辨。幼示以均，则长无争财之患。幼责以严，则长无悖慢之患。幼教以分别，则长无匪类之患。

保家

祖宗富贵自诗书中来，子孙享富贵则弃诗书矣。祖宗家业自勤俭中来，子孙享家业则忘勤俭矣。此所以多衰门也，可不戒之？

常见有余之家，当极盛之时，每一婚嫁丧葬辄费数百金千金，及至衰落，遇有此事，即数十金数金亦可敷演发脱。可见丰俭原在人，纵使豪华满眼，不过一瞬虚名，有何实济？姑以一二事言之，富贵之家，簪之可金者，未始不可银；米之可精者，未始不可粗；酒之可浓者，未始不可淡。由此类推，不独积蓄有余，且为我生惜福。

谨言

凡一事而关人终身，纵实见实闻，不可着口。凡一语而伤我长厚，虽闲谈酒谑，慎勿形言。

稠人广众之中，不可极口议论，逞己之长，非惟惹祸，抑亦伤人。苟有过者在其中耶，议论到彼，则彼不言而心憾矣。如对官言清则不清者怒，对友言直则不直者憎。彼不自责，谓我有意而为之耳。惟有简言语，和颜色，随问即答者，庶几可也。

凡说话最要信实，不可欺罔。今人以欺罔者为巧为智，受欺罔者为拙为愚，其实欺罔者乃真拙且愚耳。《书》曰："作伪，心劳日拙。"孔子曰："人而无信，不知其可也。"又曰："言不忠信，虽州里，行乎哉。"盖常

①脱略：放任，轻慢。

惯欺罔者，后来虽说实话而人亦不信，甚至指天誓日，犹疑其为欺罔之术，所以寸步不可行也。切宜戒之。

选自[浏阳]《杨氏族谱》，清光绪二十七年(1901)清白堂木活字本

湘潭杨氏家训

源流：始迁祖克胜公，字裕昌，原籍江西南昌府丰城县圳上，明洪武初年官零陵主簿，后落籍湘潭二都七亩丘之杨家湾。四派肇宇公，又分徙下四都易家塘。清康熙十六年(1677)始修族谱，乾隆四十九年(1784)、道光二十三年(1843)、同治四年(1865)、光绪二十六年(1900)、1926年续修。道光间建宗祠于湘潭下四都七甲棠湾。派次：克贤家辉，瑞文之宪，传世大灿，垂铭显彰，芳声远振，厚泽永昌，懋昭在德，笃庆锡光。

魁寰公家训

治家习业

天明早起，斯为兴旺之家；夜昏即眠，乃是平安之室。庭除洒扫，朝宜整顿家风；门户收关，暮应谨防盗贼。男女内外，规矩必严；长幼尊卑，名分当肃。妇女教以勤敏，俾成内助之贤；子孙训以义方[1]，可绍书香之绪。清明致祭，报本宜诚；中元荐新，循礼维谨。父母及时尽孝，莫待风木生悲；兄弟式好无尤，留与儿孙作样。居家忍耐，必使一堂致和气之祥；居馆专严，端令及门有长进之益。算堪济用，须兼书法精工；诗擅应酬，还在文章磨练。殚学问而应试，勿侥幸以成名；务稼穑以治生，勿嬉游而废业。岐黄精学，毋轻性命于人；商贾专为，莫逞奸谋于己。

立品防患

外事足累身，勿轻作中作保作词证；邪途恒招祸，慎毋近奸近盗近赌场。匪僻之徒，不宜相狎；端方之士，急与相亲。公道方可服人，毋或

[1] 义方：应遵守的规矩法度。

徇情受贿；直言足以正俗，毋稍偏袒阿容。事必实见确闻，始可启口；言如伤厚取怨，切勿妄谈。行事以小心，庶几免悔；待人以大度，不致招尤。好物爱其便宜，虑伪售而受害；恶人嫉之已甚，恐激变而难图。君子或有时藏奸，防闲不可尽废；小人亦有时归正，猜忌不必过深。贼每憎乎主人，捉贼不如赶贼；冤多报于异日，结冤何如释冤。论理平情，纷争易解；尚气角力，衅隙难销。官讼总有输赢，休轻出控；乡役最多烦恼，莫漫承充。

谨身节用

保身必须寡欲，毋以酒色自戕；持家务要惜财，毋以奢荡自破。最堪耐久，淡食粗衣；尽可安居，竹篱茅舍。丧葬惟遵《家礼》，毋徒粉饰虚文；婚姻只结良缘，何必铺张门面。男辰女诞，不须盛设称觞；周岁三朝，莫备华筵畅饮。草莽君臣之义，惟在粮饷早完；乡村朋友之情，只需鸡黍是具。吊死问疾，周旋自不容无；嫁女娶妻，馈赠岂容过厚？量入为出，当蓄积以备不虞；崇实去华，勿侈靡而致告匮。会多难纳，莫轻起而贻日后之忧；债重难还，莫轻借而为目前之计。

忠厚传家

乡党来往，慎勿骄傲；邻里晋接，必要谦和。亲者毋失其为亲，格言足式；故者无失其为故，至论堪师。出言当必诚必信，共事须有始有终。恕道可行，应知设身处地；良心难昧，不要利己损人。银谷即少赢余，亦宜量力以周济；钱财常有出入，惟学克己而吃亏。赈饥恤寒，随时分惠；架桥修路，就便解囊。让人一分，即受一分之赐；给人点水，即沾点水之恩。禽兽昆虫，尚宜重其性命；孤寡残疾，尤应悯其困穷。积善存心，举动皆当法祖；安分守己，作事岂可违天？富贵莫淫，免致无礼无义之诮；贫贱莫滥，庶弭无能无志之讥。能信斯训则为贤，勿懔斯箴则不肖。惟各后嗣，尚其勉旃。

选自[湘潭]《中湘棠湾杨氏六修谱》，1926年清白堂木活字本

湘乡吴氏家训

源流：始祖透公，唐天宝中以进士任安徽休宁知县，家于县西金竹。二十二传至嘉训公，字惟帧，一号楚南，偕弟汤于公于清顺治年间由皖迁湘乡。嘉训公卜居于宣丰二十都望冲，汤于公卜居于斗盐。望冲族谱始修于清乾隆三十六年(1771)，道光二十七年(1847)续修，同治九年(1870)三修，1931年四修，四修时人丁1043人，1991年五修。1929年建宗祠于新桥。旧班：文天嘉尚士，芝开联代传，英贤增德业，声闻裕才能。续班：松煌培铎，泽榜辉堂，铭湘森耀，垂锦淮梁。

家训(节选)

家规之垂，所以端子弟之趋也。究之吾人修己待物之道，古之人已先我而言之，第散见各书，非若常言之针砭。苟即其言而味之，何啻起数十辈圣贤于一堂，谆谆然牖其明而开其锢哉？修己待物之道，庶乎其不差矣。

孔子曰："孝，天之经也，地之义也，民之行也。"又曰："谨身节用，以事父母，庶人之孝也。"郭巨曰："儿可再有，母不可复得。"曾子曰："孝子之养老也，乐其心，不违其志。"公明宣曰："夫子居庭，叱咤之声未尝至于犬马。"何士明曰："孝子之道，岂养所能尽？要有深爱婉容，承颜顺志，稍有欺慢违忤，虽日用三牲，犹为不孝。"又曰："要在困苦艰难、流离颠沛之际，竭力尽心，周旋委曲，方为孝。"罗仲素曰："天下无不是底父母。"蹇仲曰："有道之父母，不知孝子。"孙叔敖曰："畏鞭笞之严，而不敢谏其父，非孝也。”贾谊曰：“借父耰锄①，虑有德色。母取箕帚②，立而谇语。”孔子曰：“五刑之属三千，罪莫大于不孝。”此一节言孝父母。

颜氏曰：“兄弟者，分形连气之人也。”苏琼曰：“天下难得者兄弟，易求者田地。”邵续曰：“兄弟左右手。”罗松窗曰：“兄弟相与惟今世。”孔子曰：“以敬事长则顺。”程伊川曰：“今人多不知兄弟之爱，且如闾阎小人，得一食必先以食父母，得一衣必先以衣父母。至于犬马亦然。待父母之犬马，必异乎己之犬马；独爱父母之子，却轻于己之子，甚者至若仇敌，惑之甚矣。”张横渠曰：“《诗》言：‘兄及弟矣，式相好矣，无相尤矣。’言兄弟宜相好，不要相学，犹，似也。”人情大抵患在施之不见报则辍，故恩不能终，不要相学，已施之而已。此一节言友兄弟。

文中子曰：“昏姻而论财，夷虏之道也，君子不入其乡。古者男女之族，各择德焉，不以财为礼。”司马温公曰：“凡议昏，当先察婿与妇之性行及家法如何。婿苟贤矣，今虽贫贱，安知异日不富贵乎？苟为不肖，今虽富贵，安知异日不贫贱乎？”又曰：“妇者，家之所由盛衰也。苟慕一时之富贵而娶之，鲜不轻其夫而傲其舅姑，骄妒为患，庸有极乎？因妇财势以致富贵，苟有丈夫气者，能无愧乎？”胡安定曰：“嫁女必须胜吾家者，胜吾家，则女之事夫必钦必戒。娶妇必须不若吾家者，不若吾家，则妇之事舅姑必执妇道。”袁氏曰：“议昏多贪门阀赀产，致人物不相当，子女终身抱憾。我子凡下若娶美女，岂特不和，或生他事，我女不如彼子，万一不和，卒为所弃。是妇婿虽欲择，又须先自揣也。”程伊川曰：“世人慎于择婿，忽于择妇，其实婿易见，妇难知，所系甚重。”何氏曰：“吾见嫁娶之家，聘礼丰盛者，不倒箧倾囊，则鬻田典产，徒逞一日之富，顿忘异日之穷。资装盈备者，用尽心机，舅姑犹不满意。或婿不肖，徒以骄其志而荡其心，不数年间，糜费殆尽，金珠锦绣，悉为他人所有，女又何尝受用分毫哉？”此一节言择婚姻。

文文山曰：“犹子是吾儿。”苏明九曰：“吾今相视如途人者，其初兄

---

①耰（yōu）锄：即锄耰，泛指农具。

②箕帚：扫除尘土的器具，即畚箕与扫帚。

弟，其初一人之身也。”范文正公曰：“吾吴中宗族甚众，于吾固有亲疏，然吾祖宗视之，则均是子孙，固无亲疏也。苟祖宗之意无亲疏，则饥寒者安得不恤也？”司马温公曰：“国朝李相公明远家，子孙数世至二百口，犹同居共爨。”何氏《宗规》曰：“末俗或以富贵骄，或以智力抗，或以愚顽欺凌，虽能争胜一时，已皆自作罪孽。”此一节言睦宗族。

曾子曰：“亲戚不说[①]，不敢外交；近者不亲，不敢求远。”朱子曰：“恩仇分明，此四字非有道者之言也。”《吕氏乡约》曰：“凡同约者，德业相劝，过失相规，礼俗相交，患难相恤。”陈襄曰：“婚姻死丧，邻保相助。”史搢臣曰：“毋以小嫌疏至戚，毋以新怨忘旧亲。”何士晋曰：“姻者，族之亲；里者，族之邻。宇宙茫茫，幸而聚集，亦是良缘。凡事皆当从厚，通有无，恤患难，以诚心和气遇之，即使彼曾待我薄，我不可以薄待彼，久且感而化矣。”又曰：“若恃强凌弱，倚众暴寡，靠富欺贫，捏故占人田地风水，侵山林疆界，此皆薄恶凶习，天道好还，毋自害儿孙也。”此一节言洽姻里。

吕希哲曰：“内无贤父兄，外无严师友，而能有成者，鲜矣。”吕本中曰：“行有不至，从容规戒者，朋友之任也。”管子曰：“游居有常，必就有德。”张横渠曰：“接朋友不能下朋友。”孔子曰：“吾死之后，则商也日益，赐也日损。商也，好与贤己者处；赐也，好与不若己者处。与善人交，如入芝兰之室，久不闻其香，则与之化矣。与不善人交，如入鲍鱼之肆，久不闻其臭，亦与之化矣。丹之所藏者赤，漆之所藏者黑，是以君子必慎其所与处焉。”朱子《戒子书》曰：“交游之间，最宜审择。大凡敦厚忠信，能攻吾过者，益友也。谄谀轻薄，傲慢亵狎，道人为非者[②]，损友也。以此求之，百不失一。但恐自己偏僻卑污[③]，不能克己从善，则益友不期疏而日远，损者不期亲而日近。此须痛加检点而切革之，不可荏苒渐习，自趋于小人之域。戒之慎之！”此一节言慎交游。

---

①说：通“悦”。

②道：通“导”。

③偏僻：孤陋，见闻短浅。

孔子曰:“少成若天性,习惯成自然。”古谚曰:“孔子家儿不知骂,曾子家儿不知怒。所以然者,生而善教也。”陈省华妻曰:“不求金玉富,但愿子孙贤。”石碏曰:“爱子教之以义方,勿纳于邪。”扬雄曰:“人而不学,如禽兽何。”陈几亭曰:“人自十五六以下,记性偏清,善言入耳,终身不忘。长愿亲朋惠我子弟,勿述市井之事,尤戒媟秽之谈①。”颜氏曰:“子使有知,不可不使知尊卑长幼之礼。”张横渠曰:“教小儿先要安详恭敬。今世学不讲,从幼便骄惰坏了。”王阳明曰:“教童子以孝弟忠信、礼义廉耻为务。”邹鲁谚曰:“遗子黄金满嬴,不如一经。”蒲宗孟戒子孙曰:“寒可无衣,饥可无食,读书一日不可失。”杜孟训子曰:“忠孝吾家之宝,经史吾家之田。”此一节言正蒙养。

张敬夫曰:“人心先无主宰,如何整理得一身正当?”方正学曰:“惟学可以存此心,惟亲近君子可以维持此心。”刘安世曰:“温公言平生只一个诚事更扑不破。”胡文定曰:“立志以忠信不欺为主。”范尧夫曰:“我生平所学,惟得‘忠恕’二字,一生用之不尽。”蔡虚斋曰:“体认天理,只在吾心安不安,人情妥不妥上。”唐彪曰:“事事存心利物,天地鬼神必以全福报之。”吕叔简曰:“凡人为不善,其初皆不忍也,其后忍不忍半,其后忍之,其后安之,其后乐之。呜呼!至于乐为不善而良心死矣。”此一节言存心地。

诸葛武侯曰:“君子之行,静以修身。”胡文定曰:“立志以明道,希文自期待。”王遂初曰:“敬身不在外貌表暴②,而在毋自欺。”柳仲郢曰:“孝慈友弟,忠信笃敬,乃食之醯酱③,可一日无哉?”管子曰:“行必正直。”东平王苍曰:“为善最乐。”汉昭烈曰:“勿以恶小而为之,勿以善小而不为。”赵李兑曰:“勿为恶府,勿为祸梯。”司马温公曰:“吾无过人者,但平生所为,未尝有不可对人言者耳。”赵阅道曰:“吾昼之所为,夜必焚香以告天。”蔡元定戒子曰:“独行勿愧影,独寝勿愧衾。”徐节孝曰:“诸

①媟(wǒ)秽:娇媚污秽。
②表暴:亦作“表襮”,张扬、炫耀。
③醯(xī):醋。

君为君子，而使劳己之力，费己之财，如此而不为君子，犹可也；不劳己之力，不费己之财，诸君何不为君子？乡人贱之，父母恶之，如此而不为君子，犹可也。父母欲之，乡人荣之，诸君何不为君子？”王四明曰：“人要为人，当思所以异于禽兽者何在。”此一节言修行检。

韩昌黎曰：“业精于勤，而荒于嬉。”诸葛武侯曰：“年与时驰，意与岁去，遂成枯落，悲叹穷庐，胡弗何及也。”颜氏曰：“人生在世，各当有业。能守其业者，闭门而为生之具以足。”司马温公曰：“家长御群子弟，分之以职，授之以事，而责其成功。”陈大士曰：“儿孙固己所爱，可儒则儒，万不可儒，宜授以别业。”《文雅社约》曰：“务农者拾粪如拾金，趋时如趋利，锄莠如锄盗，遴佃如遴才。”颜之推曰：“积财千万，不如薄技在身。”《袁氏世范》曰：“贫贱而有业，则不至于饥寒；富贵而有业，则不至于为非。子弟耽酒色，好博弈，异衣服，饰舆马，与群小为伍，非其本心之不肖，由无业以度日，遂起为非之意。”袁了凡曰：“只为因循二字耽搁一生。”陈几亭曰：“忧、勤、惕、厉四字，反之便是般①、乐、怠、敖②。”曾子曰：“官怠于宦成③，病加于小愈，祸生于懈怠。”此一节言勤职业。

殷仲宽曰：“贫者士之常。”罗念庵戒子曰：“莫厌贫，贫固是好。”向子平曰：“富不如贫，贵不如贱。”颜斶曰：“处穷方有四：无事以当贵，早寝以当富，安步以当车，晚食以当肉。”庞德公耕陇上，妻子耘于前，曰：“人皆遗之以危，我独遗之以安。”陈仲妻曰：“左琴右书，辟缕织履，乐在其中。”接舆妻曰：“躬耕以为食，亲织以为衣，据义而动，其乐自足矣。”马少游曰：“一生一世，但取衣食才足，乘款段马④，乡里称善人足矣。”刘穆之曰：“富贵必践危机。”疏广曰：“知足不辱，知止不殆。”史搢臣曰：“贫贱时眼中不觉富贵，他日得志必不骄；富贵时意中不忘贫贱，他日退休必不怨。”此一节言循本分。

---

①般：安乐。

②敖：闲游。

③宦成：登上显贵之位。

④款段：马行迟缓的样子。

苏东坡曰:"苟非我有,一毫莫取。"范益谦座右戒曰:"五不言财利多少,厌贫求富。"杨震辞王密金曰:"天知,地知,尔知,我知。"叶梦鼎曰:"廉耻事大,死生事小。"林退斋临终示子孙曰:"若等要学吃亏,从古英雄只为不能吃亏,害了多少事。"马援曰:"龙伯高廉公有威,吾爱之重之。"崔与之曰:"无以嗜欲杀身,无以财货杀子孙。"罗素仲曰:"廉耻者,士人之美节。士人有廉耻,则天下有风俗。"程汉舒曰:"人坏念将起时,觉得有耻,便可转移。"魏叔子曰:"人极重一耻字,即盗贼娼优若有些耻心,便可教化。"此一节言尚廉耻。

胡文定公曰:"人虽一切世味,淡泊方好,不要有富贵相。"诸葛武侯曰:"俭以养德。"朱子曰:"饮食,天理也,要求美味,人欲也。"汪信民曰:"人常咬得菜根,则万事可作。"赵彦彬曰:"官卑清自尊,俸薄俭常足。"李东阳曰:"节用度如闸河然,节一分则有一分之用。"张文节公曰:"由俭入奢易,由奢入俭难。"唐太宗曰:"知稼穑之艰难,则常有斯饭矣。"司马温公曰:"凡为家长,制财用之节,量入以为出,以给上下衣食及吉凶之资,裁省冗费,禁止奢华,常须稍存赢余,以备不虞。"又曰:"吾平生衣取蔽寒,食取充腹。"李文节公曰:"予素不吃斋,每早盐菜送粥,亦以省中馈一飧之劳耳。午用荤酒六七杯,沽而不酿。留客不请客,客至以常饭待之。晨不荤,午不酒,不为客变迁也。予久行此,客无怪,予亦不怕怪。"柳玭曰:"高侍郎兄弟三人,俱居清列,非速客不二羹胾[①]?夕食龁卜匏而已。"《文雅社约》曰:"仕宦居乡,百凡炫耀,所谓众皆悦之,其为士者笑之也。"范鲁公戒从子曰:"举世贱清素,奉身好华侈。肥马衣轻裘,扬扬过闾里。虽得市童怜,还为识者鄙。"此一节言崇俭约。

管子曰:"喜气迎人,亲如兄弟;怒气迎人,惨如戈兵。"李卓吾曰:"退让者,盛德事也。是乃古今天下建功立德,保国定家第一着好棋子。"唐彪曰:"泰山之下,东海附焉;衡山之下,洞庭丽焉。大高之下,必有大深也。故大荣者,即大辱所倚;大辱者,即大祸所伏。将满将盈之际,慎以持之,谦以守之。"老莱子曰:"齿刚易敝,舌柔常存。"老聃曰:

①胾(zì):切成大块的肉。

“良贾深藏若虚，君子盛德，容貌若愚。”孔子曰：“聪明睿知，守之以愚；功被天下，守之以让；勇力震世，守之以怯。”孙叔敖曰：“吾爵日高，吾志日下；吾官日大，吾心日小。”柳玭曰：“门闾高，可畏不可恃。”袁坤仪曰：“《易》言：‘人道恶盈，鬼神福谦。’《书》曰：‘满招损，谦受益。’每见寒士将达，必有一段谦光之气质，盖厚德自膺厚福。”孝友先生曰：“终身让路，不枉百步；终身让畔，不失一段。”王以旂曰：“昔张湛入里门必步，可取以为法。”王阳明曰：“今人病痛，大段只是傲，千万罪恶都从傲上来。”朱公伟曰：“小损当大益。”葛中恬曰：“《书》言：‘必有容，德乃大；必有忍，德乃济。’古今事未有不成于容忍，而败于不容忍者。”魏叔子曰：“于人横逆来时，愤怒如火，忽一思及自己原有不是，不觉怒情躁气涣然冰释，乃知自反二字，最上法门。”管东溟曰：“阴骘莫大，如不报无道。”冯时可曰：“一事逆而心憎，一言拂而心衔，甚至经年不释，易世不忘。若然者，四海之中无乐地，百年之内无泰时。”此一节言存忍让。

程伊川曰：“吉凶荣辱，惟其所召。”张思叔曰：“凡言必忠信。”何孟春曰：“言弗爽于属垣，行弗亏于顾影。”吕叔简曰：“论理要精详，论事要剀切，论人须带三分浑厚。”范鲁公曰：“戒尔勿多言，多言众所忌。苟不慎枢机，灾厄从此始。是非毁誉间，适足为身累。”许台仲曰：“绝口勿矜门阀，勿炫行能，毋得优劣乡人，毋得臧否时政，毋得品评士大夫文行。言偶及之，称善不称恶，尝羡慕汉俗，耻言人过，何等长厚，真三代之风。”沈仲化曰：“面谀之词，有识者未必知感；背后之讥，衔之者常至刻骨。”史搢臣曰：“人当厚密时，不可尽以私密事语之，恐一旦失欢，前言得凭为口实。”彭泽王氏曰：“闺门之隐征，尤当绝口。”沈仲化曰：“酒后言语，尤易支离。”此一节言慎言语。

晏子曰：“仁其三族。”韩魏公曰：“扶人之危，周人之急。”彭泽王氏曰：“《尚书》称文王惠鲜鳏寡①，‘鲜’字最妙，谓鳏寡之人，垂首丧气，赉予周给之，使之有生意焉。”马援曰：“凡货殖财产，贵其能施赈也，否则守钱虏耳。”熊勉庵曰：“人当贫贱为善，善有限；为恶，恶亦有限，无其力

---

①惠鲜：惠赐。

也。当富贵中为善，善无量；为恶，恶亦无量，有其具也。故富贵者，乃贫贱祸福之大，不可不慎。”史搢臣曰：“今人建寺烧香，自谓功德，殊不知寺不建，佛未露处；香不烧，佛未饥饿。若移此以救人，佛必大悦，功德当百倍已。”《陈氏家训》曰：“残羹剩饭，亦可济人之饥；破衣败絮，亦可济人之寒。酒席省得一二品，馈赠省得一二器，衣服省得一二套，长物省得一二件，存些赢余，以济急难，此为善中一大功课。”颜光衷曰：“独为善事，所及无多。若得大力量人同存此意，则所救济者何限？舜之大德，亦只是乐与人为善。”此一节言周贫困。

朱子曰：“国课早完，虽囊橐无余，亦得至乐。”罗通戒子曰：“架上有书须教子，囊中无米且输官。”湘谚曰：“完钱粮，供爷娘，半夜敲门心不慌。”王廷珪曰：“痴儿不了公家事。”《何氏宗规》曰：“拖欠钱粮，便是不良的百姓，连累里长，恼烦官府，追呼问罪，又准不得事，仍要完赋税，是何算计？”此一节言急赋税。

选自[湘乡]《上湘望冲吴氏支谱》，清同治九年(1870)延陵堂木活字本

平江余氏家训

源流：始祖钦公。五世从公，自休宁徙居广东韶州曲江县。二十九世文卿公，字攀龙，又字纯睦，号廷相，清康熙四十九年（1710）由广东大埔县昆仑村迁居湖南平江县南乡田岩里。清咸丰四年（1854）始修族谱，光绪十五年（1889）、1912年、1938年续修。派语：奕世魁元定，荣华耀国光，多文崇美富，积善兆嘉祥，道学宗传广，谦恭益受长，克生忠孝士，景运庆明良。

家规（节选）

孔子曰：道之以政，齐之以刑，道之以德，齐之以礼。家族一小团体也，国之基在于家，联数千百家而为族，人丁既繁，贤愚不一，不有家规以维系为训导之法，无以保世滋大衍庆于无穷也。吾族星罗棋布，后嗣蕃衍，值此欧风东渐，习俗大变，诚恐人心不古，以趋时尚俗之心转为召祸生事之阶，爰立家规数条，使族中子弟共遵守之，亦孔子道之齐之之意云耳。果能中规循礼，则三代以上熙熙之民复见于我余氏，是则祖宗之所厚望者。家规之立，宁不有益乎？

一、子弟年少无知，必先示以隅坐徐行之礼，宜拘以诵读，范以耕牧。倘溺爱容纵，酿成骄妒之性，将遇长上而无长，遇贤能而自能。纵其所为，势必犯上而不顾，且将作歹而为非。如此子弟，为父母者宜早教之。

一、交友不可不慎。语云："结交须胜己。"孔圣云："无友不如己者。"凡友必贤良而后可交也。若夫无家无室、嫖赌逍遥之人，类皆诱我害我之辈，相与往来，不惟坏尔一生名节，且将贻与父母羞辱。子弟有此，必一概屏逐，方能整顿家风。

一、士农工商，人之正业。先人舍此无教，后人舍此无业。凡我子孙，若有不安四民正业，或飘荡都市，或流落偏隅，或辵白剪绺①，或结伙盗贼，凡此污辱祖宗之人，即祖宗之罪人也。一经觉察，定当黑谱出族②，决不可宽恕。

一、居家务宜勤俭。旰食宵衣，帝王尚勤于夙夜，制节谨度，古圣犹虑其虚縻。况吾侪躬居草野，职为士庶，苟怠惰自安，何以生财？奢侈自奉，何以积粟？此勤俭二字，为传家珍宝。凡我子孙宜各守勤俭。

一、处世须公平正直，无藏怒宿怨。若有些小嫌隙，便遇事生风，假手图报，则仇恨日深，为祸日甚。于乡则非所以和邻，于家则非所以睦族。此浅肠狭度之人，大非集福迎祥之兆。凡我族人，宜以公平正直存心处事，斯和气致祥，而讼端不起，是即光宗耀祖之道也，宜各体而行之。

一、读书第一要紧。古人读书，原以明理，非为功名计，然功名亦自读书来也。古人云："有书不读子孙愚。"朱柏庐先生云："子孙虽愚，经书不可不读。"凡我族人，欲恢宏先绪，光大门闾，必先教子读书。然有家贫而废学者，又当别立教读之法，或置塾田，或起义塾，或给俸资。不拘房户，族中子弟有姿质可造，而父兄无力负担者，必互相奖劝，格外扶持，助其俸资以升学，给其川资以应试，成其材，全其用。而为子弟者，不可自恃聪明，尤当体族中父兄殷勤之意，发愤苦攻，务求实学，立志成名，勿徒慕虚名，蹈剿袭雷同之弊。若果能步青云，攀丹桂，必倍加奖赏，以激励后进，则子孙不愚，书香益大，可以继簪缨，光俎豆，而绍三台四谏之家声矣。

选自[平江]《田岩余氏族谱》，1938年新安堂木活字本

---

①辵(chuò)白：湘地方言，行骗。剪绺(liǔ)：指剪开他人的衣带以窃取钱物。

②黑谱：从族谱中将名字抹黑，即从族谱中除名。

沅江汪氏家训

源流：支祖浙、德礼、德和、德美四公，皆自安徽迁沅江。浙公父立忠公，婺源人，元顺帝时授湖广龙阳县丞。浙公因省视过沅，爱其地，庐于沅江螃友山。浙公子允中居赵子岭。清道光二十四年(1844)、光绪二十年(1894)纂修支谱。又德礼、德和、德美公先后而来，分居沅江大潭市、株木山、横塘基等处。1931年四支合修族谱，称三修。浙公支派语：浙允衍志，文思孔子，可龙之水，毓友应宗，世达名理。德礼公支派语：以“金水木火土”五行相生之义循环轮转。德和公支派语：清雅异常，应运坚志，熙朝明允，发序炽昌。德美公支派语：秀可光先绪，维良启哲士，楚水大定世，贤家泽德培。

家训(节选)

孔子以孝弟、谨信、博爱、亲仁诲及门。曾子逐日省身，抱失忠信之惧。孟子以仁义说诸侯，皆古圣贤之礼教，正己化人，其维持世道，范围人心者，綦重矣。吾汪氏子孙皆不失为良善者，亦由家庭教育之良之所致也。旧谱以士农工商、孝弟忠信、礼义廉耻诸端为家训，兹仍其旧，略行更变，参诸先哲格言，编忠孝友恭、信义和平、廉礼慈仁、克俭克勤十则，俾吾族众一体遵行，传守勿替。斯由家族之维范，推及国族、民族归于一致，而后共享大同世界之幸福焉。

一、忠诚厚道

处世接物，务宜忠厚，不可存毫末虚伪于其间。发诸己者，须无一念之不实；施诸人者，当无一事之不真。人褊急，我受之以宽宏；人险仄，我待之以坦荡。我忠于人而人不我忠，乃反求诸己，绝不尤人，斯对己对人两无愧矣。彼奸险居心，虚诳应世，售欺终属自欺，愚人毕竟自愚也，究何益欤？先哲云："以真实肝胆待人，事虽未必成功，日后人必见我之肝胆；以诈伪心肠处事，人即一时受惑，日后人必见我之心肠。"旨哉斯言，须三复之。

一、遵守信用

孔子曰："人而无信，不知其可。"又曰："人无信不立。"史搢臣曰："自信者不疑人，人亦不疑，吴越皆可同胞。自疑者不信人，人亦不信，骨肉皆成敌国。"哲学家云："信用为第二生命，又为无形财产。"由此思之，信用不可不极力遵守也，明甚。彼言不顾行，诳语欺人者，致宗族相憎，友朋遐弃，亲戚置之而不顾，比邻交恶其无行，落落寡合，无人敢与往来。较之信用昭著者之于族戚友邻之间，互相推重，互相通融，为何如耶？不守信约者当猛省。

一、和气公平

以和蔼待人，平允处事，是涉世持身良法也。和气萃于一家，未有不迪吉者[①]。公平存于一心，未有招其尤者。和气致祥，乖气致戾[②]。平心治事，褊心不萌。兄弟和，家自兴，盛气平，过自寡。人能和平，斯能享和平之幸福。若躁率褊急，则天怒人怨，辄逢不测之灾。先哲云："必有容，德乃大；必有忍，事乃济。"又曰："不耐烦者，做不成一件事业；不自反者，看不出一身病源。"事急宜缓办，忙则多错。盖不外"和平"二字也。刘真斋云："事属道义方可做，然须宽绰细腻，真实忍耐，一一从头至尾，节次调停，方克有济。否则匆忙疏漏，必至虚矫急迫，反害义矣。"

一、清廉自重

先哲云："律身惟廉为宜，处世以退为尚。"又曰："律己宜带秋气，处世须带春风。"又曰："善处身者，必善处世，不善处世，贼身者也。善处世者，必严修身，不严修身，媚世者也。"修身谨严，乃心洁白，取不伤廉，自无折腰之诮。处身清洁，其品自高，尊重廉耻，不贻屈节之羞。若贪

---

①迪吉：吉祥，安好。

②乖气：邪恶之气。

婪无厌，卑鄙无状，近于盗跖之趋；利令智昏，裂名隳节，则处不能为端人[1]，出不能为廉吏。吾族子弟戒之戒之。

一、克俭克勤

先哲曰："俭以养廉，勤能补拙。"又曰："贵自辛勤得富。"从俭约来，祖宗家业皆由勤俭中来。子孙享家业，未可忘其勤俭。一茶一饭，当思来处不易；半丝半缕，恒念物力维艰。世未有俭朴而家不兴，亦未有辛勤而家益落者，更未有奢侈而家仍兴盛，居常怠惰而家不肃条者。是故雨泽过润，万物之灾也；逸乐过节，忧劳之渐也。"勤""俭"二字，乃做家长者之主持家政第一良法。但勤须节劳，过劳损身；俭忌其啬，鄙啬近刻。世间最有受用，是一"闲"字，然"闲"字要从勤中得来。若一懈怠，诸事都废，方寸中定有许多牵挂，何处讨个"闲"来？世上最讨便宜，是一"勤"字，然"勤"字要从"闲"中做出。若一扰乱，动手即错，一件事决费无数周折。勤也，济不得事。俭也，勤也，善用之乃有济。

选自[沅江]《汪氏三修族谱》，1931年平阳堂木活字本

①端人：正直的人。

湘乡沈氏家训

源流：始祖士贤公，字廷章，偕兄弟季贤、任贤于宋宁宗时自江西高安县迁湘。士贤居湘乡县西乡岱头山；季贤居湘乡五都（上祠）；任贤居花桥。清雍正二年（1724）创修族谱，乾隆三十年（1765）、嘉庆二十五年（1820）、咸丰元年（1851）、光绪十七年（1891）、1920年、2012年续修。派语：启嗣先烈永，绍祖裕名芳，伦叙昭洪范，传徽自久长。显谟钦达孝，彝训肃宏纲，松柏能培本，芝兰定发祥。

家训义学规例

立规矩垂为家训，俾吾族百千万载永以耕读为业，是则区区教家之微意也夫。谨列学规于左。

一、掌理义馆务须设立斋长一位，委以延师教课及一切出入支储，但非读书明理、崇儒重道之人，或知不足以择师，或礼不足以致敬，或廉不足以示洁，皆不足任此职。倘一滥授，贻害不浅。

一、义馆岁延两师。一为经学，每年将田所入出学俸四十两，延请明师教授族中成材子弟，又请一蒙师教授族中蒙童句读，学俸则其父兄自出，此非有所厚薄于其间也，通族蒙童难以兼训故耳。且今日之蒙童即异日之成材，苟能发愤，不数年即入经学，是亦隐寓激励之意，族众尚其谅之。

一、义馆主讲断须文行兼优，可为子弟矜式。斋长不得视为故事，随便延师，以致荡费公项，贻误子弟。

一、子弟务宜早夜勤读，倘优游岁月，更或浮华放荡，不守学规，及其父兄溺爱不明者，该斋长查明，责子弟五板，罚父兄跪香。如仍蹈前辙，会族逐遣，庶知自警而成就可期。

一、义学田半为贫寒者设。倘有十分俊秀子弟，视其气宇文字果可大成，而贫不能具食用膏火[①]，应将公项量给银谷，俾一身无窘迫之虞，得以游心诗书，庶大成之器，不致湮于贫困。

一、各房有读书者，有不读书者，有读书多者，有读书少者，然总以玉成贤肖子弟为主，不得分有无多少，别生异议。

一、置义田。所捐银两、田亩有无多寡，各房不一。而既为义田，原以育材为心。凡入义学者，即前人未捐分毫，各房不得借为口实。

一、起馆酒席及迎送舆马之费，斋长不得浮开。但制不一时，事不一人，安知不生弊窦，定议每岁支销银贰两，不得妄增分毫。

一、子弟入泮者[②]，除各房贺礼外，仍于义田公项内助银拾两，而寒士加倍。其发科者助银五十两[③]，以为进京之费，发甲者亦助银五十两[④]。永为定制，族子弟其共勉之。

一、义馆虽建祠宇两旁，然既有义田，则修葺整盖，斋长须另支义田公项，不得概诿祠长，以致支用祭田。但所费多寡，亦须逐一登载。

一、每岁自支销外，所有赢余，其出入息利以二分为准，须登注清楚，以便期满交代。倘有亏欠，斋长赔补。

一、义学虽已置田三十亩，后有乐捐以及息利所积，更须置产广储，或增师傅膏火，或授子弟笔墨，或培补文风，及多购奇书，斟酌变通，务使执经辨疑者，至墙舍不能容。则不但春桃秋桂光我门闾，抑且孝友雍睦悉由是出，不患不为礼让之族矣。

选自[湘乡]《湘西岱山沈氏五修族谱》，清光绪十七年(1891)敦伦堂木活字本

---

①膏火：灯火。比喻求学的费用。

②入泮：古代学宫前有泮水，故称学校为泮宫。科举时代学童入学为生员称为“入泮”。

③发科：科举考试应试得中。

④发甲：科举考试，考中甲等。

桃源宋氏家训

源流：始迁祖万旸公，原籍江西南昌府丰城县枫岭云堆，明嘉靖间率子沔、琐客于桃源县南上坊村乾潭，派分上、下。上分者为三房讳登居乾潭，八房讳言居录溪，九房讳启居菉溪，分住武陵枫梓洞，皆琐公之后。下分者为一房讳祯居乾潭，分住武陵毛公坡、猫儿湖，二房讳祥居乾潭，分住郑家冲，五房讳祎居乾潭，七房讳褫居白羊坪，皆沔公之后。清嘉庆十九年(1814)建宗祠于南岩嘴。顺治七年(1650)创修草谱，光绪二十二年(1896)、1996 年续修。民国元勋宋教仁即该族裔孙。字派：万世玉良，德名起敦。孔道开儒业，宗教振奇文。濂洛昌理学，胤祚永洪勋。

旧家训十则

一、敦伦常。平等之说不可讲于家中。而居家讲平等，则无尊卑，无尊卑，则人伦灭，人伦灭则为禽兽矣。人为禽兽，何堪言哉！我族子孙宜示以孝弟之道，俾下不犯上，少不凌长，则伦常敦而道正矣。

一、睦宗族。宗族之属，支派虽分，而溯其初，则为兄弟、为父子。父子一再传而不亲，兄弟一再传而不翕①，岂天伦之有乎？今我族人之谊，即有亲疏远近之殊，而情则无亲疏远近之别。一体相视，有如骨肉，有如同胞，则亲睦之风勿坠矣。

一、务本业。自海禁开而商道通，世之逐末者多矣。我宋氏世业耕读，凡有子弟不事诗书，则习锄犁，总无失乎本业。否则游荡无归，将不知稼穑之艰难，则挥金如土，而家未有不立见其败者也。我族之人宜急务之。

一、崇节俭。千金之家，祖父成之每不足，子孙败之为有余，其故何

---

①翕(xī)：合，聚，和顺。

哉？盖财有限也，费无穷也。以有限之财，供无穷之费，若不节俭，则财未有不匮而家未有不贫者也。我族人之治家毋浪费，毋浮华，一归之于节俭而已也。

一、谨丧祭。人子有百年未尽之心，父母无百年不敝之神。苟非慎终追远，则罔极之深恩何以报于万一。试为人子计，必也丧尽其礼，祭尽其诚，如是而已。我族子孙其毋忽诸。

一、急国课。君主无事之日，国赋尚不可缓，况共和既成，需课尤亟。若不作速输将，则奉公怠缓，非公民之良也。我族有国课之责者及早完之，慎勿拖抗，致败名誉。

一、慎婚嫁。男女婚嫁所关最大。人伦之要，王化之休①，皆从此出焉。一或不慎，则人伦因而坏者有之，王化因而阻者有之。此非男女之过，抑亦父母之咎也。我族为父母者，男可婚则婚，女可嫁则嫁，以时行之，以礼将之，慎勿徒了子平之愿②。

一、择交游。人有贤奸良莠之不同，倘尽人而与之交，尽人而与之游，则所交游者或非贤良，而为奸为莠，相与往来，晋接久之，行习坏而名誉败矣，将何以堪。凡我族人，毋苟为结纳，必择其人之心术正、趋向端，可与交游者而后交游之，则劝善规过，斯有益而无损矣。

一、和乡里。地近则衅隙易开，人狎则嫌疑易起。至衅隙开、嫌疑起，则纷争斗讼于以兴。此无他，不和之故也。我族人宜以情洽之、礼接之，则乡里和协，而何有于纷争，又何有于斗讼。

一、戒玩法。国家立法，所以威不轨而昭文德也。世之无赖者，不以法重而不为非，反以法轻而敢为恶。究之有罪逃刑，兄弟株连，父母为戮，忧何如也。我族人戒之！戒之！咸守法而不犯法，咸畏法而不玩法，则祖宗幸矣，家长福焉。

选自［桃源］《宋教仁家族志》，1996 年铅印本

①王化：天子的德化。

②子平之愿：典出东汉隐士向长，字子平，为子女嫁娶毕，不复理家事。

长沙张氏家训

源流：始祖宋时汝明公，字祖舜，世居江西庐陵，后徙南昌府丰城县。始迁祖宗可公，字世亲，因元末兵乱而偕弟宗道率子侄避居长沙柘冲，宗道公于明洪武初年徙居浏阳。宗可公就近欧塘冲、师姑源、石塘等处置业，遂世为长沙人，至三派祖荣政公，爱赤山山水之胜而卜居于此。明万历十二年(1584)始修族谱，1915年七修。派序：(自二十一世起)孝友之德，克绍乃先，声振国家，光汝学业。

御亭公家训十条

一、孝行家法，以孝为先。为子若孙者，无论贫富，不可忤逆父母及祖父母。能孝父母、祖父母，自必妻子合，兄弟和。推之通族伯叔子侄，岂有不协之理？

一、读书家法。无论贫富，先须教子读书。其能读书者，自必入学上进，光耀门间。即不能读书者，识几个字，亦晓得三纲五常，亘古亘今，不可磨灭的。

一、耕田家法。无论贫富，以耕种为本。有得几石田的，须督率家人去耕，除完钱粮外，多留几石谷，亦是穷人的靠望。即写他人田种的，不免吃些亏苦。除完租谷外，少买少吃，自然多存几个月口粮。恁他吃酒吃肉，我也不愁个饥着。

一、勤俭家法。无论贫富，以勤俭为宝。倘有余钱剩米，不可偷闲度日，亦不可逞势滥费。即贫而无靠者，亦须努力撑持，粗饭补袄过日子。请看世间勤俭的骇汉子①，尽多饱食暖衣的人。

①骇(ái)：傻，此处指纯朴。

一、忍耐家法。无论贫富，须忍耐为好。唐朝公艺《百忍图》将“忍”的事都说尽了。吾族子孙，把《百忍图》稳记心胸，满门自是太和元气了。忍得些气性，忍得些言语，忍得些恼恨，不知省却几多的事。

一、谦德家法。无论贫富，须谦让为好。让贤让贵，让老让尊，都是公共的道理。倘一步不让人，一言不让人，一毫不让人，小则喉干舌咋，大则摩拳擦掌，莫不由此。试看那能让的人，谁个在他头上说个不是的？

一、闺范家法。无论贫富，男治其外，尤须女治其内。人家兄弟相伤，都由叔妇伯母不和起。当媳妇初嫁来时，一切俱教以正。些小的语言，做翁姑的要装成个痴聋子，倘有错失，不可单听一个的话。甘苦与共，勤劳与分，叔嫂不得通问，男女不得杂沓。久之习熟家规，内里既无恶怨头的事，外前亦无风声的丑名。

一、品行家法。无论贫富，立品为先。凡士农工商，莫不有个品行。衣冠整饬，语言谨慎，步履端方，都是立品的事。倘有抛头露面，颠倒是非，行止乖张，做出那乏白营生的事，都是指他背脊骨，说他不修品行的。

一、廉耻家法。无论贫富，须当爱惜廉耻。富者须要饶人，若不顾名义，做出那刮骨削髓的事，眼前虽叫财主，断定不久长的。贫者须要顾身，若做出那鼠窃狗偷的事，舍命贪财，虽饱得一时的口腹，终是没廉耻做人不起的。

一、尊卑大小家法。无论贫富尊卑大小，俱要截然整齐。在卑者不可侮尊，在小者不可加大。即在尊者亦不得傲卑，在大者亦不得压小。满门之内，礼法森严。即有力者养得几个奴婢，他见你循规蹈矩，那敢有干犯在上的事。吾家七派祖讳大银者，白按院特来微访，忽见一婢女带个孩子出来，大银公就起身站了。按院问是谁，答曰：“此小叔也。”后到郡中，说他是个有礼义的人，后来子孙必定蕃衍昌大。凡我族姓，不必远有所法，就把大银公做个榜样可也。

以上家训十条，语固质朴，意则肫恳①。凡我族姓，能遵这十条做人的，自然人丁昌盛，家道兴隆，买田置业，子贵孙贤，通族的人莫不尊

---

①肫（zhūn）恳：诚厚恳挚。

敬他，莫不钦仰他。倘不遵条款做人，无论贵贱贫富，小则公议责惩，大则殄宗殒命，恁他亲父兄、亲房长，都庇护他不得的。幸际国泰民安，愿吾家通族子孙，父慈子孝，兄友弟恭，夫倡妇随，同享这个升平时的日子。

家训补(计十四条)

一、父母宜孝也。为人之道，以孝为先。孝之大本，曰敬、曰爱、曰养。善事父母者，愉色柔声，先意承志，不使父母有烦恼心，有忧愁心。凡家境富饶，父母安处无事之时，克尽子道者，此常分耳。要在困苦艰难、颠沛流离之际，而能尽心竭力，周旋委曲，不失其常者，尤为笃孝。至于前后嫡庶之间，父母或有偏向，每易生嫌怨。为子者果能愈加敬爱，不偏听妻子之言，总见自己有不是处，日复一日，自得父母欢心。若父母有过，务宜和柔以谏，不可直言抵触，以逆其气。谏若不入，仍当起敬起孝，方不失人子深爱之心。

一、兄弟宜爱也。兄弟同受形于父母，虽生有先后，其初只是一人之身，所谓骨肉至亲也。人惟不知此理，故悖逆天性，生虽同胞，情犹胡越，尚足以为人乎？语云："世间最难得者兄弟。"凡为兄者宜友，为弟者宜恭。勿因言语伤和气，勿因财产起争端。同居原是好事，或不得已分析①，仍当式好无尤，以笃手足之谊。他如至亲尊长，言语必顺，饮食必让，坐立必居下，步趋必徐行，皆所以明弟道也。

一、家风宜正也。男正位乎外，女正位乎内，圣有明训，君子取法乎此，其闺门未有不严肃者。虽贫寒之家，如馌耕②、采桑、摘茶之类，势所不免，而清白家风，仍不可坏。若尊卑失序，内外不和，目前境遇虽佳，其败家可立待也。惟能甘苦与共，勤劳与分，不存姑息以纵子孙，不蓄货财以私妻子。昏嫁丧祭，事虽从俗，礼必从宜。凡一切左道惑众者流，均勿令其来往，而后庶乎家风可正也。

---

①分析：此处指分家。

②馌(yè)耕：为耕作者送饭。

一、宗族宜睦也。睦族之要，一曰尊尊，凡名分属尊者，则恭敬退让，不敢触犯。二曰老老，凡分虽居卑，而年齿迈众者，则扶持保护，待以高年之礼。三曰贤贤，凡有德行品望者，乃本宗桢干，事可效法，忘年忘分以敬之。四曰恤孤寡。孤者，幼而无父；寡者，青年守节，穷而无告[①]，最被人欺。王政尚以此为先，况是同族人乎？贫者恤以口头方便，富者恤以衣食钱财，尽吾心，量吾力焉可也。至于义学、义田、义仓、义山等事，教养同族穷人，使生死无失其所，皆族中殷实所当兴者。范文正公有言曰："宗族于我，固有亲疏，而自祖宗视之，则均是子孙，固无分乎亲疏。"若不体祖宗均爱之心，是为得罪祖宗，不孝孰大焉？葛藟犹能庇其本根，可以人而不如草木乎？

一、修身宜急也。圣贤之教人，大半以修身为本。而修身之法，不外尽人伦、敦品行、存谦让、养廉耻、言语必谨、居处必恭、迁善改过，守本安分诸大端。而其用功处，则在先立志以端其趋向，存心以葆其天真，勉而行之，终身不辱。

一、读书宜重也。士子读书，以德行为本，文艺为末。"四书""五经"是古圣贤帝王教天下万世做人的方法，果能熟读深思，躬行实践，则修齐治平之理，自然得之于心，行之于事，所谓通经致用也。苟不身体力行，或名节有亏，或心术不正，虽读破万卷，终不免为名教罪人，此又学者所当知也。至学校分等限年，毕业各有定章。其愿为士者，固应入校读书，即不能读书者，为童子时，亦应多读几年，自有无穷受用。

一、正业宜务也。古者务农为重，自欧美风气输入中国，而工商之业日形发达。身既列于农工商贾，苟不专心致志，势必业荒于嬉，少不努力，老大徒悲，是谁之咎欤？人能各安生理，不作非为，农者尽为农之道，工者尽为工之道，商贾尽为商贾之道，乐其乐而利其利，衣食足则礼义兴矣。至若为道士，为差役，为优人，为宰夫，业皆不正，宜禁之。

一、勤劳宜习也。《传》曰："民生在勤，勤则不匮。"可见家道无论贫富，惟勤可以兴隆。田宅虽多，仍要振刷精神，不可偷闲度日。若贫而

① 无告：有疾苦而无处诉说。

无靠，尤宜及时努力，以为门户争光。推之在官、当兵以及游幕等类，亦必勤于公务，而后有始有终，不至因公受过。每见青年子弟，非无才力聪明，而怠惰自甘，后遂流为乞丐，良可概已。

一、俭约宜崇也。俭之一事，其益有三：知足无求于人，可以养廉；减我身心之奉，以周极苦之人，可以积德；忍不足于目前，留有余于他日，可以福后。无奈豪华之子穷奢极欲，不顾先人创业艰难，迨至家产荡尽，悔已晚矣。曾亦思时局如斯，百货昂贵，虽省之又省，犹恐日用难敷，尚何敢逞势滥费乎？惟能于昏丧应酬等事，量力有无，操心筹算，不伤财，亦不废礼，斯为俭约合乎其中。

一、为善宜真也。《易》曰："积善之家，必有余庆。"《书》曰："作善，降之百祥。"《诗》曰："自求多福。"可见积善在身，感应原自不爽。特难为善欲人见，不是真善者道耳。吾人受命于天，生来之福有限，积来之福无穷。阴功百万，要以救人为第一。虽以天下之大，万不能人人而济，而于目之所见，耳之所闻，情之所联，谊之所属者，苟能量我之力，用情推爱，即是为善之方。若必待有余而后为善，恐终无为善之日耳。

一、淫欲宜遏也。《书》曰："天道福善祸淫。"语云："万恶淫为首。"世有恬不知罪而敢于身蹈者，有明知其罪而不能自禁者。年少之人，尤易干犯，以为奇缘凑合，跌宕风流，而不知图片刻之欢娱，贻终身之丑厉，坏他人之名节，丧自己之功修。甚至牢落困穷，覆宗绝嗣，妻妾女媳，玷辱家门，报应昭彰，甚为可畏。愿未犯者，严防失足，已犯者，及早回头也。

一、赌博宜禁也。赌之害人，无论输赢不可必。纵令终日赢钱，而不义之财，理无久享。况沉沦赌博，虽至亲好友同场，俨如仇敌，只愿自己之赢，遑顾他人之输乎？是谓坏心术。赌博无分贵贱，虽极下流，皆为同辈，一言不合，辄以欺侮相加，是谓丧品行。赌输过甚，负债难偿，计屈势穷，常有一死塞责者，是谓轻性命。一家有赌，父子博，兄弟博，妻妾博，奴仆博，男女杂沓，难免不酿淫风，是谓失家教。始而气豪，则挥金如土，终以情急，则借贷无门，衣裳因赌典尽，田宅因赌鬻完，是谓荡家产。赌博之罪，律有明条，轻则罚款，重则徒流，是谓犯国法。窃愿好赌者猛然大悟，痛改前非，庶不为赌所害。

一、非为宜戒也。孟子曰："人有不为也，而后可以有为。"若无所不为，其人必不足道。即如异端邪说，皆足以惑世而害人。更有一种不法之徒，或为窃贼，或为强盗，或入会匪，或入乱党，谋财害命，实为天地所不容。一旦因事发觉逃匿，则家人牵累，获案则照律受刑，所谓自作孽不可逭也①。我族人各宜父诫其子，兄勉其弟，免至为非作恶，玷辱祖先。

一、争讼宜息也。朱柏庐曰："居家戒争讼，讼则终凶。"盖讼事一出，要规费，要歇保，有拖累，有牵连。若造机关，尤坏心术。理直犹虞被屈，理曲到底吃亏。或受罚，或受刑，皆由一念之客气所致，忘身破产不已，后悔无及乎。谚云："忍得一时之气，免得百日之忧。"忍让几分，自有几分好处。如事出万不得已，亦宜从直告诉，可转弯处仍转弯，总以作速了结为好。

选自[长沙]《赤山张氏谱》，1915 年木活字本

①逭（huàn）：逃避。

湘乡陈氏家训

源流：始祖伯万公，长子元和世居新化。至十九派复九公，明宣德初年由新化鹅塘迁居湘乡荆溪黄塘。族谱始修于清乾隆十三年(1748)，道光十四年(1834)、光绪九年(1883)、1932年、1998年、2014年续修。乾隆四十一年(1776)创建宗祠。班行：伯万再兴，澜玉淙定，廷举惟光，士习其永，卜代年嘉，克康祖命，世守大方，时逢亨运。

旧家训十劝

一、劝孝父母

劝族宜孝亲，百行此为原。终身敦孺慕①，莫忘罔极恩。生事当竭力，送死须慎终。葬祭毋悠忽，尽礼尤尽情。在昔尼山训，殷勤作《孝经》。闻雷泣墓子，至爱发天真。谁欤无至爱，夫岂惟古人。毋于百年后，徒伤风木心。人生苟不孝，禽兽更何分。试看屋檐水，点滴甚分明。

一、劝和兄弟

劝族兄弟际，亲亲念同气。毋听妻子言，毋伤手足谊。勿为阋墙变，勿争财与利。钱米可再求，骨肉分难聚。在昔苏琼言，闻者皆涕泪。明皇花萼楼，姜家同大被。鹡鸰悲在原，急难思相济。兄友则弟恭，和好兴家计。纵使他不仁，莫为我不义。式好无相尤，族众切须记。

一、劝睦族人

劝族宜敦睦，水源与本木。试看枝与派，根原可同溯。亲疏虽有殊，祖宗无厚薄。每见世间人，纷纷争口角。多因小忿起，遂尔讼旋作。独不思范公，义田恤落魄。张公九世居，百忍顾何若。即我义门人，七

①孺慕：指幼童之爱慕父母。

百犹同乐。犬亦为之化,断无鼠与雀[①]。殷勤觉后人,宜将古人学。

一、劝训子弟

劝族训子孙,前人传后人。子弟率不谨,责在父与兄。劳以成其爱,中也养不中。贻谋兼式谷[②],胜积产和金。庞公遗安法,公绰治家风。堂前勤课读,厥后自兴隆。延师宜重道,训子莫辞贫。或有愚顽者,令知稼穑勤。放纵多败子,严督自亢宗[③]。诰教能无懈,成就定无垠。

一、劝务本业

劝族务本业,本业非虚设。青年芸窗下,休得虚岁月。非徒取功名,亦以造有德。其有力田者,衣食欲无缺。东作能及时[④],西成方有获[⑤]。商贾及百工,各尔身家切。勤勤念身家,身家何所迫。每见惰游人,老大无收结。惟愿我族人,手足莫休歇。凡事不辞劳,功从难处得。

一、劝安本分

劝族宜安分,贫富皆天定。产业有分疆,岂得人吞并。莫学恃强人,无故相侵混。千年百易主,何须苦争论。凡物非我有,妄取抑何忍。一毫不妄求,本分乃其准。若恃财和势,家业反累讼。是非有公道,不必逞强忍。人或欺凌我,宽恕以惩忿。族能循谨厚,足令人钦重。

一、劝敦品行

劝族敦品行,正大以立身。谁无仁义质,多应检闲循。切莫交匪类,尤宜学正人。每见奸邪辈,辱贱令人轻。心术从兹坏,举止尽不经。丈夫知守己,当与天日同。关西辞暮馈,伯玉慎冥冥。君子与小人,品汇自分明。失足千古恨,正己百为尊。惟期吾族党,各自重声名。

---

①鼠与雀:比喻因小事而发生争讼。

②式谷:赐以福禄。

③亢宗:庇护宗族,光耀门庭。

④东作:春耕,泛指农事。

⑤西成:秋天庄稼已熟,农事告成。

一、劝戒奢华

劝族莫奢华，淡薄可安家。石崇与王恺，骄淫斗锦纱。金银堆似斗，转眼尽虚花。世间浪荡子，裘马向人夸。岂知财有尽，终若浪推沙。王通服俭洁，高氏食葡瓜。古人非鄙吝，惜福福还赊。当用固莫惜，俭德可忘耶？兴衰如转毂①，守约定无差。勤劳而节用，免使后来嗟。

一、劝勿嫖赌

劝族勿奸乱，十恶淫为首。谁家无闺门，中构言之丑②。奸人女与妻，报复终须有。一朝经败露，何以见朋友。祸患不可言，名败家摧朽。更劝族勿赌，赌场同孤掳。若贪骰宝牌，何殊入网罟③。耗财兼荡产，羞辱及宗祖。古今倾败者，历历皆可数。垂兹为永戒，能遵无困苦。

一、劝守家规

劝族守家规，礼法岂容违。前曾明禁戒，事事用昭垂。各房立有长，秉正定是非。宜惩横逆性，毋学盗贼为。患难相顾护，喜庆共扶持。难可分人我，不得乱尊卑。颜氏训堪凛，宗谔范可师。尤有各条例，服图律科稽④。一一能循守，家纲幸不隳。吾今作十劝，粗浅莫言诗。

选自［湘乡］《黄塘陈氏重修族谱》，清道光十四年(1834)介福堂木活字本

---

①转毂：飞转的车轮。比喻迅速。

②构言：进谗言诬陷。

③网罟(gǔ)：指法网。

④律科：法律条文。

湘乡易氏家训

源流：始祖亮公。亮公长子欢公之孙四十三郎生二子：麒、麟。麟公于宋绍兴年间由宁乡迁居湘乡，抚麒公之子晚郎为嗣。四传至元时炎正公，徙居湘乡大平。六传至秀公开派后圫，析为纶、纪、经、宪四房。清康熙十二年(1673)建宗祠于湘乡马头岭。族谱始修于康熙二十二年(1683)，雍正二年(1724)续修。以炎正公为大平一世祖，字派：祖昌祚大，盛德维新，秉礼守义，作述斯征，行业慕孔，心传在曾，懋尔家修，利于国宾，锡命笃祜，永世克绳。

易氏家训(节选)

尝读颜氏家训，柳氏诫条，何伦之家规，士晋之宗规，窃叹古人之垂裕后昆①，其叮咛告诫之意，至详且悉。我族先人屡著明训，如山斋公之根本论，内美公之家训，皇皇巨制，训迪殷勤，闻者莫不兴起。凡我族众固宜恪遵世守，敬听而勿敢忘。兹因重列规条十则，分类而申谕之。尚冀宗人凛遵诚信，崇砺善行，而父严其子，兄勉其弟，共为乡党之善人，家庭之肖子。实深厚望，幸勿视为虚文故事，空言无补，则所幸甚。

一、敦行孝敬

人生百行，孝道为原。乾父坤母，体重地天。生有自来，务本溯源。鞠育顾复，恩莫大焉。服劳奉养，承在意先。温清定省，经训明言。生事葬丧，礼所当虔。伦常乖舛，余何观焉。

人之生也，受气于父，成形于母，身体发肤无非父母之遗。而幼而提携顾复，跬步不离，推干就湿，寝食俱废。长而教读婚娶，谋生计，护

①垂裕：为后人留下业绩或名声。后昆：后代子孙。

疾恙，勤劳恩爱，备至周详。《诗》曰："欲报之德，昊天罔极。"诚哉是言也。为人子者，当思身从何来，吾身者即父母之身也。凡声色、货利、妻子、仕宦，皆身外物耳。使无父母，身尚不有，何有于身外之物哉？昔贤曰："孝弟也者，其为仁之本与。"本实先拨，外此无足观矣。我易氏孝友传家，伦常笃厚，如巨粟呈祥，玉芝献瑞，苗竺传代父之芳，株山纪负姑之义，以及内美公之纯孝，公申公之世孝，凤冈公之孝友，祖泽辉煌，昭昭在人耳目。凡我族众务必克绍前徽[①]，而世济其美，是所厚望。

一、笃重友于

手足亲爱，谊笃天伦。同胞共乳，骨肉恩情。一气相感，爱敬当伸。推梨让枣，隅坐徐行。同条共干，脉理相亲。池塘春草，寤寐神通。金坛雷雨，古圣芳型。本根不务，外何足论。

兄弟犹手足也，一肢废而一身残。骨肉之相亲，恩情之最厚者，固莫兄弟若也。"凡今之人，莫如兄弟""岂无他人，不与同父"，载颂篇章，殊足深长思矣。窃怪世之人广交游，联朋党，结盟连社，誓死不忘。而于同胞共乳之弟昆反视同秦越，其为倒行逆施无论矣。抑思天伦之雅，本一气之相感者，尚复如是，而外来之强合者，尤足相胜耶？盖亦不思之甚矣。然究其故，皆偏听枕边之言，私妻子而忘大义，或因田产细故之隙，重财利而昧本根，甚或同室操戈，阋墙生变，卒至外侮。古之荆苑兆瑞，春草传神，桃李叙春园之乐，风雨怀对床之谊。古训芳规，昭垂典册。凡我族人，尚其则效。

一、和睦族里

本枝必固，桑梓必恭。敬老慈幼，和顺积中。枝脉虽别，根气原同。亲疏何异，房分何分。相友相助，井里邻封。乡傩礼重，社酒春浓。四海兄弟，民物包容。忠信笃敬，蛮貊能行。

一乡之人，姓氏虽殊，在国家视之皆同胞也。推其情，固一境之所生，聚而亲邻也。四海之内皆兄弟，君子当以民胞物与为怀。凡蚩蚩氓氓，何莫非手足兄弟，况同宗之人本一气之相感者，同里之人咸朝夕之

---

①前徽：前人美好的德行。

与居者，尚何彼此之见存，而不敦雍睦之道哉？近以世风不古，人情每不务其大而思其远，宗族间辄以分房分支为心，各挟意见而不睦乡党，中辄以上村下村为判，互相攻讦以为能，甚或挟富贵而凌贫贱，恃智强而欺愚弱，其于裒多益寡①，入孝出弟之旨邈不讲求，亦甚非君子之道也。凡我族人尚其深味之。

一、崇尚诗书

圣贤立教，启瞶振聋。勤学奋志，其味无穷。心开茅塞，理义明通。气质变化，德性陶镕。富读五车，坐拥百城。经史子集，博引旁征。囊萤映雪，苦志勤攻。扶轮承盖，大雅儒宗。

读书讲学非为科名计也，不读书则正路蓁芜，耳目蔽塞，前言往行，惘然一无所知，识见必不广，义理必不明，身心无所检束，以致不学无术、刚愎自用。或亵越伦常，或违逾礼义，干犯刑罚而不知，得罪名教而不悟，故人无论智愚贫富，悉宜力学。自小学、《孝经》、四书、五经而外，凡《周易》《仪礼》《尔雅》、史传、典坟、丘索以及诸子百家，务博览详究以扩见闻。近见家业颇饶者，辄放逸怠惰，日逐于声色货利中，无儒雅气象。而家计维艰者，又往往半途坐废，为境所累，独不思囊萤映雪，负薪挂角，自古贤豪功业彪炳天壤，何莫非奋志诗书所由来哉？有志者事竟成，是所望于贤子弟焉。

一、务勤耕织

王道之本，首重农桑。男耕妇织，不易经常。稼穑维宝，衣服成章。曾孙庆祝，乃求仓箱。跂彼织女，终日七襄。矧尔士女，饱暖思防。劳逸著论，古有敬姜。力田明训，诰诫煌煌。

王道首重农桑，古天子耕籍田，王后织元𬘘，所以教民勤也。夫人不食则饥，不衣则寒，布帛菽粟乃所以养生而蔽体者，可不重与？盖衣食足而礼义兴，饥寒迫则廉耻丧。抑思其不饥不寒而足衣足食者，其故何哉？亦曰勤而已矣。一生之计在于勤，诚使为农者，披星戴月，胼手

① 裒（póu）多益寡：减多余以补不足。

胝足[1]，使三时以无害，必见其百谷成而仓箱储，余三余九，足以为仰事俯畜之资矣。《尚书》传《无逸》之篇，《诗经》纪《豳风》之什，大家垂《女诫》之文，敬姜著劳逸之论。凡我族众，尚其勉之。

一、培养心地

天地好生，阴骘下民。仁人利溥，善士心亨。积善余庆，德大用宏。逆凶惠吉，经训昭明。磁能引针，气感斯通。祸福自召，如影随形。福田广植，子种孙耕。多行方便，百福骈臻[2]。

近见世之读书谈道者，辄鄙因果报应之说为虚无诞妄而不足信，肆意放行，以奸巧为精明，以苛刻为俭约，以横暴为高明，以荼毒为果敢，以忍心残害为公正。一本九族，恩意凉薄，邻里亲戚全不通融，行母子利，算穷毫末，如此等类，种种不一。而或者持斋念佛，朝斗奉真，装修神院，舍施僧道，以此为行善，可以获福，广建道场，可以忏悔，不知此皆积恶之端，无益之举。夫神，聪明正直而一者也，其所凭依在德，赏善罚恶，捷如影响，岂可以幸徼而致哉？盖祸福无门，为人自召，人苟能修身砺行，存心养性，含蓄其德量，则善缘即种，福庆自至矣。人若昧心反性，多行不善，则戾气所召而乖气应之矣。凡我族众，务宜戒欺求慊[3]，各保天良，多行善事，广积阴功，他日孝子慈孙自必克炽克昌矣。

选自《湘乡大平易氏七房谱》，1933 年友于堂木活字本

①胼(pián)手胝(zhī)足：手脚磨起老茧。指辛勤劳动。

②骈臻：一并到来。

③慊：快意，满意。

邵阳罗氏家训

源流：始迁祖子辅、子发、子举兄弟，原籍江西吉安。宋末子发聚义兵佐文天祥扶宋抗元，兵败隐籍衡阳；子辅徙迁衡阳东山江，继徙衡邵交界之大云山麓，俄见白色鹿群，认为吉祥如意之兆，遂定居于此，即今邵东灵官殿石井、新星、金星、双桂、富家村等处，号称“白鹿罗氏”。至1948年，已传25代，人丁1.1万人。清康熙二十一年（1682）始修族谱。

家训（节选）

宗法废而谱法兴，谱所以维持族类也。维持族类，最重在教。《传》曰：“君子不出家而成教于国。”正惟一家有教，一国观感，相习成风，而仁让兴焉矣。故居今日而欲陋习丕变，则家训尚焉。

善谎必假于真，善谀必假于诤，善贪必假于廉，善深必假于浅。为文以艰深文浅陋者，为人且以浅陋文艰深也。

积劳可以当病，积惧可以当灾。能常病者无卒死，能受挫者无终败。

不经疾病，不知健时之康也。不历患难，不知平时之福也。不跋涉泥淖，不知除道者之功也。不阻绝津梁，不知济航者之德也。不设身处地，不知人之有不得已也。不知人论世，不知事之有不得不然也。不临文受窘，不知平日学问之优悠也。不临穷遇报，不知随事种德之利益也。

人于极喜极怒之言，多不由本心，故君子不恃人之喜，不藏人之怒。

不强人便是恕，不自恕便是强，此之谓强恕也。以理缚欲，如虎缚翼，慎之哉！

心有拘束，则反安舒。常怀不足，则有余。

常自谓性直，必粗躁，暴戾之气未除也。自谓性朴，必鄙野，苟且之气未除也。自谓不好事，必怠惰，昏散之气未除也。自谓守理，必执拗，矫僻之气未除也。人性各有一弊，而皆取其似美者以自慰，此之谓自欺。

存心处事，当与古人较得失，不可与今人较得失。临深为高，小善易足。

生意之人，或开店，或行商，俱要早起晚睡，不可偷安。语云："不将辛苦意，难取世间财。"

居家要俭，当念钱财非易。衣服饮食，惟期适口充身，不可浪费。少有所蓄，庶可以备荒年。

钱财丰盈，千仓万箱，不过属你管辖，不可看作万年不拔之基。若遇好事不做，遇贫难不施，不过一守财虏耳。或者博施济众，上天鉴之，必永享富厚也。

居心不可刻薄。天地长养万物，只是一个仁，仁则并包无外。今人当处处以仁存心，所见所行所言自无暴戾之习，纯是一团蔼然和气，福慧油然而生，为子孙不知存了多少地步，自家那里觉得。

人贵立志。志非大言不惭之谓，乃念念向上一等做去。譬如我志在富，则当勤俭以致之。所趋者在那一等，自然所得者即在那一等，所谓有志者事竟成也。

一善在身，幼而行之，长而不之舍也，善将自其身以及诸人，以及其子孙。一不善在身，幼而行之，长而弗之改也，不善将自其身以及诸人，以及其子孙。慎之哉！以己之所能愧人，以己之所不能病人，轻绝贫贱，而重绝富贵，小人之情状也。执此以衡人，不蹈其失者，罕矣。

不善人胸中必显有所恃，而默有所怯。破其所恃，慑其所怯，不敢不服。然不如释其所蔽，见理明透，自无恶念。

终日远视，不见常理。终日渺思，不辨常事。

植木一年，折于一息，倘耐此一息，千百年矣。惟千百年刻刻有此一息，故恐惧是刚毅。

庸人以礼为耻。见兄肃起，见长随行，礼也，而愚者耻之。

莫谓神明当敬也，敬神明莫如敬心。莫谓此心可欺也，欺此心即是欺天。心存正直，天知神敬。心存欺诈，鬼祸灾生。从古欺心做坏人者，曾有几个到头？

不可结怨于人。人之最难忘者，感恩、积憾二端。施恩于人，尚有忘者。积恨于人，则透人骨髓，鲜有不思报者。所以吾人处世，当存一宽大之念，不独驭事留其有余，就是言语之间也不可过。我出于一时无心，而人积为终身之怨阶矣。

凡事不可做尽。人力不逮于我，我不可穷人之力。人势不及于我，我不可使尽其势。即语言之间，不妨让人一句，略得便宜，抽身便转，讨了许多受用。

饥寒所逼，虽志士未免求人，但求之有道。患难所临，即圣人亦有死地，顾死之有名。

贫贱时，眼中不着富贵，他日得志必不骄。富贵时，意中不忘贫贱，一日退休必不怨。

人虽至愚，责人则明。虽有聪明，恕己则昏。以责人之心责己，恕己之心恕人，不患不到圣贤地位也。

人者，天地之心，主张天地，斡旋化育。人实有其才能，天地并不限量我也。只因自家见不得，所以自家信不过，不能立志，以至暴弃。

士君子尽心利济，使海内人少他不得，则天地亦少他不得，即此便是立命。

人生食用不可求精，居处不可求安。盖平常无事，尚是易为。若当疾病患难，稍不如意，倍增苦恼矣。

俗情浓艳处淡得下，俗情苦恼处耐得下，俗情劳扰处闲得下，俗情牵绊处斩得下，斯皆学问得力处。

君子之家，十不至门：斥异术，僧道不至其门；不惑于星命术士，妄言祸福者不至其门；终身让畔，讼师不至其门；薄滋味，酒肉之徒不至其门;辞尚体要,存诡遇之心以弋获者不至其门[1];惜分阴,无荒日月,牧猪奴戏者不至其门;勤且俭,索逋者不至其门;早完课,催租人不至其门;绝声色,戒嬉游,酣歌恒舞者不至其门;率本性,凡趋炎热、干势利者不至其门。

见遗金于旷途,遇艳妇于私室,闻仇人于垂毙,好一块试金石。

一坐之中有好以言弹射人者,吾宜端坐沉默以销之,此之谓不言之教。

至新丧之家,不可剧谈大笑。对新丧之子,不可亵狎戏谑。凡亲友有变,及词讼、疾病不测之事,不可嘻嘻膜视[2],恐近于幸灾乐祸矣。

对失意人,不谈得意事。处得意日,莫忘失意时。

选自[邵阳]《邵陵白鹿罗氏五修族谱》,1913 年双桂堂木活字本

①诡遇:本指打猎时不按规矩追杀猎物。比喻不以正道追求名利。
②膜视:轻视。

邵阳金氏家训

源流：始祖魁公，江苏南京人，宋治平元年（1064）任宝庆府教授，定居邵阳青龙桥，称“桥头金氏”。传至七世孙来旺公，授官黎平府伍开卫云骑尉，明永乐二年（1404）朝廷解黎平府伍开卫，命官兵屯田自给。来旺公之孙荣即归乡未返；另一孙鉴则随七十二户来宝庆梅邑松山坪落业。族谱始修于清乾隆十四年（1749），嘉庆十六年（1811）、光绪三十二年（1906）、1942年、1990年续修。派语：国世明天作，文谟治盛隆，孝友承先志，诗书启后昆。

家训（节选）

一曰端品行。人之赋质，虽智愚不齐，为好人，行好事，自我而已。敬与慎，传家之本，当绍祖父箕裘；忠与厚，贻谋之远，须看儿孙分上。毋利己损人而自谓便宜，毋暗箭中人而自鸣得意，毋倚势凌人而弱肉强食，毋有心通债以倾人之产①，毋纵意妄谈因架人之非。佩服诗书者，固必求为端士，无使虎而翼，更无出入公庭，有玷行止。即家居食力，要当存心做正径人，不至闻者寒心，言者唾骂可也。一行既败，百行莫赎；一言既虚，千言可疑；一身既失，万事瓦裂。可不慎与？

一曰尚诵读。父兄之教，稽古为先，耽酣今古则不愚，被服诗书则不俗②，密迩圣训则志行日高。匪徒掇取青紫，为族里荣宠已也。使概不读书，则贫者无以守其贫，富者无以保其富。居家无礼，处世无道，能绵其世泽者，寡矣。吾家前辈实之、其章诸公，晦日、元旦不废吟哦，散

---

①通债：索债。

②被服：比喻亲身体会实行。

步闲行，犹勤推敲，故志虽未酬，卓然名儒，岂可作辍了事，掩耳盗铃哉！盖读书变化气质，陶镕德性，其获正自多耳。

一曰保身家。身家之计，俯仰所资，非可漫不经意也。或承祖父遗业，当思竭力撑持。或值时命乖舛，要当苦心经营。又非逐利如鹜，一毛不拔也。居家饮食必节，服饰崇俭，器用尚素。其有吉凶事件，犹当称家有无，不必侈张门面，浪使金钱，庶身可永康，家可长保矣。

右训十条，各思自治，作福作灾，皆由于己。反躬内讼，负疚多矣。家谱既纂，厥训宜起，凡我宗人，愿与更始，奕祀子孙，世守勿已。

家规(节选)

一、戒荡赌赛。赌博系国法严禁，而罔上行私之徒，或演戏诱赌，或开场聚众。人家子弟，一入迷阵，家产荡尽，形同乞丐而不悟，可哀亦复可憎。至放标拜把，结匪窝盗，尤为败家辱宗。族中如有此类不法之徒，房长禀明族长，集众责惩，令其改过自新。其不悛者，送上究治。有容匿者，罪坐房长及父兄。

一、戒溺燕交。温恭直谅之友，必德业相劝，过失相规，不欲人陷于非僻。狂懆惰慢之徒，博弈饮酒，长傲饰非，导人以骄奢淫荡之事，诱人以贪财黩货之谋①，冥顽无耻，煽惑鼓簧，陷害子弟不少。盖中人之质，可上可下，近见有醇厚老成，忽而轻儇漂荡②，皆由小人导之也。古人云："子弟宁可终岁不读书，不可一日近匪人。"言之痛切，各宜留心。

一、戒习轻薄。生当今世，一言不可妄出，一动不可轻举。而举世轻薄，习为故常。闻人之善，辄生嫉忌。闻人之恶，喜相传诵。甚且捕风捉影，无中生有。又或造作歌谣，传递于众，一遇贫窭可欺之人，三五成群，媒孽其短③，以为戏谑。更有妄谈官府之得失，人家之长短，闺门之隐微，随意诙谐，习为恶态。此等行止，皆足以危身祸家，损德裂名，

①黩货：贪污纳贿。

②轻儇：轻佻，不庄重。

③媒孽：酒母。比喻借端诬罔构陷，酿成其罪。

有玷家风，务宜痛戒。

一、戒狃刻诈。斗尺戥称，虽属外物，实关一人之心术。心术正则惟准惟平，贸易输纳两无亏累。若大入小出，轻偿重纳，所增几何，所损实大。更有搬弄手法，增减重轻，抢斗扳称，意为多寡，直谓之贼。又近来富室粜谷，随市涨价，谓是正行，独不思贫人膏血，厘毫维艰，明明分外朘削①，反谓分中应得，欺心欺天，减灭自己福田，断送子孙衣禄。若夫欺人孤寡，谋人田宅，诈索愚弱，希图饱囊，斯又不在人数之列。吾家世习忠厚，本未有此，曲突徙薪，用防未然，特明揭之，为后生者警焉。

一、戒癖嗜好。饮食服御，民生要需，但理欲之介，毫厘千里。汪信民曰："人生常咬得菜根，则百事可做。"嗜好可纵乎哉？害莫甚于鸦烟，食之者体瘠神枯，荡产亡家，贻害伊于无底。现在厉禁时期，慎勿以身试法。次在嗜酒，过度则戕生，使气则贾祸，醉态颠倒则失仪。吾乡先年虽富室不常酿，今则酒肆遍列，聚党豪饮，既不雅观，又荒正业。更有嘉宾胜会，浮白不止②，客已称苦，主犹把壶，直使玉山倾颓，主客无益，亦又何必？至衣冠袜履，亦所当整，毋尚华丽，确从定式。倘好新奇，是谓服妖③，必招祸祟。

选自[邵阳]《桥头金氏四修族谱》，1942 年孝友堂木活字本

---

①朘（juān）削：缩减，剥削。

②浮白：放开胸怀，畅快饮酒。

③服妖：服饰怪异。

湘乡周氏家训

源流：始迁祖仲魁公，明洪武四年(1371)自江西吉安府泰和县厚田迁居湘乡宣丰二十都濂溪塅周家岭，称“薛渡周氏”。清康熙五十年(1711)一修家谱，同治六年(1867)二修，1922年与杨柳周氏三修。薛渡旧班：春象希和世，光大日增新。杨柳旧班：国正民先德，宗荣实泽良。合班：同源尊远祖，合璧萃群英，作述扬前烈，家邦起颂声，汝南多吉士，永代庆昌明。

家规(节选)

积德第一

人家欲世泽绵长，莫如积德。德不积，是本不立，本不立而枝叶繁昌者鲜矣。司马温公云：“积书未必能读，积金未必能守，不如积阴德于冥冥之中，为子孙长久之计。”古云：“但存方寸地，留与子孙耕。”方寸者，乃是一点良心也。良心发现，是盗贼之平旦也[①]，是梏亡之几希也[②]，是行乞之礼义，孩提之颦笑也。吾家先代衣冠楚楚，苟非忠厚崇德，乌克臻此哉？凡厥子孙暨诸族人，勿学阴谋谲诈之辈，勿作残忍刻薄之流，苟昧己丧心，贪淫败类，则恢恢之报，不在于身，而在于子孙矣。《书》云：“惠吉逆凶。”深可鉴也。

亲爱第二

事亲之道，圣贤明训昭昭，奚俟予言？昔者明王以孝治天下，予乌容不以孝训子弟乎？从来贵贱不同，事亲则一也。显亲扬名者，鼎烹致

---

①平旦：天亮的时候。

②梏亡：为利欲所蒙蔽而丧失本性。

敬；服劳奉养者，菽水承欢。愉色婉容之顺承，曲体小心之加意，又事之微者也。至于割股卧冰，难以复观，不可例也。自我观之，世有耽游宴而失晨昏之节，未知安否；私妻孥而衰寝膳之仪，罔顾饥寒，甚至耰锄诟詈，箕帚德色，是反哺之类不若，尚谓人乎？《春秋》世子不尝药，大书弑父，彼古之废蓼莪而罢里社者，又何如之孝也？不思后之视今，亦犹今之视昔。我之事亲如此，又安责其子之事我乎？至丧葬大事，循礼尽孝，称家有无，仪文非所尚也。若惑于富贵风水之论，荒唐妄诞之理，而忍暴露其亲者，皆不孝之甚者也。若三年之服，时祭之典，载在礼文，不须冗赘。故五刑之属三千，而罪莫大于不孝，百行又莫先于孝。吾愿后嗣各无愧于为子矣。

友恭第三

兄弟同气异形，情不等诸陌路；共体连枝，谊不侔夫友朋。宜亲爱以庆天显之荣，宜友于以感妯娌之顺。古之姜肱大被以同眠，田氏分财而荆谢，明鉴也。今之计财利而伤骨肉，惑妇言而戕手足，何心哉？

和睦第四

同宗之人，枝分派衍，一本万殊，是以有亲疏之房分别之也。然自祖宗视之，则均是子孙矣。奈何人不念祖，遽分彼此，各亲其亲，甚者见利忘义，絜长较短，逞一己之血气，抱公庭之大忿，结仇构怨，莫能已也。自我思之，纵事关大义，势难容忍，白于族姓之公廉，辨其是非之曲直，毋纵毋枉，强暴者抑之，愚懦者扶之。若仍肆横逆，合族连名附举，家法之所不及者，岂国法亦有所不及乎？能如是，庶可渐几于淳朴矣。昔张公艺九世同居，高宗幸其第以询，止书一“忍”字以对。范文正公参知政事，所得俸禄，悉以给族，复置义田以赡族之贫乏，后子孙之显盛，非公有以致之乎？凡我子姓，自兹以往，勿以贵凌贱，勿以富吞贫，勿以众暴寡，勿以强辱弱，勿以小加大，勿以淫破义。寿婚丧祭，远近亲疏，翕然聚顺，庶几雍睦之盛，复睹于今日，而九族亲矣。

耕读第五

且天地之生人也，有贤愚介焉；父兄之教子弟也，有耕读存焉。若负质聪明者，教以诗书六艺之文，诸子百家之学，非仅为博青紫以弋取功名，而字列天府，亦足焜耀于闾里。或穷而在下，读书谈道，庶可以少出乎俗习。所以古人出为名臣，处为名儒，故祖宗之美誉嘉名，子孙之墙垣冕服也。若夫钝鲁之子，教以櫌锄播种之务，勤力农亩，耕三余九，无有俯仰不足之虑，更免剜肉补疮之痛。颜之推曰："士大夫耻涉农商，羞务工技，射既不能穿札，笔则始纪姓名，饱食无佚。或家世余绪，钻厕宫庠，便诩诩自得。乃遇大事，议论得失，茫然张口。或公私燕饮，谈古赋诗，塞口低头。何惜十年勤苦，受此愧怍①。"昔邓禹教子，各执一艺，不专以文字相尚，盖因才而教，亦近古质实之意也。若出不负耒，入不横经，货殖无资，百工不善，是重辱我祖，有玷先人也。当为至要云耳。

选自[湘乡]《薛渡周氏三修族谱》，1922年至德堂木活字本

---

①愧怍：惭愧。

衡山周氏家训

源流：该族本黄姓。隋开皇时苾公自江夏迁金华。历九传至縈公，生洪、浩。洪生瑕、珌，浩生球、璞、玘，析为五大房。瑕裔丰城，珌裔未详，球裔监利，玘裔分宁，璞裔弋阳，皆自金华而迁。至后唐同光二年(924)，该族远祖兰溪公开基于岳后高山寺院。谱以元监国大夫惟瑕公为鼻祖，字号生没无考，葬湘潭南阳寺。越三世时广公赘于衡山白果长碧周氏，遂承周姓。至文誉公凡七代，以下分俊、安、仕、依、存五房。清嘉庆九年(1804)五修时冠黄于周，以明周之本为黄也。1923 年八修、2003 年九修、2020 年十修族谱。名派：承几绍润，笃修家常，敦崇孝友，用效贤良，培本树德，以迪其光，声名炳焕，廷衡澧湘。

旧家训(节选)

《论语》首篇弟子一章，有子、曾子、子夏三章，垂训綦备，既童而习之矣。后来诸先哲格言懿行，犹是意也。兹取其辞之浅显，事之可师者，汇辑成牒，厘为孝顺、友悌、公忠、教子、妇职、治家、师弟、朋友凡八类，作家训。

孝顺

蜀中杨黼叩无际禅师求佛，禅师曰："汝何不见活佛？"黼问："在何处？"师曰："汝归，见披衣倒屣者，即是活佛。"黼夜归呼门，母闻子归，披衣倒屣出户，乃向老僧所言佛状也。自此知父母是佛，不用远慕。

友悌

石天基曰："世间难得者兄弟，或读诗书，尔我讲解；或做生意，彼此商量。耕田种地，出力相帮；手艺经营，留心照应。莫为几句言语，便伤和气；莫为几许钱财，便起争端。就是有性情不好的，须委曲承顺，自然感化得来。万一不能，亦惟自尽其道而已。”

进士陈世恩兄弟三人，公居次。长兄，孝廉也。季弟某，少好游，日出暮归，孝廉辄作色规谏，竟不改。公曰：“徒伤亲爱，无益也。”每夜躬守户外，俟弟归，手自扃钥[①]，问其寒暖饥饱。如是者数夕，弟大悔，不复暮归。

赵彦霄兄彦云，好声色博弈，家计已为所坏，彦霄谏之不入，遂求分析。及五年，兄之生计荡然，且多逋负[②]。彦霄因除夕置酒邀兄嫂，告之曰：“向本无分析意，以兄用不节，恐俱尽，有饥寒之忧。今幸留一半，亦足以给伏腊。兄自今饮食弟家，兄所逋负，弟已储钱足偿矣。”兄有惭色，从之。次年，彦霄父子俱登第。

公忠

先哲云：“居官者于文移案牍，切不可信手标行，不加觉察。语云：‘怠时一点朱，百姓一点血。’又云：‘一役方来，全家尽骇；片纸一至，举室皆惊。’大须谨慎。”

叶镇《作吏要言》曰：“为官须知朝廷荣我以章服，厚我以俸禄，吏役趋承，舆马随从，事事不与齐民同。若一日无一事益于国、便于民，此一日即难消受。时刻警省，安得不抖擞精神，向好处做去？繁苛之政，民苦之，已亦为累，故行贵乎简。如兴利必权其最急，除弊但去其太甚，理事必芟其旁支，考成但严其专责，差徭可免者免之，繁费当革者革之，所谓民称便者，庶几近之。”

王梅溪守泉州，宴邑宰，有诗云：“九重天子爱民深，令尹宜怀恻隐心。今日黄堂一杯酒，使君端为庶民斟。”真西山守长沙，宴十二邑宰于湘亭，有诗云：“从来官吏与斯民，本是同胞一体亲。既以膏脂供尔禄，须知痛痒切吾身。此邦素号唐朝古，我辈当如汉吏循。今日湘亭一杯酒，更烦散作十分春。”一时听者悚然。二公真贤郡守也。

①扃(jiōng)钥：门户锁钥。

②逋负：拖欠赋税、债务。

教子

张黄岳曰："世间秀才尚少，何况科甲？然书香不可绝也。书香一绝，则家声日卑，人多鄙陋，上无君子之交，下无治生之智，其安于农樵负担者，犹为善也。甚至人既粗蠢，心复雄高，狎比下贱，冥行蹈险矣。言念及此，安可不教子孙读书？"

史搢臣曰："子弟少时，不当以世事分读书，但当以读书通世事。其貌不论好丑，如果终日读书静坐，便有一种道气可观。若恣肆失学，行同市井，纵美如冠玉，总有一种蠢俗气，令人可憎。又通世事者，诸如登记册籍之法，算数之法，银色之高低，婚姻祭葬之恒礼，畜养种植之宜忌，并须悉知。虽不幸父母早没，亦可以保家处世。"

祝无功勉儿侄曰："尔兄弟齿不居人后，学不居人先，抖策精神，观摩师友，研究经史，毋虚掷，毋杂好。忆吾兄弟丁汝兄弟之年，顶斗笠，向赤日中，采山灌圃，形容黧丑①，毛发焦黄。吾十九受书，汝叔受书更后，时汝祖、汝祖母拮据教吾两人。吾两人夏无葛，冬无裘，朝夕不辍，以有今日。汝兄弟垂髫就傅，把旧书向北窗披风而哦，是汝兄弟受享过吾兄弟远甚，而或勤劬少逊，可乎？不可乎？"

治家

石天基曰："人家房屋，不在大小多少，只要坚固整齐。凡有损坏，即时修补，所费无多，更勤加扫拭，门庭光洁，乃是兴旺气象。有等人家，高大厅堂，尘灰昏暗，破落欹斜，非独不饰观瞻，且主衰败之兆。"

史搢臣曰："五谷之于人也，所系重矣。一日无之则病，三日无之则死。每见宦门富室，轻贱米谷，听婢仆狼藉，或倾弃沟厕，剩余腐烂，此皆主母怠惰，不入厨房检点之过也。屡见暴殄五谷之人，后必饥寒困苦。昔人云：'谁知盘中餐，粒粒皆辛苦。'吾辈安逸而享之，加以轻贱，上天安肯温饱我之子孙乎？"

师弟

石天基曰："童子之师，最为紧要；先入之言，终身常记。自非端人

① 黧(lí)：黑。

正士，不可为小学师表也。但其馆谷凉薄，彼惟恐或失，难以度日。实心教授者，千中止有一二。而秀才们又往往妄自尊大，不屑训蒙。既任其责，常常旷馆，令东家敢怒而不敢言。年终辞去，则又误却一年矣。屡蹶场屋，终身蹭蹬，宜其身受也。”

屠宛陵曰：“凡授书不必徒多，但贵精熟。量其资，能读二百字者，止可授一百字，常使精神有余，则无厌苦之状，而有自得之益矣。”

朋友

唐彪曰：“上士择交，必择其可畏、可敬者交之，期有益我之身心学问也。中士择交，或多交同等之常人耳。至下士，惟便嬖善柔①，谗陷面谀之是好矣。善饮好狎，佐我之欢乐者也；博记淫书，助我之好色者也。甚有无良之人，利我资财，则百计诱我造恶，事败祸生，悔何及矣！”

翟公曰：“一死一生，乃知交情；一贫一富，乃知交态②。一贵一贱，交态乃见。”

劝善

先哲云：“士君子处心行事，须以利人为主。利人不在大小，但以吾力量所能处行之，即是惠泽及人。如路上一砖一石，有碍于足，去之即是善事。惟在久久勤行之，岂谓小善不足为耶？”

魏时举家多田产，积谷甚多。时值岁歉，谷价腾涌，因发廪货卖，惟取时价之半。语客曰：“凶时之半价，即丰时之全价，少取之无损于我，有济于人。”宗族与亲故贫约③，更相周恤。其子守节，官至尚书仆射。

杂记

汤若士《四香戒》：“不乱财手香，不淫色体香，不诳讼口香，不嫉害心香。”

静坐然后知平日之气浮，守默然后知平日之言躁，省事然后知平日之费闲，闭户然后知平日之交滥，寡欲然后知平日之病多，近情然后

---

①便嬖(pián bì)：能说会道，善于迎合。善柔：阿谀奉承。

②交态：犹言世态人情。

③贫约：穷困的人。

知平日之念刻。

任事者当置身利害之外，建言者当置身利害之中。事当快意处须转，言当快意时须住。

多读两句书，少说一句话；读得两行书，说得几句话。

当得意时，须寻一条退路；当失意时，须寻一条出路。

色心正炽时，一念着病，兴便冰寒；利心正炽时，一想到死，味如嚼蜡。

闲中不放过，忙处有受用。静中不落空，动处有受用。暗中不欺隐，明处有受用。

富贵家宜学宽，聪明人宜学厚。

仁厚刻薄是修短关，谦抑盈满是祸福关，勤俭奢惰是贫富关，保养纵欲是人鬼关。

待足何时足，知足便足；求闲何日闲，偷闲便闲。

品诣常看胜于我者①，则愧耻自增；享用常看不及我者，则怨尤自息。

觉人之诈，不形于言；受人之侮，不动于色。此中有无穷意味，无穷享用。

有一言而伤天地之和，一事而折终身之福者，切须检点。

选自《衡山长碧黄周氏九修族谱》，2003 年江夏和义堂印本

①品诣：品行。

临澧庞氏家训

源流：始迁祖合住公，原籍江西南昌府，后迁江苏武进县元丰桥。明洪武元年(1368)因平叛有功，总任总旗。洪武三十一年(1398)调戍永定卫大庸所。长子楚富于永乐二年(1404)迁居今临澧县烽火乡陈仪村，生五子，衍三房。次子楚贵迁居长江以北玉沙县洪茅湖庞家咀(今属监利)。清康熙十三年(1674)一修族谱，其时人口 200 人；嘉庆十一年(1806)二修，其时人口 680 人；咸丰六年(1856)三修，其时人口 1200 人；光绪二十七年(1901)四修，其时人口 1700 人；2005 年五修，其时人口 6800 人。字派：(自十六代始)承先传道长，盛业昭丕香，佑启维宗正，明经显家邦，登堂立训经，子孙绍祖芳，鸿儒隆新治，开国世运昌。

祖训(节选)

孝养

昔范文正公为参知政事时，告诸子曰："吾贫时与汝母养吾亲，汝母躬执爨，而吾亲甘旨未得充也。今得厚禄欲以养亲，亲不在矣。吾痛其能已乎？若曹其毋亨富贵不知贫苦也。"

晋西河王延事亲色养，夏则扇枕席，冬则以身温被，隆寒体无完衣，而亲尝甘旨，日无倦色。

曾子曰："往而不还者，年也。"子欲养而亲不待，是故椎牛而祭墓[①]，不如鸡豚之逮亲存也。

吴郡陈遗性至孝，母好食釜底焦饭。遗作郡主簿，每炊食，辄贮焦饭囊中，归以遗母。后孙恩贼出吴郡，袁府君即日往征。遗已聚焦饭数

①椎牛："椎牛恨"之典故，指亲人亡殁，不能奉养的痛苦。

斗尚未送归，遂带以从军战于沪渎。败绩，军溃逃走，山谷多饿死，遗独以焦饭得活，非纯孝之报，曷以致此？凡父母爱子之念，既笃且至。予于父母未必尽笃至也，体此者即是大孝。

许鲁斋曰："事亲有四大节：目养、体养、志致、爱敬。今人养体者有之，而志与爱敬未必其曲尽。"

程伊川曰："人子事亲学医也，是大事。自己知医道，偶遇父母疾患，方不委之庸医，岂非孝道。"

吕荥阳曰："孝子事亲，不可徒委使令。凡事须自己身亲，方尽得一分孝意。"

友恭

王祥弟名览，继母朱氏待祥无恩，览年数见祥被捶挞，辄涕泣抱持，至于成童，数谏其母。其母少止恼虐。朱屡以非理使祥，览与偕往。又虐使祥妻，览妻亦与共之。朱患之，遂改行。贤哉，览夫妇可谓善处骨肉矣。

缪彤少孤，兄弟四人皆同财产，及各有室，诸妇遂求分异，屡有争斗之言。彤深自愤叹，乃掩户自挝，曰："缪彤，汝修身谨行，学圣人之法，将以整齐风俗，奈何不能正其家乎？"诸弟及诸妇闻之，悉叩首谢罪，皆为敦笃之行。

《颜氏家训》曰："兄弟分形连气之人也。方其幼，父母左提右携，食同案，寝同眠，学同业，游同方，虽甚悖逆之人不能不相爱。及其壮，各妻其妻，各子其子，虽极笃厚之人不能不为少衰。"始终不改者是为全人。

横渠曰："《斯干》诗言兄弟曰：'式相好，无相尤。'言其常也。《棠棣》诗言：'兄弟急难。每有良朋，况也永叹。'言朋友不如兄弟，言其变也。兄弟阋于墙，外御其侮，言兄弟虽有小忿，不废懿亲，亦言其变也。古人立言，其教人以笃兄弟者如此。"

牛弘为尚书时，弟弼好酒而酗，尝射杀驾车。牛弘还家，其妻迎，谓曰："叔射杀。"牛弘闻无所怪问，直答曰："作脯。"迨弘坐定，妻又曰："叔射杀驾车牛，大是异事。"弘曰："已知之矣。"颜色不改，其大度如此。

《选言》有曰："儿女宜爱也，爱儿女当思父母；朋友宜厚也，厚朋友勿薄兄弟。"

持身

朱文公曰："天下事，非艰难多事之可忧，而宴安佚乐之可畏。"故人每以忧患而得，荒耽而失也。"勤""敏"二字自是规箴，不惟读书宜然，治家亦宜然。

范忠宣公戒子弟曰："人虽至愚，责人则明。虽有聪明，恕己则昏。尔曹但当以责人之心责己，恕己之心恕人，不患不到圣贤地位。"

《易》曰："谦受益，满招损。"又曰："谦谦君子，卑以自牧①。"其教人至矣。每见虚怀者集思广益，不耻下问，人乐亲之。若恃满骄傲，拒人千里矣，其何自取益乎！

范鲁公戒从子曰："举世鄙俭素，奉身好华侈。乘肥马，衣轻裘，扬扬过闾里。虽得市童怜，还为识者鄙。"旨哉斯言。

孙思邈曰："为人胆欲大而心欲小，智欲圆而行欲方。"盖胆大则敢为，心小则敬胜，智圆则能变通不拘束，行方则有持守不流荡。

古灵陈先生教民有曰："毋堕农桑，毋作盗贼，毋学赌博，毋好争讼，毋以恶凌善，毋以富吞贫，亦足为箴铭。"

《选言》有曰："欲不绝，如蛾扑灯，焚身乃止。贪无了，如猩嗜酒，鞭血方休。"凿凿名言，人当自悟矣。

云："何是第一人？"曰："本分""何为本分？"曰："走江湖不如治田园，炼丹砂不如惜五欲，结权贵不如乐妻孥，奉仙佛不如歆祖考②。"

又曰："常想自悔之时，行事必多斟酌；常念人尤之日，应酬定少乖张。"

又曰："嫌隙不必念，曷若与之相忘？口舌难以争，不如俟其自化。"

又曰："见权势无谄可也，不必过为傲慢；遇匪类不比可也，何致遂成寇仇。"

---

①自牧：自我修养。

②歆（xīn）：祭祀时神灵享受祭品、香火。

友谊

范华阳曰："与贤于己者处，则自以为不足；与不如己者处，则自以为有余。自以为不足，则日益；自以为有余，则日损。"

胡五峰曰："能攻人实病者，难也。能受人攻实病者，尤难。人能攻我，我能受人攻，此等方成好友，不然其不相引而为小人者几希。"

朱文公戒子曰："族亲交游，亦宜审择。凡其敦厚忠信规其过失者，益友也。其谄谀轻薄、傲慢狎匿、道人为非者，损友也。"

选自［临澧］《庞氏五修族谱》，2005年始平堂印本

湘阴郑氏家训

源流:先世由江西迁居湖北潜江县班家湾。显公,字永昌,又自潜江徙居景陵茅湖。七派暹公,字伯升,清康熙三十三年(1694)奉旨开垦,由沔阳盘缠洲徙居湖南,领垦湘阴韩湾围、三合围等处。清咸丰六年(1856)创修支谱,光绪二十四年(1898)、1947年续修。派语:国世多佳作,贤能渐盛昌,人文光治化,祖德焕宗邦,运应声名著,荣华富贵扬。

家训

一、读诗书

子孙虽愚,诗书不可不读。而读书志在圣贤,非徒仅言科第已也。大凡闾里之中,多不知教子一经,只要黄金满室。至我族众,切莫拘于俗见,须设家塾以化童蒙,不仅光宗耀祖,利禄荣身,而学所以明伦,自然知父子有亲,君臣有义,夫妇有别,长幼有序,朋友有信。

一、勤耕织

人生斯世,诗书固不可不读,而耕织亦不可不勤。《礼》诸侯尚且耕助,夫人亦自蚕缫,而况于闾里乎?至我族为父兄者,居阡陌之中,承先人之业,耕九余三,实辛勤之克至,为绨为绤①,非怠惰之能丰。使为父兄者日申其警戒,为子弟者克体其深心,则多黍多稌是咏②,无衣无褐不忧。而且岁时伏腊,称觞于父母之邦;讲让兴仁,增光于桑梓之地也。岂不盛欤?

---

①绨(chī):细葛布。绤(xì):粗葛布。

②稌:稻子。

一、务正业

士农工商，各居一业，其有不能耕读者，工商亦可贻谋也。凡我族众，不可自甘暴弃，当各守一业，以为衣食良缘。庶乎行不至于放僻邪侈，佣工亦有忠信之风，负贾不无孝养之懿。以至兴家创业，饶裕亦可光先；教子择师，荣华不难并至。

一、敬祖宗

祖宗乃子孙根本，立庙祧以尊敬之。置公田，蓄公费，以为某年清明挂扫、烝尝祭祖之备。于清明挂扫，公山窎远①，不拘首士族众，莫惮跋涉之劳，务以孝思不匮为则。于烝尝祭祖，每年首士轮流先入宗祠，以办祭祀。凡我族隔宗祠远者，务宜早临，一则尽爱存悫著之心，二则免族众拱候之意。自此告戒之后，永以为常，毋得视为儿戏。

一、崇俭约

冠婚丧祭，半有崇奢黜俭，治家不务质朴者。至我族贫富不等，或冠婚，或丧祭，禁好繁华，瓦缶可胜金玉；宜奉俭约，园蔬亦愈珍羞。如此善于撑持，安稳到底，讵有饔飧不继②，俯仰无资？

一、谨听言

邻里党乡中间有听妇言，乖骨肉，重资财，薄父母。至我族子孙，三纲宜振，九族宜亲，莫以锱铢必计而隳宗支，莫以口过相争而伤亲爱，自然长幼内外辞严法肃，兄弟叔侄润寡分多，则雍睦一堂，伦常不至乖舛矣。

选自［湘阴］《郑氏支谱》，1947 年荥阳堂木活字本

---

①窎（diào）远：遥远。

②饔（yōng）飧（sūn）不继：吃了早餐没有晚饭，形容穷困。

双峰赵氏家训

源流:谱以植公为远祖。九代知吉公由衢州而衡,宦寓江西泰和。十四代才美,自衡阳徙湘乡天井赵家坪,复居黄茅洞财冲。十六代至宗辅,字清甫,号瀜江,又号宣仪,行七,明正德四年(1509)由潭州卜迁深江,编户立班派,派分仁、礼、潭、满、珪、理、瑢房。族谱始修于清乾隆二十一年(1756),道光二十八年(1848)续修,光绪三十二年(1906)三修,1948年四修,2008年五修。班序:宗源志永,必定友文,安邦兴国,天子重朝,思祖载大;嗣世为光,祥开益盛,代际隆昌,名贤蔚起,多士腾骧。

清献公座右铭

安本分,莫妄想,待则甚,怎奈何。知足胜持斋,无求胜布施。惧法朝朝乐,欺公日日惊。争先径路机关恶,退后语言滋味长。爽口味多须作疾,快心事过必为殃。得便宜处莫再去,怕人知事莫萌心。盛喜中勿许人物,盛怒中勿答人简。无心于事,无事于心。闻诸恶言,如风如响。人有不及,可以情恕。非意相干,可以理遣。良田万顷,日进二升。大厦千间,夜卧八尺。说得一尺,行得一寸。但行好事,莫问前程。

先祖彝训

清献公曰:"凡不可与父兄师友道者,不可为也;凡不可与父兄师友为者,不可道也。"清献公每夜焚香,若有所秘祝者,人问之,曰:"吾自幼以来,日有所为,夜必焚香告天上帝,苍苍冥冥,安敢谓必达也。但默自防闲,庶几知所畏惧,不敢出之于口者,不敢见之行事耳。"

选自[双峰]《上湘赵氏四修族谱》,1948年畏爱堂木活字本

长沙郝氏家训

源流：郝氏之先，商帝乙封子期于太原郡郝乡，因以为氏。元翰林侍读学士经公，生彬公，彬公生德公。德公，字懿之，浙江钱塘县人，从明太祖北伐，与子赟俱死于阵。赟子通，成祖时封昭勇将军，迁居长沙。一传而分三房（忠、恕、憸），再传而增二房（明、鼒），三传而又增二房（文、武），蔓衍于长、善、阴、潭、浏及巴陵、沅江。清光绪十七年（1891）、1924年纂修族谱。派语：景象从英杰，贻谋裕炽昌，孝友恢先业，书田继绪长。

家族规则（节选）

第十三条曰持正

《礼经》有云："父慈子孝，兄爱弟敬，夫和妻柔，家之肥也[①]。"是慈爱、孝敬、和柔，为父子、兄弟、夫妇之常经。惟是俗靡而民偷[②]，恒重利而轻义，获巧取之富，乃博家人之欢，大势所趋，遂群注于利权之途，为温饱之计，而贪鄙所得，邪淫继之，卒至利其家者，实以害其家，此皆始基不正误之也。嗣后尊长之对于卑幼，务以严正相绳；庶卑幼之对于尊长，乃以清正相应。将见乡多正人，国多正士，礼教以明，人伦以立，国利而家自肥矣。故先之以持正。

第十四条曰博爱

爱众亲仁，为弟子职。西儒则更推之爱国家，爱种族。顾使一族之众，一乡之人，犹且争气结怨，恃强构讼，不特有惭合群进化之义，亦非任恤睦姻之道也。嗣后务率其族之人，推爱身之念以爱其家，推爱家之

---

①肥：比喻家庭兴旺。

②偷：苟且偷安。

情以爱其族，更推其爱族之义以爱其乡。迨其爱护之观念充实弥满，则达而进于国家种族矣。推其克爱与不克爱之故，一公私之判耳。盖私则争，争则交恶；公则让，让则相爱矣。故次之以博爱。

第十五条曰尚信

人而无信，不知其可。今日者，言则非虚夸，即谀佞；行则非诡随，即反复。欺诈成风，外人讪笑。推其害之所极，经济因无信而阻滞，事业亦以无信而堕落。信用既失，困难随之矣。嗣后务率其族之人，言必期其践，行必征诸实，即至事实变更，履行障碍，亦必有确实之证据，明白之表示，直视欺人为负心莫大之恶，庶乎近道矣。故复次之以尚信。

第十六条曰崇俭

俭以养廉，古训具在。今则眷属之服饰，宴客之酒肴，戚好之馈赠，以及婚嫁庆吊之仪文，踵事增华，富者倡之，贫者效之，故终岁所得之数，亦足抵中产收益之额。只以日用之耗费，恒苦不足，致使远道亲朋经岁不相往来，成年子弟过时每多怨旷。且有薄洗腆而厚称觞，恶含殓而美释奠者，不求实益，专务虚文，共知其非，群以为苦。若有迫于势之不得不如是者，则以世俗耳目累之也。是宜授之以节，嗣后务嘱其族之人，称家之有无，量材为出入。举凡时世上一切争相仿效之新装，在所必禁；人事上一切牢不可破之繁文，在所必革。久之，将各以俭约相矜，而以奢侈为戒，庶家给人足，日企敦庞矣，故终之以崇俭。

第十七条曰励学

环球交通，文明日启，非复闭关时代之可以安常习故也。一国之强弱，与一家之盛衰，无非视其人物之知识能力为进退，是教育普及，为保国保家惟一之要素。特是新旧相嬗，为之父兄者，不免审慎迟回[①]，是延误其子弟也。顾教育不良，责在师长，而子弟失学，责在父兄。自今以往，族学乡学，各从其便，普通专门，各因其材。才美者培成之，力绌者资助之，无才无力者，则于义务教育毕业后，即令进以职业教育，于农工商各就一业。务使一族之人，各具有公同道德、独立能力而后已。女

---

①迟回：犹豫不定。

学亦宜并重，惟不必陈义过高，但教之明礼教以正性情，习书数以理家事，以及手工、缝纫、饲蚕、缫丝、绩麻之学，已堪为贤妇贤母之资。其俊秀而有力者，欲求精到之学术，则听其自为之。禁缠足，减刺绣，庶男子各得内助之贤，省无限食用，多无限生息矣。

第十八条曰劝业

生货出口少，熟货出口多者，其国强，此西人之言也。吾国生产事业，群趋于商之一途，而于工则墨守师承，不知增高审美思想。即其所谓商者，亦不过作外货之分销与原料之转运而已。此漏卮所以日甚①，财力所以日绌也。嗣后宜重趋工业，天然品则讲求种植之法，人工品则研究精进之术，使聪明才智之士，破除官吏思想，从事实业倡导，兴族强国，皆基于此。

第十九条曰垦荒

宜谷上地大率已垦作农田，争相耕作，其荒山荒地遗利正多。中地宜麦、棉、茶、桑、麻、桐、竹、木、瓜、果、芋、蓣、蔬菜之属，下地宜榆、柳、杂树、芦苇之属。审度土性，分别垦植，以广生计。其麦、棉、茶、麻，销路尤广，亟宜广求种植良法，倍收出品遗利。且官荒开放，造林有奖，但须禀报备案，即予保护，有利无害，曷极图之？惟种烟有犯禁者严惩，是宜允永禁绝。

第二十条曰储蓄

奖劝其国人从事蓄储，此某国人近数十年来之计画也。其言曰："利在眼前，不可不储蓄；害在眼前，不可不储蓄。"盖谓储蓄资力，一为侵略计，一为防护计也。我国民顾梦梦然，日以有用之财，作为无益之事，一身一家之缓急且不可恃，是可慨矣。嗣后无论何业团体，亟须组合公同储蓄会，务令月有所积，岁有所赢，蓄之既久，资本既厚，即用以扩充其本业，研求其进步。而公司之结合，此为其基础。社会之教育，亦于此而促进。和众丰财，数善备矣。

第二十一条曰禁嫖、曰禁赌

冶游聚赌，此皆近世风行之恶习，巧者借为夤缘利禄之媒，拙者则

①漏卮：底上有孔的酒器。比喻利权外溢。

有沉溺流浪之忧。每见子弟之陷溺其中者，始则堕志耗神，继则废时失业，父母不之顾，妻孥相饮泣，及至负债累累，荡产倾家，弱将为丐，强取为盗，以有限之欢娱，易无穷之痛苦，诚属不值。即或未至此极，而嬉酣无度，游惰成风，既已害于尔家，亦将祸及其国。严戒青年，各宜猛省。

第二十二条曰禁溺女、曰戒凌媳

同一己出，乃溺而毙之。冀其孳生，复凌而虐之。干天和，绝人道，莫此为甚。其溺女者曰无以养也，无以嫁也。其凌媳者曰不尽妇道也，不勤妇职也。不知今日女子工艺日见发达，稍长即教以生活能力，在室亦借以佽助食用[1]，始虽损己，终且益己也。从古家庭伦理互重慈孝，姑恶而责以引咎作苦，姑慈而率以守礼维谨，一逆而难，一顺而易也。嗣后族中有溺女者，即报官惩治；有凌媳者，即鸣族处理。毋令乖戾之气隐伏于民间也。

第二十三条曰戒偏

祖父母之于孙，父母之于子媳，每因爱憎之显分，厚薄之不平，以致叔侄、兄弟、娣姒积怨蕴恨[2]，轻者析居，重者涉讼，直至易世而余嫌未化，犹引以为口实者，比比皆是。卒之其爱者因骄惯而成弃材，其厚者亦以挥霍而致破产。偏之为害如是，可不惧哉！嗣后为家长者，务须一视同仁，贤者亲之，不能者怜之，庶和气致祥，家道永昌矣。

第二十四条曰戒刻

贫苦之民，仰赖地方富室，每见豪强之户，其妻孥之华侈，子弟之浪费，盈千累百，曾不少吝，独于苦力之工资，急难之借贷，每至较及锱铢，重其盘剥，怨毒所积，以致盗贼起于肘腋，游惰见于子孙，刻薄成家，理无久享。嗣后族中之有力者，务以刻薄为戒，而以仁厚相期，作乡里之善人，即以贻家庭之余庆，各宜勉之。

选自［长沙］《郝氏族谱》，1925年太原堂木活字本

---

①佽（cì）助：帮助。

②娣姒：妯娌。兄妻为姒，弟妻为娣。

宁乡、益阳胡氏家训

源流:迁湘始祖汉清公,字允元,原籍江西泰和县荣坪乡,元武宗时迁湖南醴陵。生子二:文秀、文迪。文秀公携子云龙、云兴徙居宁乡六都麦田。云龙公子三:福宗、福寿、福珍。宗、寿二公徙居益阳,珍公留居麦田。云兴公子二:福大、福昊,福昊公三世孙思敬公由宁乡麦田徙居益阳泉交河。清咸丰十年(1860)创建汉清公祠于益阳城西,嘉庆九年(1804)创建云龙公祠于宁乡六都麦田窑坡村。1934年宁、益二邑五房始合修族谱。昊支派语:文云福俊益,思通文友冕,玉则光其贤,士民多显达,翼之学有本,安国才自超。胡达源为昊支思敬公房二十一世孙。源子林翼。

家训十条

一、培养心田。人皆有一点心田,子孙耕种不尽,只要培养得好。培养之法,有两句格言,当常自警省。一曰勿作心上过不去之事。大凡奸盗诈伪、利己损人的事,清夜自思,毕竟于良心上打不过,就要立定脚跟,觉前面都是蛇蝎,及早回头,庶几脱离险难。一曰勿萌事上行不去之心。凡作奸盗诈伪、利己损人的事,势必甘居下贱,受人唾骂,苟有人心,都晓得行不去,就要打起精神,把此不良之心根株悉拔,切不可苟且因循,以致不知不觉又流露出来。人能兢兢业业,惟恐坏了这点心田,使梦寐常觉清明,步履皆有春意,庶不负天地生成之德,天地间自然少我不得。倘或不然,譬如无根之木,枝叶有不枯槁者哉?

一、树立人品。人之所以异于禽兽者,为能兼全乎孝弟忠信礼义廉耻等事。这八个字,固然少一个不得。约而言之,善莫要于有耻,恶莫大如无耻。人一无耻,则不孝不弟、不忠不信、无礼无义、寡廉鲜耻的事，皆将无所不为，此在目不识丁者，是非之心，人皆有之，亦宜知见贤思齐，见不贤而内自省。乃或久历芸窗，曾不思读圣贤书，所学何事，而反以济其机械变诈之私，是谓无所用耻。无所用耻，则人道灭熄，犹复衣裳楚楚，腼然自附于正人君子之流，亦何不自镜其丑耶？尚急回头，毋甘与披毛戴角者等也。

一、实行谦德。天道亏盈而益谦，地道变盈而流谦，鬼神害盈而福谦，人道恶盈而好谦。故六十四卦中，惟《谦卦》六爻皆吉。然必实有是德，不然便是假慈悲。虽与自满者有间，终非受福之基也。须知我有才学，只供得自己受用；我有功劳，才不负自己初心。岂以此夸人耶？试看大圣人当日，人以第一等人称，他便退居第二等；以第二等人称，他又退居第三等，是何等样的谦逊。世有一班轻薄之徒，稍有一得一长，或小富小贵，便侈然自大①，于凡不如我者，都看他不在眼界，真所谓井底蛙者，其究竟亦不待问矣。

一、务存厚道。地所以能载万物者，惟其厚也。周朝以忠厚开基，故历年独永。如今世族大家，子子孙孙都是食前人忠厚之报。亦有不忠厚而幸致富贵者，不过朝荣夕萎，未可以为训也。厚道不可胜数，只是身世间酬酢往来，都靠厚一边行将去。朱子论财物取与，谓不能合圣人中正之道，宁与毋吝，宁介毋贪，解《论语》人之过也，各于其党，曰君子常失于厚，小人常失于薄，君子过于爱，小人过于忍，都是教人切不可失于刻薄。《航中舰》载一盛德之士，见有不得已而偶一行窃者，任其窃去若不自觉，亦终不与人言。此种厚道，不可不反复思量，惟有意纵之则为恶，或无意而不免养成其恶，则不得为善耳。

一、崇尚俭约。无论家赀贫富，皆须知俭为美德。朱子云："一粥一饭，当思来处不易；半丝半缕，恒念物力为艰。"是说所以当俭的道理。又曰："自奉必须俭约，宴客切勿流连；器具质而洁，瓦缶胜金玉；饮食约而精，园疏愈珍羞。"是明示以当俭与能俭的好处。世有以余财生淫侈者，越礼犯分，触刑辟而不知。若省得来作些济人利物的事，使后世子

①侈然：骄纵自大的样子。

孙常享不尽，岂不是好？更有无而为有，虚而为盈者，取快目前，后将不继，以致流落不堪，为乞儿，为贼人，若辈居其大半。此圣人所以说宁俭毋奢。惟一二守钱虏以有用之物，积于无用，则不得以此借口也。

一、审择交游。自天子以至于庶人，未有不须友以成者。《礼记》云："与善人交，如入芝兰之室，久而不闻其香，则与之化矣；与恶人交，如入鲍鱼之肆，久而不闻其臭，则与之化矣。"交游不可不择如此。择之之道，只是审之又审，必要有良心，有脸面，说出来的话、行出来的事，都令人心服。或我有不是处，便直言谏我，断不肯一语奉承，这才是好人。就要恭敬他，亲近他，凡事都请教于他。与这等人相反的，我自量不能一概拒绝，只是盛礼貌以谢之，戒子弟以远之，庶几蒙善人之利，亦不至罹恶人之害。今人所以失于决择者，多是喜奉承，恶戆直，能去得这点私心，则大本立矣。

选自[宁乡、益阳]《胡氏八修支谱》，1928 年安定堂木活字本

平江、浏阳钟氏家训

源流：始祖烈公，居河南开封府许州颍川郡，九十三传至宋时尚公，生三子：山、岱、峦。山公子友文、友武、友勇，岱公子友盛，峦公子友才、友能、友端，因王安石行青苗新法，兄弟避奔各省府县立业。清康熙年间，七公后裔由福建徙粤东嘉应州，分迁湖南平江、浏阳、醴陵、长沙、岳阳以及江西等地。清康熙六年(1667)、乾隆三十八年(1773)、嘉庆十二年(1807)、道光五年(1825)、咸丰九年(1859)、光绪元年(1875)、光绪二十九年(1903)、1924年纂有通谱。道光九年(1829)浏阳钟氏建宗祠于邑城升平街，光绪二十九年(1903)平、浏、醴三邑建总祠于平邑花溪港。平、浏道光五年(1825)订派：(尚公十八世起)恢振连科甲，承修定炽昌，魁星高北斗，名士耀南唐，礼乐家声远，诗书世德长，文章耀上国，富贵永传芳。醴、浏、萍光绪二十九年(1903)订派：(尚公二十二世起)士人立志，孝顺宜先，克敦大本，明德久传，继起裕善，锡庆斯联，世济其美，祥发英贤。

祖训十条

家规当守

一代有一代之政，一家有一家之规。为吾子孙者，事亲敬长外，即宜各务生理，戒嗜酒，戒嫖赌，戒争讼，戒窃盗。毋以恶欺善，毋以强欺弱，毋以上凌下，则寖炽寖昌，乡邻矜式矣。此家规所当守也。

追远当尽

物本乎天，人本乎祖，为人后者，当念身从何来。每届孟春，理宜举行祭祀，并清明上冢，中元焚包，亦不可疏略废事。此追远所当尽也。

耕读当勤

凡吾子孙，不读则耕，不耕则读，二者职分所宜。为勤耕可以养生，勤读可以明理，否则仓廪虚，衣食乏，学问浅，礼义疏，沦于下愚，亲朋鄙之，乡人贱之。此“耕读”二者，子孙所宜勤也。

勤俭宜勉

勤乃持身之本，俭乃治家之方，勤则有成，俭则足用。故男勤耕读，女勤纺绩，量其所入，度其所出，事皆可立，财卒不竭。此“勤俭”二者，子孙所宜勉也。

族义当敦

族大人蕃，智、愚、贤、不肖不等。为子孙者，当念祖宗一脉，虽愚、不肖，不可弃也。勿因争斗而伤大义，勿因小忿而兴词讼。事虽可恶，情有可原，须宽宏以待之，秉公以处之，令其改过自新，发奋自勉。若怙终不悛①，则又当以家法处之，不可优游养奸。此族义所当敦也。

嫁娶当慎

凡嫁娶关乎人伦之重，风化之本，必择故家乔木忠厚之族、诗书之裔，方可结亲。不可贪富厌贫、援权附势，则上足承宗祧，下足裕后昆，庶门户不玷，清芬可诵。此嫁娶所当慎也。

教子以义

凡教子者，当以义方，弗纳于邪。教之之法无他，不过择严师以训诲之，亲益友以规劝之，约束其心猿意马，禁绝其邪色奸声，日读圣贤之法言，日效正人之善行，则无坠家声，箕裘永绍矣。此教子所当以义也。

远族当亲

吾族本闽粤江西，迁处不一，丁口蕃衍，悉赖祖宗庇荫。凡异地族人相识相遇，虽远犹近，虽疏犹亲，必须致敬致爱，尊卑有序，急难相恤，则无愧敦本寻源、连枝共派之道。此远族所当亲也。

贫而无谄

凡子孙或基业浅薄，或天灾人祸，以致贫困，犹当听天安命，固守其穷，不可屈己妄求，置身卑贱。若能于欠缺时处之泰然，居之安然，则不

①怙终：仗恃作恶，终不悔改。

忮不求[①],何用不臧?此处贫宜无谄也。

富而无骄

凡子孙荷天之眷,沾祖之福,虽富而万钟,贵而三公,亦不可傲慢矜持,以招自侮。故组貉殊观,可以与立,车笠异势,可以同揖,则居心善下,履满思谦矣。此处富宜无骄也。

选自[平江、浏阳]《钟氏族谱》,清光绪元年(1875)颍川堂木活字本

①不忮(zhì)不求:不嫉妒,不贪求。

宁乡姜氏家训

源流：始祖德厚公，字流光，原籍江西泰和，官评事，后唐同光二年(924)弃官迁湘，卜居宁乡黄材之熟乐姜坊。七传而分舜梅、舜雷、舜国三房。舜梅，字百魁，初居街后，七世孙以隆公徙邑之道林；舜雷，字鸣夏，居华坊；舜国，字良治，守姜坊祖址。舜梅、舜国两房族谱于清乾隆十一年(1746)、乾隆五十九年(1794)、道光十四年(1834)、光绪二十三年(1897)凡四修。宗祠位于姜坊。舜雷十传衍为拒霜、深静、崇望、崇德、崇珍、桂芳六房。清道光十八年(1838)、光绪二十三年(1897)雷裔纂修族谱。梅房派系：德仲季杰彦明舜绍伯必广岱秀以天思念孟世兴守明新昌日上品。国房派系：德仲季杰彦明舜绍伯必广亨平政汝志子公道朝中用祥源大肇基。合派：人文逢景运，书升际治隆，勋名垂万代，禄位耀吾宗。

己巳谱家训(节选)

端品行

人贵敦品学，尚躬行。品行不端，即才能济世，文采惊人，亦浮薄不足观矣。是故严屋漏，慎衾影，砥名节，砺廉隅，品之所由进于高明也。惊声华，徇贪利，昧大义，败防检，行之所由流于污下也。夫士林有嘉修，不难行成名立；草野有善人，亦可寡过淑身。当共勉为君子之行，不愧为族人之望。

训读书

生人之患，莫大于不明理。明理之要，首在读书。六经四书，子史百家，所以发人神智，开其锢蔽者，如暗室之烈炬，济川之宝筏也。今劝世人读书，不过曰金马玉堂。夫掇巍科，登显仕，分内事耳。所贵乎读书者，务以明理也。试观忠孝廉节，垂为楷模；成败得失，凛如蓍蔡[①]。其学问宏通者无论，即质介凡钝，未能窥测精微，苟能留心书史，亦足为我劝箴。如壶浆箕帚，妇姑反唇，明理者不出此也。语曰："人不通古今，马牛而襟裾[②]。"可不惧哉！

劝耕作

衣食者，生人之大命；耕作者，衣食之大源。劝农教稼，国有常经；火耨水耕，民无旷业。古者耕三余一，耕九余三，岁有荒歉，民无菜色，农政所以为养德之先资也。昔之人有解组归田，夫耕于前，妻锄于后者，况身业于农者乎？男子以血汗为营，女子以灯花为运。辛勤乃起家之本，游惰实败家之索。愿无忘稼穑之艰，自聿臻盈宁之庆。

安常业

士恒为士，农恒为农，迁其业弗能为良也。秀者务诗书，朴者事耕凿，安其业并行不悖也。其有不为士农而为商贾者，虽非本业，亦足谋生。但恐审曲面势[③]，非有梓人之智；居奇善货，又乏良贾之才。一事无成，见异思迁，甚至游手游食，荡弃终身，反不若专习一业者，犹能自食其力也。是故患莫甚于徙业，其究必至失业。人而无恒，不知其可也。为吾族者谨之。

崇俭约

隆古之俗朴而淳，工不黝垩[④]，服无锦绮，食无兼味，循分称情，尺寸不失。浮荡之习靡以丽，取精多，用物宏，终岁之储竭于一日，数世之积耗于一身。变奢以俭，救侈惟约，君子以为近本焉。古人有躬居仕宦，去职乘析辕车，着布被者，况贫士之家风，野人之常套乎。夫车马宫室，僭分伤财；饮食衣服，滥费无节。特标"俭约"二字，为省物惜福者劝。

---

①蓍(shī)蔡：比喻德高望重的人。

②马牛而襟裾：谓禽兽而穿着人的衣服。

③审曲面势：指工匠做器物，详细观察事物的曲直形势。

④黝垩：涂以黑色和白色。

奖善行

族之人品不齐，有善行以示之，则若农之有畔，射之有鹄也。不加奖劝，其何以端风厉俗耶？兹与吾族约，有祗父恭兄[1]、品行端方者，必优礼待之，奉为矜式。有能急公务、勷大义者，不给则助之。书香一脉，先人贻诸后人，振家声而光门第者也。自游庠序以至科甲，亟宜加意优锡[2]。至于匪人败类，玷辱祖先，贻羞宗族，初犯则合族惩之，令其悔过自新。倘有至再、至三，怙终不悛者，鸣公从重治罪。每月朔望，诫令至祠聆训，房长验其出入。如再不率，合族鸣公逐出境外，永不许入谱籍。从此善可为师，恶可为戒。家之有劝惩，犹国之有赏罚。人敦古处，户皆孝弟。以辑谱之日，为更始之时，称曰望族。族人之所推，不旋为里选之所登也哉。

选自[宁乡]《姜姓九修族谱》，清同治六年(1867)云磬堂木活字本

①祗(zhī)：恭敬。

②优锡：优厚的赏赐。

益阳姚氏家训

源流：始迁祖衅禄公，原籍江西吉安府泰和县圳上，官湖南宝庆太守，致仕侨寓益阳，卜居十九里缺头岭东标公嘴，生承仕。承仕生贞性、贞情。贞性生受一郎、福五郎。受一郎，号鹿山，以国子监由金陵宰益阳，元季兵乱，立寨白鹿山，为白鹿姚氏支祖。福五郎生顺一、权一、秉一、顺五。权一居九子冲，秉一居杉木桥，顺五居桃花江。顺一裔七世思义，生永宁、永宾、永霖、永闾。宁、闾二房迁宁乡邓家冲，后又迁长沙河东及湘阴金鸡岭。思义弟思信，居侍郎桥，生永定、永宥，分上、下梅塘二支。受一郎房派语：衅承贞受文，必以仕秉正，安定邦立忠，华章逢国运，教育振家声，守道如珍友，敦修自景行，奇才光后裔，盛业继先程，经术儒林重，勋猷著鼎铭。福五郎房派语：禄承贞福顺，念思永志正，贤能显祖荣（下与受一郎房同）。

摘录旧谱家训（节选）

曰勤耕勿怠

仰父母而俯妻子，一家日用咸资；由东作以迄西成，三时胼胝宜力。粪田亩以滋佳谷，耨草莱以植良苗。故用力惟勤惟劳，斯收报实颖实栗。倘优游怠惰，饥寒必切于身。恐称贷羞惭，老稚何由而养？

曰课读毋荒

朝廷三载宾兴特隆[1]，鼓瑟吹笙之宴；士子九年面壁自叨，析圭担爵之荣[2]。佳子弟不令读书，贤父兄难辞责备。既富方谷，饶裕者兴礼

①宾兴：科举时代，士子将参加乡试时，地方官设宴款待。

②析圭担爵：任官受爵。

义而无难。凿壁画畲，贫寒者奋修能而亦易[①]。倘其髦士挺生[②]，忽焉半途废业，等良田于荑稗，弃璞玉于荆山。岂独心蒙，良由志馁？

曰赋税早输

国课早完，岂惟循分？追呼不扰，何等清闲。使当伏腊岁时，犹烦官长催取，致罹大廷鞭朴，必蒙顽抗恶名，自返多惭，细思何益。

曰春秋祭扫

寒食禁烟，纸钱处处飞蝴蝶；金风戒杀，鱼菽家家荐豆笾[③]。值此追远之日，当兴报本之思。合祭久旷其仪，先茔维草其宅。揆厥凄怆怵惕之隐，有负秋霜春露之期。

曰恪守产业

置业维艰，勤苦不辞栉沐；良图甚远，弓冶必学箕裘。须当重似珍球，岂可轻如瓦砾？盖先人勤俭自持，始获屋几椽而田几陇。在子孙冰兢自守[④]，方能妻免饥而儿免寒。成立不异升天之难，覆堕恒若燎毛之易[⑤]。思之刻骨，言则痛心。

曰赈济贫孤

仳离中谷[⑥]，为不遇乎淑人。居处家庭，岂得尽皆乐土？有无缓急，益寡裒多。庶沐周恤之恩，可无鸠鹄之色。若夫红腐坐拥[⑦]，如秦人视越人之瘠肥；凉薄居心，即升斗若珠宝之珍重。祖宗奚乐有是人，君子不宜有是态。

曰乡里须和

择里固为大知，和邻即是敷仁。勿以睚眦匿怨，那堪口角生端。庆

---

①修能：施展才能。

②髦士：英俊之士。

③豆笾：祭器。

④冰兢：表示恐惧、谨慎之意。

⑤燎毛：燃烧羽毛。比喻事情极为容易。

⑥仳离：夫妻分离。

⑦红腐：色红腐烂的陈米。

喜吊忧，远亲不若近邻之切；扶持守望，疏逖岂如密迩之情[1]。有无尚且相通，雍睦何可不致？

选自［益阳］《姚氏上梅塘四修支谱》，1937 年木活字本

①疏逖（tì）：疏远。

醴陵贺氏家训

源流：始迁祖昶荣公，字华岳，明永乐初自江西莲花厅田东迁居醴南罗田，生孔临、孔贤，临裔居罗田，贤裔居殿下冲及南门外。清雍正三年(1725)一修族谱，嘉庆八年(1803)、咸丰元年(1851)、光绪二十六年(1900)、1933年、2004年续修。字派：(自十六代始)彝伦攸叙齐家，政惟慈孝友恭，学业习勤迪前，光在诗书礼乐。

家训读书要论

凡人读书，只要有恒。若今日如是，明日不如是，工夫间断，欲望有成，难矣。南人有言曰："人而无恒，不可以作巫医。非明征欤？"然人每日间未必无一二俗事，但事至治事，事去即读书，心不以事而牵，书不以事而废。心不外驰，读一遍可当百遍。心向外驰，则虽口诵百遍，究书自书，而我自我，书与心奚自而一也。孟子曰："学问之道无他，求其放心而已矣。"诚哉是言也。又或以为无净洁书室，遂生厌倦，此皆安享富贵者之所为也。果欲发愤上达，不居下流，则随地可读。虽茅舍陋栖，无不有自得之处。倘必曰明窗净几，僻境幽栖，然后可专意诵习，则贫士何能有出人头地之一日哉？所以囊萤挂角，凿壁偷光，足为千古美谈也。有志之士勿让古人，日积月累，工夫有恒，将见功深者效自著，读书何患不成？是为训。

选自[醴陵]《罗田贺氏五修族谱》，1933年儒宗堂木活字本

衡山聂氏家训

源流：始祖贵洪公，字心水，讳度，原系浙江籍，徙居江西抚州府棋子巷，登南宋景定三年(1262)进士，官至司马奏议大夫，致仕归田，复从抚州卜居临江府清江县板桥。子克恭，孙觉兴又相地于板桥之西，遍植紫荆。四世元用，讳本，号茶峰，行一，元至正二十五年(1365)自板桥迁居于此，号“荆林聂氏”。至十三世应禅公，清康熙年间由江右游医湖广，侨居衡山，为衡山聂氏开基祖。清乾隆十三年(1748)赣、衡聂氏撰修通谱。光绪九年(1883)衡山独修，1916年续修，1999年三修。荆林名派：继先肇敏有辑其光崇本敦实修吉致祥景维曩哲聿启晋阳远耀而南嘉植传芳训行模范述守典章淳厚为珍德义是坊宜家淑世经久宏昌宗功克懋福泽永长。

家规(节选)

一曰肃祠祀

祠祀者，所以报本收族也。倘有破坏，即行修葺，小则费出公项，大则纠族合力，庶不枉费前人功德，又不至失岁时祭祀。祖宗必定福汝。或有不肖子孙，觊觎公货，潜谋肥私，公同屏斥，甚至借称祭祀，不齐不整，纵饮忘形，醉后号呶至相斗詈者①，责惩无赦。

一曰严训诲

子弟之贤、不肖，父兄教导之善、不善。幼时训以诗书，如不读书，即训以力作。一族之人，岂尽富贵显达？有一人，即有一人之事，总要纳之于礼法之中，规矩习于平日。即无田可耕，无书可读，百工众技，亦

---

①号呶(náo)：喧嚣叫嚷。

是本业。倘因循姑息，任其东挨西伴，南腔北调，流入匪徒，为人所贱恶，为父兄者应亦无颜。昔人谓劳则善心生，须要从少小时预为子弟计，及至为非作歹，那时就管束，亦是枉然。

一曰忍性气

古语云："忍得一时之气，免得百日之忧。"张家九世同居，只一"忍"字。无论自己一家，固当要忍，就是外人，又何不可让他几分？尝见一人不合，怒气相加，彼此逞强称势，相骂相打，小则兴讼成仇，大则酿成命案，陨身破家，那时悔之晚矣。若系宗族，纵有口角，听族长排解，不许告状，亲睦之风不可失也。

一曰存忠厚

读书志在圣贤，为官心殷民瘼。幸而一时贵显，皆祖宗积德之报，要慈祥恺泽，为民兴利除害，上而忠于朝廷，下而泽及黎庶。即致仕之时，囊橐萧然，而积德厚，则流光自远。至于居家，敦伦睦族。凡事当留心地，不可只图利己，不顾有害于人。我族内有力行善道，存心忠厚，即当尊之敬之，则而效之。如有刻薄居心，诡谲自雄，纵得一时富足，子孙未必能昌，群相鄙弃，不礼可也。

选自[衡山]《荆林聂氏续修衡山族谱》，1916年铅印本

益阳莫氏家训

源流:宋时莫若冲,字子谦,知吉安吴江,有《语溪文集》十卷行世。次子流寓吉安,为吉安莫氏之始。元时世阅公,吉安府吉水县人,元末携子迁居益阳岐市,为益阳莫氏之始。弟世流迁益阳莲花坪,世昌、世荣、世贵分迁宝庆、常德、潜江。世阅孙诚瑛,洪武初卜居益阳之西大华里,附籍为民。清康熙二十五年(1686)创修族谱,乾隆二十五年(1760)二修,嘉庆五年(1800)三修,道光二十三年(1843)四修,光绪二年(1876)五修,1913年六修,1942年七修。原派:石齐希应礼世贵诚续志友忠时子如可文若荫。续派:荫祚之长,允惟德芳,汝其自立,声振衡湘,人才蔚起,绍美书香,建功树业,际会明良,繁祉景福,备至嘉祥。

述名言以为家训

祖宗之德泽,己身所享者,是当念积累之难;子孙之福祉,己身所贻者,是要思倾覆之易。

贫不能济物者,遇人痴迷处出一言提醒之,遇人急难处出一言解救之,亦是无量功德。

老来疾病都是壮时招的,衰后罪孽都是盛时作的,故持盈履满,尤宜兢兢。

市私恩不如扶公议,结新知不如敦旧好,立荣名不如种阴德,尚奇节不如谨庸行。毋自任而为气所使,毋偏信而为奸所欺,毋以己之长而形人之短,毋因己之拙而忌人之能,毋任己意而废人言,毋因群疑而阻独见,毋私小惠而伤大体,毋借公论以快私情。

不可浪费耳目使之聋聩，不可偷闲手足使之偏枯[1]，不可荒废田园甘受饥馁，不可姑息子弟甘任放荡。

留有余不尽之才以还造化，留有余不尽之禄以还朝廷，留有余不尽之财以还百姓，留有余不尽之福以遗子孙。人惟妻子之爱深，则父母之恩遂薄，使以爱妻子之心爱父母，人皆孝子矣。人惟身家之虑重，则长官之念遂轻，使以虑身家之念虑长官，人尽忠信矣。人品只在大伦上看，此处得则小过不足疵，此处失则众长不足录。

持己当慎，须向是中寻不是；待人宜恕，还于非处想无非。

选自[益阳]《莫氏七修族谱》，1942年巨鹿堂木活字本

①偏枯：偏于一方面，照顾不均，失去平衡。

益阳夏氏家训

源流：以世清公为一派，十一派安澧公，原名礼，字玉用，明洪武时以人才超越，选入南京锦衣卫。子思明，字宣晚，随父宦游南京，遂家江西吉安之永丰。明洪武初，兄弟三人游湖以南，长迁湘阴，次迁溆浦，思明迁益阳枫树田，为枫田始祖。清康熙三十七年(1698)创修族谱，1933年五修。派语：(自八世始)大光逢世泽，德远肇基隆，南田家声永，熙朝学道崇。

任斋公家约题辞四则

一、家业

天生蒸民[①]，有物有则。或读或耕，不易之业。克专其事，用遂厥生。见异思迁，乃终无成。贻谋在是，延远于兹。子子孙孙，勿替引之。

二、家教

持家之道，曰勤与俭。和则不乖，肃则不乱。既平且易，亦顺而宁。克循其道，家用以兴。切示良方，以垂永久。惟我后人，尚其恪守。

三、家礼

人为物灵，无事苟且。冠婚丧祭，礼之大者。有礼则安，无礼则危。相鼠以刺，有生何为？凡兹仪文，悉裁朱子。举而行之，道即在是。

四、家禁

事无忽微，恶无轻小。如芽之萌，如原之燎。积恶之家，必有余殃。乐祸安危，自作不祥。爰立禁条，以警愚陋。各宜服膺，用昌厥后。

---

①蒸民：众民，百姓。

齐家六字诀

处家庭之道，只常记六个字，总要“吃得亏，忍得气”。有争于我者，准乎情以与之，则其争应止；有怒于我者，和吾颜以受之，则其怒自消。凡家之所以不和者，只因都不肯吃亏，都不能忍气，争长竞短，嫌隙日增，积久遂成仇怨。若有一个吃得亏，忍得气，则家庭无事矣。张公百忍，只是肯吃亏，能忍气也。

选自[益阳]《枫田夏氏五修族谱》，1933年木活字本

湘潭、湘乡钱氏家训

源流：始祖柽公，字宏道，行六，元至正年间由江西新喻迁居湖南湘潭钱家坪。一传至福公，再传而分为士怛、仲祖、叔翰三支。士怛、叔翰二公世居湘潭；仲祖公徙居湘乡，后裔衍同睡台、钱鉴冲、横洲涧等地。叔翰公裔登选公卜居湘乡茅浒洲、庵门前诸地。清嘉庆年间，合建宗祠于湘潭矶子滩。康熙五十九年（1720）三房合修族谱，嘉道间湘潭分修支谱，同治三年（1864）、光绪三十四年（1908）、1944年两邑又多次合修族谱。班序：（自十三派起）广诒彰世序，永锡茂宗友，绳武昭垂日，人文蔚起期，景仰先贤德，鸿基耀楚湘，诗书传后代，克绍振纲常。

家诫十则

戒忤逆

一曰忤逆，罪首三千。父母鞠育，废寝忘眠。竭力承奉，犹恐或愆。矧敢忤逆，触怒亲前。吾族有此，惩治莫延。哀哀父母，咏歌诗篇。欲报之德，恩同昊天。展诵《蓼莪》，垂涕涟涟。

戒争讼

二曰争讼，最为不祥。勿谓祖宗，遗有田庄。勿谓眼前，积金盈箱。一入衙门，诓吓非常。彼此请托，财尽倾囊。略有不法，刑罚难当。惟慎惟忍，和解为强。人无争讼，便是福堂。

戒赌博

三曰赌博，此风久倡。窝赌之家，其术不良。不分内外，廉耻俱忘。你想他物，他想你囊。输多赢少，产尽财亡。穷极无聊，为贼为娼。上辱宗祖，下败家纲。人能猛省，可致休祥。

戒酗酒

四曰酗酒，德乱神伤。愈酣愈饮，或猖或狂。雀角之衅，每起豆觞。慢亲忤友，身损人亡。大乱丧德，为酒所戕。在昔《酒诰》，作自周王。卫公垂戒，宾筵五章。饮酒孔嘉[1]，何用不臧。

戒淫荡

五曰淫荡，任其遨游。正艺荒芜，百艺皆休。远却良友，甘居下流。花街柳巷，结党成俦。破家荡产，衣食难周。犯法罹网，枷锁系囚。到此始悟，悔复何求。有志之士，早宜深筹。

戒废盟

六曰废盟，有玷家声。嫌贫爱富，不顾前情。一许再许，转移年庚。因生嫌隙，致启讼争。反害儿女，搁误一生。不知佳偶，原自天成。婿难迎娶，岳可馆甥[2]。一聘永定，何得月更？

戒行凶

七曰行凶，天必降殃。一朝之忿，匪第身忘。瓜累族党，害及邻乡。欲知远祸，忍气是将。温恭克让，盛德维彰。勿逞势力，勿恃富强。横逆之来，孟训精详。能三自反，处顺安常。

戒抗税

八曰抗税，国宪昭彰。稍延岁月，催课甚忙。正供之外，加息倍偿。倘受刑罚，人财两伤。惟此赋税，历有旧章。及时完纳，趁早输将。安居无恙，其乐洋洋。风同道一，民皆善良。

戒溺女

九曰溺女，宁不怵惕。妒心辣手，血水淋沥。顷刻亡命，冥谴历历。试思汝身，何处来的。且观古来，女多倜傥。缇萦上书，救父刑辟。彤管垂名[3]，有光姻戚。殷勤育女，祥迎吉迪。

---

①孔嘉：非常美好。

②馆甥：女婿。

③彤管：古代女史用以记事的赤管笔。借指女子之事迹。

戒戕冢

十曰戕冢，何忍伤残。人祖己祖，一体同观。每见世俗，锄挖山峦。或为修造，罄伐檀栾。抛弃骸骨，暴露桐棺。定遭显报，人丧财殚。恺悌君子①，培补缮完。仁如西伯，万国腾欢。

选自［湘潭、湘乡］《钱氏六修族谱》，1944年彭城堂木活字本

①恺悌：和乐平易。

沅江徐氏家训

源流：始祖安贞公，递传至韬公，韬生晟，晟生全，全生五子。始迁祖逢九公，字献畴，原籍江西吉安府吉水县，明景泰正德间人，先居星沙西湖桥，不数载转迁沅江邑南白水塘；逢富公原籍南昌府丰城县拖船埠，明洪武间迁居沅江县城南门首。两公皆全公所自出。清道光八年(1828)、光绪七年(1881)、1947年逢九公嗣三修族谱，1947年九、富两嗣合修。派语：逢首卿爱东，思尚以伯公，国家大应钟，时运自然隆，作善增余庆，希贤学道崇，世昌能绍绪，景瑞万年丰。

徐氏家训小引训十四则（节选）

古圣贤著书立说，皆所以教人为善者也。至治家一训，朱文公《格言》尽矣。然恐制语精深，难以领会，徒令贤智阅赏，而愚顽或视为具文①，漠不加意，则所以恸切针砭者②，亦未能普获实益矣。故第即现成语头，常在人情口耳间者，采而辑之，又不惜反复多端，长言婉导，以便观览。庶无论贤智愚顽，一说了然，感触之下，因以收敛约束，不致逾闲荡检。谨缀十四则于下。

教诲子弟

子弟之贤，由于父兄。孟子曰："中养不中，才养不才，故人乐有贤父兄也。"所以古人有胎教，有能言教，有"小学""大学"之教，子弟易于有成。今世之教子弟者，文艺诗赋与一切词歌策论，不过图取功名，而于道德未闻也。次者教之行书、修束、杂字、算法，以便异日书计。下者

①具文：徒有形式而无实际作用的空文。

②恸切：悲痛之极。

学之词状话套，匿名造谣，使子弟异日免受欺侮。不知肆猾逞刁，即在此时安脚，虽教之，实害之矣。吾族训子弟者，无不恺切周详，但族夫人众，岂尽知教法当正，养正当豫乎？故凡有子弟者，五六岁时，令入家塾，读书习字，随其性质，授以多寡。及稍长有知，便择端方师友，将经书传史严加课迪，务使变化气质。虽一行一动，不可任情旷荡，要在守法循规，不失醇谨诚实。且俊秀子弟虽贫，务必读书，否则聪明必至误用。苟能知书识礼，如训蒙外，医鉴、卦命皆可谋生。至姿格愚鲁，贫窘不能送读，亦当改业就教。农者教以耕稼，工者教以技艺，商贾教以公平交易。以上各居一业，切不可越四民外为僧，为道，为胥隶，为优娼、屠宰及奴仆役徒，有坏门风，恐后有贤肖光显门第，不免议其微贱，况贻谋不善，又安得有干蛊之子孙乎①？训子弟者各宜教之，以正期无愧家声是凛耳。

专务本业

谚云："士农工商，各居一业。"虽属常言，实有至理。故《管子》谓四民杂处，则其言庞，其事乱。士必居文坛，农必居田野，工必居官肆，商必居市廛，专之谓也。凡人擅一长，习一技，但能守不失正，便可为终身之宝。所以古之人嬴非以养马显，郭驼以种树传。其艺之见赏于世者，必曾寝其劳，食其苦，然后其业成，有必然者。古云："有志者，事竟成。"又曰："苦心人，天不负。"是皆确有所见而云也。吾尝见世人职一业，方入手时，未尝不勤勤恳恳把做一件事干。行之未久，见其中精微难究，工程益繁，畏心生，怠心起，意欲半途而废，再寻生计。不知世间无易事，从未有一锹可以成井者，不耐烦，不忍苦，怎能成得一分生涯？然必兢持守正，历尽艰辛，乃可悠久。若一当热境，便忘却寒时，惰弃本业，或恣情妄作，或游手偷闲，则必为造物所妬，立见消磨。总之，家无论贫富，人无论贵贱，质无论智愚，艺无论精粗，只须专其所务。古所谓习业专而人心厚，人心厚而礼俗兴者，此之谓也。嗟夫，崇好优游，不务本

① 干蛊：干练有才能。

业，以衔杯为高致①，以勤事为俗流，吾先人所大恶也。族之后贤，其共儆之。

权量宜遵

凡人一生福禄，皆由天授，非人力也。命当富厚，虽日挥金银，终不至匮；命当穷薄，虽日较锱铢，终无余赀。夫爱惜家财，固属载福之道，慎其抛散，节其耗荡，以酹两间生聚之意，非在日用权量刻薄增减以为爱惜也。近见人家戥秤斛斗，往往不遵颁制，轻出重入，有余则放债贫家，银以九钱五六分为一两，谷以九斗五六升作一担，在借贷者俯首认受，限至期满，本利相还。虽重戥宽斛，暗地勒取，犹不至十分吃亏。若系肩挑贸易之辈，本小利微，不免拖久，而兹则子母滚算无厌，甚且摧逼如雷，不至卖妻鬻子以相还而不止。此等刻薄，使人背地唾骂，纵获眼前之利，终伤造化之仁，天道人心，其安在乎？况王政以谨权量为要务，规模较定，朝野同遵，妄意盈缩，殊干法律。告我宗人，共宜警醒。

选自[沅江]《徐氏四修族谱》，1947 年东海堂木活字本

---

①衔杯：饮酒。

长沙凌氏家训

源流：始祖太纯，字建中，世居长沙，因元末之乱迁寓长宁，明洪武二年(1369)归籍本邑铁坪。字派：廷启思承玉，宏开定有基，家声忠孝本，世泽祖先遗，儒宗光德业，典范重端仪，功烈贤才显，述作圣明希。

四字家训十则(节选)

孝顺

为子为媳，得亲顺亲。欢承菽水，夏清冬温。昔日大舜，父顽母嚚[①]。后亦允若[②]，在顺其心。假使忤逆，有乖天伦。明犯王法，幽触鬼神。

和睦

兄宽弟忍，夫倡妇随。连枝同气，举案齐眉。须知式好，勿因怒移。宁为逊让，休占便宜。手足鱼水，安可分离？室家和顺，人鬼不欺。

循谨

卑犹邱垤，尊似泰山。长同乔木，幼列笋班。分宜循谨，最忌凶顽。患难相顾，休戚相关。毋任血气，毋恃横蛮。常存恭敬，衾影无惭。

慈爱

谁不爱子，子教幼孩。谁不教媳，妇教初来。教子如媳，总要和谐。爱媳若女，勿令痴呆。无违敬戒，妇道无乖。切勿溺爱，免后伤怀。

节俭

瓦胜金玉，疏愈珍羞。练裳竹笥，淡泊无求。蜡薪饴釜，终难自由。

---

①嚚(yín)：愚蠢而顽固。

②允若：顺从。

土阶茅茨，千古名留。但毋吝啬，莫学风流。量入为出，卒岁无忧。

勤劳

勤能补拙，俭以养廉。居家要诀，俭与勤兼。禹阴陶甓，傅筑伊田。一生作用，早起夜眠。披星戴月，先苦后甜。羔酒自劳①，不受人怜。

谱牒

因生赐姓，世系所由。因姓类族，谱牒再修。谨防虫鼠，珍重藏收。纸不可损，叶不能抽。毋庸添改，不许擅售。三年一验，免受愆尤。

六字家训十则

孝父母

男子顶天立地，要知鞠育之恩。果克尽心竭力，庶几不间人言。

敬耆老

老者朝廷所重，况在宗庙之中。俗云要问三老，敢不甘拜下风。

重贤才

贤才家庭桢干，公私皆赖周旋。凡遇岁时伏腊，干糇不可以愆。

事尊长

孟云徐行后长，岂人所不能哉？若是目无尊长，实为无用之才。

奉祭祀

所谓祖宗虽远，祭祀弗可不诚。入室忾闻僾见②，事亡不啻事存。

重耕读

举世两条正路，无非秀读朴耕。未必耕丰读达，二者皆可谋生。

慎昏姻

女嫁男昏之事，及时愿了子平。淑女厚奁勿计，东床快婿乘龙。

谨丧葬

微论有无家道，衣衾棺椁居先。附身附棺宜慎，诵经拜佛徒然。

①羔酒自劳：宰羊饮酒来慰劳自己。

②忾闻僾（ài）见：仿佛听到叹息，看见身影。

扫坟茔

坟墓形骸所在，蔂梩掩尽孝仁①。剔翦榛芜荆棘，幽居佑启后人。

恤孤幼

天下穷民无告，圣王发政必先。九族本乎一脉，何堪见食垂涎。

选自《长沙凌塘凌氏五修族谱》，1948年河间堂木活字本

---

①蔂(léi)梩：取土、运土的器具。

常德、汉寿郭氏家训

源流：始迁祖文忠、文政二公，为汾阳王长子曜公二十六世孙，明永乐间自江西吉安府永丰县层山迁居汉寿笑藤港及南关外。又汾阳王第六子暧公二十六世孙始成由河南迁常德流花口，始辅落业盐五汊，始钦、始海、始清落业鸡桥湾，正国由江西迁常德后江，邑江迁常德三角丘。1947年合修族谱。原派：华文彦焕启可以明如宏建经昭穆隆。新派：庭训恢前志，贤良必有为，昌荣知定远，盛德吉祥临，和声回韵谱，长乐万家春。

郭氏家规（节选）

一、孝父母

罔极之恩，侔于天地，故孝为百行先。我族如有忤逆不孝，及奉养失职者，公议处治。

一、睦兄弟

葛藟何庇，忍纵斧寻。草木有情，犹联臭味，故手足之情不可伤。我族如有为弟不恭，为兄不友者，公议惩治。

一、敬长上

十年以长兄事之，年长以倍父事之，异姓且然，矧属一本，故敬恭之心不可忘。我族如有以少陵长，以下犯上者，公议惩戒。

一、和夫妇

五伦之始，万福之原，故理阴与理阳并重。我族如有夫虐其妇，妇忤其夫，反目时形长舌阶厉者，公议处治。

一、安生理

士农工商，各有常业。我族如有设局开赌，引诱子弟，或为娼优皂隶，及异端左道者，公议惩杜。

一、禁非为

是非自有公评，曲直难逃庭讯，何敢恃强逞刁。我族如有牵牛掘睦，以及凶殴惫拚者，公议惩送。

一、尚齿德

盛世重引年之典，熙朝崇褒德之文。我族如有年跻三老，行范一乡，为众所矜式者，议从优奖。

一、兴贤能

功名之隆盛，关宗族之寝昌。我族如有文坛树帜，艺苑蜚声，为合姓光宠者，议从优奖。

一、尊师友

民生于三，师居其一；人伦有五，友要其终，故提命必资函丈①，攻错务借他山。我族如有不敬师尊，不敦友谊者，公同戒勉。

一、重国课

惟正之供，自古如斯，有田出租，有丁出役，奉公之道宜然。我族如有拖税抗租，大干律例者，公议惩戒。

一、恤孤弱

劳来之心放勋特著②，安怀之愿宣圣常存③。我族如有鳏寡孤独，及丧难葬，聘难娶，女难嫁者，议加矜恤。

一、严称呼

因派取名，依名取字，依字取号，在父母前以子名，尊长前亦称名，晚辈前则称字。若分卑年高，尊长不得呼其名；年长分尊，卑晚尤当讳其字。

①函丈：对前辈学者或老师的尊称。

②劳来：以恩德招之使来。放勋：帝尧名。

③安怀：安老怀少。尊重老人，使其安逸；关怀年轻人，使其信从。

一、讲训诫

子弟之行不谨，由父兄之教未先，故闾胥掌觥挞[①]，比长禁奇邪[②]，所以惩不善而进于善也。我族家规甚严，公立族长几人，户长几人，择公正望重者董其事。每岁四季望日，会集公所，讲明圣谕，及家政规条，并查各房子弟，如有率行不谨，干犯家规者，听族户长秉公罚处，倘犹不遵戒饬，即公同禀究。

选自[常德、汉寿]《郭氏合修族谱》，1947年汾阳堂木活字本

①闾胥：掌管一闾政事的小吏。觥挞：古代祭祀时失礼之罚则。

②比长：古代乡官名。

宁乡唐氏家训

源流：先世出自晋阳，唐代南浦公膺醴陵县令，著籍湘潭。至十三世明指挥使伯徵公，字遂良，性喜山水，爱石滩之清胜，遂结庐而居。生四子：珍、珠、瑞、玙。子孙繁衍，散居长、潭、安、湘、宁各邑。明成化中叶五邑合修族谱，清康熙三十六年(1697)、嘉庆十二年(1807)、咸丰十年(1860)、光绪三十三年(1907)续修，1931年合宁乡伯微公支、湘乡伯徽公支六修。乾隆九年(1744)建宗祠于石滩。班序：伯宝涵全楚，清桂兴添住，仲允崇世万，继希志方启，钟济植耀达，锡安新煌基，镇淑相照载，钦治乐鸣培。

家　劝

劝词小序

家之有规，犹国之有禁，所宜词严义正，略无委曲，顾可以劝言哉。然法语危言①，易生严惮，而为愚子弟者，反视为束缚之具，貌承而心悖焉。故婉论微言，广引曲喻，所以冀其一悟。盖秉彝之好②，人所同然，苟悦而能绎，梦觉悚然，则陈柳王谢之风，安知不复见于吾族耶？此劝词所以继戒而作也。

一、劝睦宗族

劝族宜敦睦，水源始生木。试观叶与枝，本是同根着。亲疏虽有殊，祖宗无厚薄。亲爱若不笃，渐次乖雍穆。富者应恤贫，强者毋凌弱。范公置义田，原为穷与饿。张公九世居，百忍诚堪慕。古人虽已往，后

---

①法语：合乎礼法的言语。

②秉彝之好：语出《诗经·大雅·烝民》："民之秉彝，好是懿德。"人的常性与天性是追求善美。

贤需力学。菁莪次第起，培植无容斫。贤智固所期，尤愿人诚悫。

二、劝训子孙

劝尔训子孙，前人传后人。子弟率不谨，责在父与兄。劳也成其爱，中也养不中。贻谋与式谷，胜积产遗金。堂前勤课督，厥后自隆昌。庞公安逸法，公绰教家风。功名犹缓务，岁月莫蹉跎。或有愚顽者，劝谕益宜勤。放纵多败子，严父见亢宗。若能遵此劝，诗书代有名。

三、劝务耕织

劝族务耕织，否则失家计。东作力田畴，秋成方获利。非曰为富谋，饥寒聊可备。女绩佐男耕，家声何由坠？鸡鸣与葛覃①，岂仅操中馈。君公尚助耕，命妇供蚕织。况为庶士人，本业何可废？试观游惰者，破落悔无及。戴月与披星，何暇告劳瘁。生计在于勤，利从难处致。

四、劝勿赌钱

劝尔宜戒赌，钱财如粪土。操练诈与奸，贪取他人有。良贱总不分，豕聚实可丑。及至胜败分，遂开仇隙路。劳神复费财，兼辱与宗祖。托言散愁闷，反致怨朋友。孔圣戒小慧②，陶侃譬牧虏。古今倾败者，历历皆可数。况奉朝廷禁，罪浮于盗首。垂此为永戒，各应知遵守。

五、劝遵礼法

劝尔崇礼法，规矩无人越。诗人刺相鼠，仪注宁虚设。衣冠必肃整，淑慎尔之德。跬步不忘敬，方可无颠蹶。亲朋重吊庆，揖让相晋接。平陵张湛归，闻者皆喜悦。孔子于乡党，恂恂更难得。经礼并曲礼，斯须不可阙。或有弁髦者，断非人中杰。文质能彬彬，人称真阀阅。

六、劝化气质

劝尔化气质，根心原不易。不从学问来，终难免暴戾。托言天性来，不化成锢疾。内省复思齐，自移粗猛气。气清则心灵，方成载道器。荣公训后生，容止中天则③。不惟人品分，爰用从此识。每见族中人，

①鸡鸣：指《诗经·齐风·鸡鸣》，该诗中妻子劝诫丈夫早起勤事不贪睡。葛覃：指《诗经·周南·葛覃》，该诗赞美妇德。

②小慧：小聪明。

③天则：自然的法则。

负气因使势。酿成大祸患，到底有何益。叙此附家乘，世世守勿替。

七、劝乐天安分

劝尔宜安分，顺逆皆天定。疏水曲肱中，真乐存所性。富贵等浮云，格言出孔圣。窃怪世上人，田产思吞并。利者众之争，谁复肯相逊。千年百易主，何须苦争竞。虞芮废闲田，夷齐成高隐。古人纵难为，岂遂不自省？诈伪心日劳，梦亦不安稳。若能操端谨，一生真受用。

八、劝从俭抑奢

劝尔莫骄奢，淡薄可传家。石崇与王恺，骄淫斗纷华。金银堆北斗，转眼尽虚花。世有浮荡子，裘马向人夸。岂知财有尽，终若浪推沙。王通服俭洁，高氏食葡瓜。古人非鄙吝，惜福福终赊。当用固不惜，本计在桑麻。兴衰如转毂，守约定无差。勤努而俭用，免使后来嗟。

九、劝尚廉耻

劝尔尚廉耻，耻关人大矣。不论富和贫，廉隅应自砥。人与禽兽异，机关正在此。世上非义财，得之深可鄙。巧饰以欺人，瞒心难昧鬼。彼自为得计，无以对桑梓。隐微虽暗地，十手所共指。当面人不非，背地交相毁。茅鸱与相鼠，无耻刺密死。不为所不为，方是有为子。

十、劝重道义

劝尔莫轻师，师有功于子。午夜费提撕，寒暑课经史。继往开来学，寻常难与比。爱子隆师范，汪汪淡如水。出蓝犹念旧，亲韩心自喜。每见世上人，往往亵斯文。轮舆尚尊重①，待士反失礼。平公敬亥唐，忘分不为耻。帝尧友虞舜，下交寒素始。爱勖我同宗，勿视为糠秕。

十一、劝谨守家规

劝尔守家规，家法岂容违？已曾明戒禁，字字日星垂。祠堂当修葺，祭扫莫辞推。各房立一长，秉正定是非。患难宜相救，喜庆共扶持。毋得分人我，不可乱尊卑。

选自［宁乡］《石滩唐氏六修通谱》，1931 年晋阳堂木活字本

①轮舆：轮人和舆人，古代造车的工人。

衡山宾氏家训

源流：鼻祖德诚公，元末明初自广西迁衡山，单传五世，六派开纲、纪、绅、绣四房。道光五年(1825)班行诗：立本懋修，仕显扬荣，克恢先绪，兄振家声。

家箴四戒

一曰懒。士农工商固有本业，但不可有其名而无其实。士懒则学荒，农懒则田芜，工懒则器窳，商懒则本折。其名虽非失业，其实仍与游手者等。古诗云："少壮不努力，老大徒伤悲。"早自猛醒可也，若之何懒？

一曰奢。本业虽勤，稍奢焉则每岁所入，不足以供所出。吾族生齿日繁，即家赀有余，亦宜节用以周贫乏。大禹圣王，饮食衣服尚从菲恶，况士庶人而可滥耗物力乎？谚云："常将有日思无日，莫把无时作有时。"若之何奢？

一曰利。败家子弟视黄金如粪土，将祖父产业奢侈荡尽，固为不肖。乃勤家子弟又视粪土如黄金，锱铢反颜①，箪豆见色②，怀利事父，怀利事兄，灭绝天性，莫此为甚。吾恐利方盈而害已洊至矣③，若之何利？

一曰争。天下之害，每起于争。所争甚微，其害甚大。或因百钱而用千贯以争者，或因数尺地而卖数十亩以争者，或因一朝之忿遂至忘

①反颜：反转面孔，谓翻脸不认人。

②箪豆见色：谓计较小利。

③洊(jiàn)至：接连而来。

身及亲以争者。争而得，亦难偿所失，况未必得也。事过追思，空自苦耳，若之何争？

选自[衡山]《宾氏四修族谱》，清同治三年(1864)大梁堂木活字本

宁乡陶氏家训

源流：始祖辛田公，明初偕兄弟六人由江西万载徙湘，长辛村徙浏阳；次辛庵徙安化；三辛轩居省垣；四辛斋徙湘乡；五辛田徙宁乡靳水双江老人仓，为双江陶氏之祖；六辛溪徙湘潭。双江陶氏族谱始修于清康熙二十九年(1690)，1929年五修。堂号敬义。该族名人辈出，陶鹏、显位、汝鼐、之典、煊，一门风流，著述如林，尤以汝鼐为著。派语：(自十四世起)文章鸿世美，忠孝懋先成，子克家贤允，人华国纪荣。

家约(节选)

一、戒贪图风水，推委避忌，致久停亲柩不葬。

一、戒谋葬窃损人家吉地。

一、戒不救赡宗族，致因贫急卖祖山、鬻男女。

一、戒因无子而疏薄大妇①。

一、戒指腹为婚。

一、戒贪财与卑行乱序及贱隶为婚。

一、戒令子弟、奴仆学诸邪术及唱戏等事。

一、戒畜歌儿、舞女及艳冶之奴婢。

一、戒六婆出入闺阃。

一、戒逋负官粮，干涉讼事。

一、戒助人与亲族构难。

一、戒因官府有交，遂为通贿行私。

---

①大妇：旧称正妻为大妇，妾为小妇。

一、戒代写离书及紧要揭帖文字[1]。

一、戒延方外人作烧炼[2],讲房术[3]。

一、戒信轻薄人妄语,便相传说。

一、戒生育随俗溺女。

一、戒婚葬宰牛。

新增家约

一、戒待尊长无礼貌。

一、戒至亲构讼。

一、戒处内外不严肃。

一、戒坟墓不竖碑碣。

一、戒纵子弟刻薄奸诈。

一、戒子弟无执业。

一、戒子弟不交相约束。

一、戒任子女为僧尼。

一、戒施产业为庵寺。

一、戒结盟入会。

一、戒吃斋传教。

一、戒信释道及诸邪说。

选自《宁乡陶氏四修家谱》,清光绪十八年(1892)木活字本

①离书:古代脱离夫妇关系的文书,也称休书。揭帖:旧时称张贴的启事、公告。

②烧炼:谓道教徒烧炉炼丹。

③房术:古代道士、方士关于节欲养生保气之术。

安化陶氏家训

源流：始祖为东晋太尉、大司马、八州都督长沙公侃。传至昇公，后唐同光元年(923)由江西吉州泰和县圳上徙居湖南益阳资江乡小淹，宋熙宁五年(1072)置安化县，割资江乡隶之，遂为安化人，世居陶家溪，又名陶家湾。后人因元末兵燹而播迁他地，惟舜卿独留故地，子孙衍居茅坪、柳林、梅城。族谱始修于明嘉靖四年(1525)，1939年七修。世系歌：汉代开封舍，晋侃历升迁，卿荣宗仕玉，廷金谱始镌，守承惟祖志，崇孝必英贤，文应希世用，武克定邦宣，勋业期铭鼎，忠勤允继先，运昌材益备，泽厚绪长延，绍德经传远，永思福尔全。陶澍为该族十六世孙。

家规(节选)

一、公举族长，择廉明刚正者为之，遇事直道施行，不可挟嫌避怨。其受罪者，并其亲属，不得孕恨图报，如不服理处，怀仇作祟，照犯规倍罚加责。

二、族人住居星散，房族长管摄难周，另立户长，以为助理。倘户内有不法者，户长实告房长，房长不能了结，投明族长，公同处治。户长隐匿，徇私图贿，一经查出，照犯规倍罚加责。

三、合族派定之房户长，均宜整躬率物，正己正人。俾各户各房，有所观感，同臻良善。若房户长有不胜任，及年老寿终者，准于冬至集会时，至宗祠报明，凭公斟换补添，庶不蹈有名无实之诮。

四、钱粮为衣食所出，国税务必早完，东租亦宜早纳。

五、孝弟宜敦。凡子孙弟侄，有逆亲犯上者，经房族长入祠，小则责罚，大则送官严办。即侮慢无服尊长，亦酌轻重处治，而在尊长，亦不得逞志越理，凌虐卑幼。

七、宗族宜睦。凡族内人不可参商和气，有不平事只准凭房族长论理调度，不准以强凌弱，以众暴寡，及借贫骗富，恃富欺贫。如有此项，先治犯规后方分别曲直。至祠内枷锁原系法物，非重大事情，无房族长之命，断不准轻用，违者重惩。

八、祠堂为礼法之所，凡有事入祠，坐次必分昭穆，言语毋得混争。至若城西祠，只准寓本姓生童考试，及为公赴县之人，不准附祠店主私开侧门，寓客祠内。如违，惟管祠首事是问。

九、大小会资只供正用，洋烟、糖果不准开入公费，有余财即宜置产，不准私挪。又不准置会内人之产，以免抬价赖受。首事必凭公选举，不准争充、轮充、冒充。每值会期，首事将一年数目凭房户长查算，毋许多人多日耗费会金。首事有浪用则批驳戒后，有侵蚀则追缴还公，重或责革加罚项入公，无弊不得异议。倘散人聚众缠扰，贪食图财，房族长公同斥罚。

十、会资除正用外，有因公事私起争端者，事主凭房族论处，须事主自备食用，或公议有所追究，亦必着犯规人于罚项外赔补食用，不准借公为由，擅用会资。如违者，着首事赔偿不贷。

十一、坟山树木及柞柴茅草历议蓄禁，以培地气。如有盗砍，必重责罚。即风吹雪压与无关紧要处，所有可公卖公用者，亦必公同商定，无得擅砍干咎。

十二、士农工商，各有常业。凡族中，务须父戒其子，兄勉其弟，俱勤正务，无许游荡赌博，作窃结盟，山庄、馆店、河船不许停留歹人，及窝赌窝窃局骗人财。如有此项，一经发觉，除处治本人外，伊父兄不得辞责。

十四、无子立继。如亲属无继可立，或虽有而彼此不愿者，准凭房族另立，择贤择爱，听其自便。若本人早故，即由尊长择立。他人不准争继，尤不准阻继。有谋产滋事者，房族长严斥勿徇。

十五、族中男妇及已嫁之女，或有因事自尽者，必核实有无冤枉，斟酌理妥，不准借命索诈。

十六、家庭地方大小等事，经房族长秉公剖断，曲直自分。近有横夫悍妇，因事含忿，恃贫拼富，辄以吞服鸦片烟毒搪抵。我族倘有此等恶习，族中人不准借命索诈，如此则横悍者知虚死无益，保全实多。

十七、鸦片永干律禁，近则国法森严，同行禁革。我族人等不准开设烟馆，自害害人，引诱良家子弟，同归败坏，违者罚处。

十八、中教以孔孟为宗，如日星江河，万古不废，允宜遵行。凡族中子弟，不准学习斋教、西教，入天主福音各堂。如违，加重责罚。

十九、本姓有欺压别姓与外来工商过客者，房族必严加儆戒。倘别姓欺压本姓，不可坐视，务须体清虚实，公同伸屈，以笃宗亲。

选自[安化]《资江陶氏七修族谱》，1939年木活字本

醴陵黄氏家训

源流：一代英公，字重任，原籍江西分宁双井，随明太祖征郴州，统兵来醴，洪武八年(1375)阵卒，葬于豆田老爷山。长子铎公，分支枫林。次子镮公，字景华，卜筑盐山鳌溪。清乾隆二十年(1755)、嘉庆二十四年(1819)、同治六年(1867)、1920年纂修族谱。字派：德厚前徽远，祥开发越长，鸿文堪继起，光耀振南邦。

家训十二端(节选)

重农桑

古者农人制其田里，墙下必树桑麻，故衣食丰足，不饥不寒，而农有余粟，女有余布矣。苟不耕不种，以惰农自安，任其田卒污莱[1]，土地荒芜，则仓廪必虚，仰不足以事父母，俯不足以畜妻子，甚至饔餐莫给[2]，冻饿困苦，无以聊生，不但见耻于宗族，抑且贻羞于亲朋。故正德之训明伦不缓于教稼。愿族人在力田者，须知稼穑艰难，以饱暖当务之为急。既为农夫，则业必专务，慎毋自暇自逸，以自误其养生之道也夫。

督诵读

天下诸事至美者莫如读书，能励志勤学，由是列胶庠，登科甲，足以光前人，显父母。即或艰于遇合，亦足以明礼义，重伦常。故儒者之家，子弟虽力田，亦知孝弟诸大节，是诵读之益人最大。朱子云："子孙虽愚，经书不可不读。"《孟子》曰："中也养不中，才也养不才。故人乐有贤父兄也。"我族叨祖宗之灵，使家给人足，当乐捐产业，择基址，建义学，

---

①污莱：田地荒废的样子。

②饔(yōng)餐：饭食。

延名师以为教论。无论贫富，凡可造之子弟，皆得受其裁成。然此在有心于振家声者，以为培植之、作育之耳。

和邻里

昔孔子训子张曰："言忠信，行笃敬，虽蛮貊之邦，行矣。言不忠信，行不笃敬，虽州里，行乎哉？"此言慎以行已，乃可以处州里。而不知和以待人，更可以结邻里。邻里之人，姓不一姓，人非一人，彼此往来，不啻兄弟之相亲，最宜情谊之相协。勿恃富欺贫，勿因贫妒富，勿以强凌弱，勿用智诈愚，纵相口角，毋庸讦忿。遇窘迫患难者，不得以秦越视之，当必以手足顾之。由是出入相友，守望相助，疾病相扶持，庶几雍睦成风，则邻为德邻，里为仁里，此大和所由保合也。

择交游

友者，五伦之一，赖以劝善规过，成吾德业，借以救灾恤难，备吾缓急，非徒搏声气已也①。孔子教人为学，无友不如己者。又详言益者三，损者三②。尝见读书子弟，学业无成，流于匪僻，皆自交友坏之。不特此也，耕作无好伴，荒废多而收获少；工商无好伴，财利失而事故生。甚至结党引类，驰情柳巷花街。否则携手同行，快志牌场赌局。抑或同盟拜佛，吃斋念经，入于邪教，此为国法所不容。凡我族人，居家最宜严肃，交好人，接好友，庶异歹无从而入，子弟不至于坏。昔马伏波《戒兄子严敦》曰："龙伯高敦厚周慎，口无择言，谦约节俭，廉公有威，吾爱之重之，愿汝曹效之。"与交游者，斯言诚可法也。

戒争讼

世间损财破产，结仇成怨，莫甚于争讼。争讼之不可不戒也。然有时强者攖弱，众者暴寡，智者诈愚，勇者苦怯，则以曲欺直，而将是为非。理应不平，则鸣治以官法。但稍可得已，宜存宽宏之量，听人劝释为高，吃点小亏，不为坠志，此便可以保家，可以闲身，可以安心。如必与他计

①声气：声音和气息，后用以比喻朋友间志趣相投合。

②"益者三"：语出《论语·季氏》："孔子曰：'益者三友，损者三友。友直，友谅，友多闻，益矣。友便辟，友善柔，友便佞，损矣。'"

较，定要出一己之气，将执拗成讼，所争者小，而所失者大。赢也要钱，输也要钱。每见好讼之人，家业搅尽，家人受累，迨至追悔于后，始知未能忍让于前也。然此仅戒夫讦讼，尤当自戒夫召讼。彼夫谋人之业，夺人之爱，占人之产，人不欺我，我自凌人，甚至违理妄行，逞横凶殴，皆自取其祸，即自召其讼也。《朱子家训》云："居家戒争讼，讼则终凶。"愿族内子孙，三复斯言以自警。

立主见

人生在世，不可不立主见。主见不立，则为人无定向。舞勺以前[①]，犹属无知，成童而后，有父兄者，固有督责；无父兄者，不立主见，所习何业？所学何事？不几为游荡不立，毕生不知其所终乎？故为读书必思通达以成名；或为耕田必思丰亨以至富；或为艺术必思精会以通神；或为工匠必思技能以呈巧；或为商贾必思贸易以阜财；或为书吏必思廉慎以急公；或为师长必思训诲以及人；或为官牧必思精忠以报国。且凡作一事，莫不想其何以有成，乃可谓创功立业，为有用之人也。是所谓立其主见也。慎勿随意而安，轻心以掉，勿有始而鲜终，勿半途而中止。主见立则谋为定，谋为定则建树成。我族内子孙尚其早立主见，思一生为何等人，庶几有谋、有为、有守，得称为贤子肖孙也夫！

选自[醴陵]《醴南盐山黄氏四修族谱》，1920年敦伦堂木活字本

①舞勺以前：指儿童十三岁以前。

平江萧氏家训

源流：平江萧氏，肇自明初，始祖不一。德卿公为大水段支祖，征卿公为中坪支祖，微卿公为三口支祖。清嘉庆二十年(1815)、咸丰二年(1852)、光绪十一年(1885)、1914年三支合修族谱。1948年合巴陵鸣水洞支五修。大水段族原派：甫叔崇仁，德训丹中，攀思万载，兴启显祖，文正秉善。中坪三口族原派：定汝胜仁继，善述本前行，明体能达用，朝登上士成。巴邑萧家洞族原派：千一细福祖，元魁文友诗，万惟兴启嘉，显良明承支，添德照临远，名宗学日新。合订通派：孝友传芳久，名宗学日新，纯修归大道，永世贺昌平。

增刊家约八戒(节选)

戒攀附

后世忘本源者，多不祖其祖，而祖他人之祖。如本非闵支，自附大贤之后裔；本非郭胄，辄拜汾阳之松楸①。殊不思家世之昌隆，全在子孙之贤肖，不在祖宗之赫奕，故房杜之祖未可恃②，牛医衣之儿未可少也③。彼衣钵相传，二氏尚有流源，宗盟一本，吾儒竞相扳附，岂青紫之蒸尝，反不如缁黄报本乎④？近来各处谱系异同，勉从其一，而先人之面目尽失，遥遥华胄之讥，其能免乎？况吾祖定基公，字守一，宋雍熙景祐时进士，曾为岳州通判，《府志》可稽，后官监察御史工部侍郎，封广陵

---

①松楸：松树与楸树。墓地多植松楸，因以代称坟墓。

②房杜：唐名相房玄龄、杜如晦的并称。

③牛医衣之儿：喻出身微贱而有声望的人。

④缁黄：僧人与道士。僧人缁服，道士黄冠。

侯，而炳若日星者，知不我欺也。且自世系既详，而后人文蔚起，子孙蕃茂，居址产业之开拓，星罗棋布，绵亘数百余年，诜诜称盛[①]，倘凭臆增减，降数百年血食之祖为旁支，升旁支祖为正派，其罪曷可逭乎？宁守丧祭从先之义，覆实征信，不敢效颦他氏，矫诬其宗祖，诚恐祭非其鬼，以怨恫我先人。

戒骄傲

子曰："使骄且吝。"《书》曰："傲。"象曰："无若丹朱傲。"骄傲，凶德也。吾家世赖以继续者，子孙也。不独诗书贵显，以光门祚次之，扶持名教，负荷家纲又次之。椎鲁朴诚，奉公守法，产业蓄积，俱足引重一时。今纨绔子弟居家颐指气使，侈佩服之华，习轻狷之态[②]，以老成典型为迂，以诵诗习书为苦。所交游者，市井少年数辈。所挥霍者，樗蒲一掷百万。养骄习惰，旁若无人。夫以中材子弟为前后倚赖之身，一中骄傲之习，蔽聪塞明，不可救药。识者窥其浅深，将来壮以罔用，损以满招，终底无成，悔已晚矣。噫！子弟之贤不肖，门第之盛衰因之；父兄之教与否，子弟之贤不肖系之，伊谁之责哉？

戒奢侈

俭约持家之道也，当安布帛菽粟之常，守恬淡家风之素。今人宫室、车马、衣服、饮食、器用，一切繁华，不可枚举。姑以一二事言之。如嫁女婚男，两家各争体面，亲迎之日，妆奁甚至数十抬不等。予谓止要一抬好，则千万抬有之。此虽无害于义，而伤财耗用，不必效也。孟之椎髻荆钗，戴之练裳竹笥，千古美之。至若吉凶等礼，亦宜燕饮如约。朱子云："园蔬愈珍馐，瓦缶胜金玉。"《记》曰："诸侯无故不杀牛。"以其非郊祀不敢用，非天神不敢歆也。今人肆筵设席，动宰太牢，不惟暴殄天物，抑且违制僭儗[③]，岂非伤元气，减福泽耶？总之，家贫当安俭朴，富厚尤宜节省，若有赢余，此外更多义举，又有家赀稍裕，尤富室相竞，

---

①诜（shēn）诜：形容众多。

②轻狷（juàn）：轻佻躁急。

③僭儗（jiàn nǐ）：越分妄比。

以有限之物力，供无穷之侈汰。未几力疲财尽，产业转以售人。亦有乡中子弟出入屠沽，非市非朝，延请梨园，流连扮戏，荡费赀财，荒误耕读。又以禳灾祈福为名，敛掠钱谷，弄傀儡。如此之类，悉宜除之。

戒谋夺

产业买卖，人情也。乃有奸险之徒，遇不肖之子，酒食饵之，银谷累之。既入彀中[1]，田不得不售，屋不得不卖，坟不得不起。业未尽而情弥笃，产既罄而交遂疏。事虽如算，终难问心。又或一家骨肉之亲，或欺其年少无知，或乘其愚朦憨蠢，产业既肥庾不匀，赢余复私肥己。殊不知天理无私，无往不复。及其衰也，拱手而付之他人，向为身后谋人长之计者，今则自供无赖子弟酒色之资，则何益矣？更有废婚夺嫁，折离诬蔑，弃伉俪以图财，倚强凶而逼节，口不堪述，耳岂忍闻，青青子衿，何不幸而遭此孽耶？

戒图索

如强牵人牛马，强割人禾稻，强搬人什物，强砍人树木，强据人屋宇，强耕人田地之类，律例森严，乡愚全不知畏。或因田土索找，或借婚姻翻码，或因断理不服，上蹈官刑，次罹家义，及至事寝，未必尽填欲壑。耗于酒席者凡几，耗于公门者凡几，灭理受无良之名，肌肤遭刑杖之责，而所得不如所失，欲害人利己，转自害耳。至若服毒轻生，总欲败人身家，得人财贿者，值炎暑身尸腐烂，骨肉异处，一经上人检验，事在无故，徒以博无益之一死。夫以一时之小忿，而贻百世之恶名；以一人之躯命，而肥他人之囊橐。地下无讼冤之鬼，人间得枉死之钱，而当事者居然无恙也。然盛衰无常，所宜深念，贫者当为子孙留余地，富者当留余地以处子孙。

戒无恒

可以南，可以北，杨子悲岐路；可以玄，可以黄，墨子泣练丝[2]。人

---

①入彀（gòu）中：比喻中圈套。

②“可以南”句：语出《淮南子·说林训》：“杨子见逵路而哭之，为其可以南可以北；墨子见练丝而泣之，为其可以黄可以黑。”比喻人的品性很容易受环境的影响而改变。

生天地间，贤愚在转移。试观今之人，不织便号寒，不耕便啼饥。可知吾道中，作辍亦如斯。马融帐，董生帷，温公枕，苏子锥，古之勤学，胡不知？精于勤，荒于嬉，着鞭须在少年时。学书若不成，学剑亦何为？营营思徙业，韶光不复追。南人戒无恒，不可作巫医。圣人思有恒，恒为作圣基。

选自［平江］《萧氏族谱》，1947 年兰陵堂木活字本

宁乡梅氏家训

源流：始祖胜聪公，字九思，元至正十二年（1352）自江西南昌府南昌县迁湘之宁乡县八都柳林。子贤益生有二子：悠荣居八都，悠华迁一都狮顾。后人分布于湘阴、益阳等地。至 1948 年，已传 24 代，共 500 余人。清同治八年（1869）建宗祠于县东正街。荣房墨谱创修于明天启六年（1626），清乾隆七年（1742）续修。华房墨谱创修于明天启七年（1627），清乾隆五年（1740）续修。嘉庆六年（1801）二房合修，咸丰十一年（1861）二房续修，堂号"悠承"。荣华二房老派：胜贤悠允添伯绍继。荣房续派：庭国新开泰必学德芝宗。华房续派：志单然思孝传家国诗书。合派：（自十九派起）教钟源杰焯培锦泽林炘在鉴洪材炜堂铭润桂焄。

教家韵语十章并引

家规之设，所以重责父兄，约束子弟也。我族子姓蕃衍，傥有荡检逾闲，岂非父兄之失教哉？但与家人立说，务在明白简切，使易惊心。至若嘉言懿行，炳于圣经贤传者，不可殚述，则在教之者与学之者自领焉耳。所有韵语叙列于下。

一、人子宜孝

合族宜孝亲，孝亦在乎诚。终身敦孺慕，难忘罔极恩。养生当竭力，送死须慎终。荐禫及时尽①，三礼古今存。在昔尼山训，殷勤作《孝经》。闻雷泣墓子，感发《蓼莪》吟。谁无父母者，岂曰惟古人？人生苟

①禫（dàn）：古代除去孝服时举行的祭祀。

不孝，忘亲罪莫深。怙恃百年后①，悲伤风木心。聊将至性语，说与子和孙。

一、兄弟宜和

合族须友爱，至亲联同气。毋听妇人言，遂伤手足谊。亦有阋墙变，只因财与利。钱米可再来，骨肉分难聚。试味苏琼言，闻者皆感泣。唐宗花萼楼，姜家大同被。鹡鸰悲在原，急难尤相济。兄友弟则恭，怡怡兴家计。论情毋执理，谈仁亦讲义。式好无相犹，诗言宜切记。

一、宗族宜睦

合族宜敦睦，一体如一木。试观叶与枝，本是同根脚。亲疏虽有殊，祖宗无厚薄。每见族间人，纷纷争口角。多因小忿起，遂酿成大祸。独不思范公，义田恤穷饿。仁厚振家声，亲让诚堪慕。切忌论短长，褒贬分清浊。愿息门庭争，莫为鼠与雀。殷勤诫后人，宜将古人学。

一、子孙宜训

合族训子孙，前人传后人。子弟率不谨，责在父与兄。劳以成其爱，中也养不中。贻谋与式谷，胜积产遗金。堂前勤督课，厥后自昌隆。庞公安逸法，公绰教家风。延师宜重道，训子莫辞贫。或有愚顽者，令知稼穑勤。放纵多败子，严父有亢宗。谆谆训迪下，乐业且扬名。

一、赌博宜禁

合族宜戒赌，钱财非粪土。日将骰与牌，贪取他人有。良贱总不分，群聚相煽诱。及至胜负分，终不肯歇手。到底流落时，贻辱宗与祖。无颜见正人，反失真朋友。孔圣戒小慧，陶令譬牧虏。古今倾败者，历历皆可数。况奉朝廷禁，何不自引咎？戒此操正务，轨范宜遵守。

一、本业宜务

合族务本业，耕读非虚设。青年芸窗下，休令空岁月。岂徒取功名，诚以造有德。至若力田者，衣食终无缺。东作能及时，西成方可获。其他技艺精，谋生亦有策。每见游怠人，无成双鬓白。少壮不专勤，老大何收结。劳力与劳心，皆未容休歇。凡事莫辞艰，功从难处得。

---

①怙恃：父母的代称。

一、己分宜安

合族宜安分，富贵皆天定。业产有区分，岂得容吞并？比居异姓人，田土多淆混。各自守界限，何须苦争竞？虞芮废闲田，让畔成美行。古人纵难为，亦且无妄动。若比财和势，家业浪费尽。是非有公道，不必逞强忿。人或欺凌我，惟循理上论。族能遵谨厚，庶使人钦重。

一、奢俭宜称

合族戒奢华，淡泊可成家。石崇与王恺，骄淫斗绛纱。金银堆北斗，转眼尽虚花。世有浪荡子，裘马向人夸。岂知财有尽，终若浪推沙。王通服俭洁，高氏食葡瓜。古人非鄙吝，惜福福终赊。当用固不恤，本计在桑麻。兴衰如转毂，守约定无差。勤劳宜俭用，免使后来嗟。

一、品行宜端

合族端品行，正大以存心。谁无仁义性，多为利欲昏。择术从此坏，万事尽皆倾。每见卑污者，体面究何存。丈夫严守己，磊落自堪钦。切莫交匪僻，尤宜学正人。关西辞暮馈，伯玉重冥冥。君子小人异，只在方寸中。失足千古恨，莫负百年身。族多贤哲子，先代益光荣。

一、家训宜遵

合族繁子姓，家训岂容违？已曾举切要，尚其共凛之。祠堂当整饰，祭扫莫推辞。各房立一长，衡论是与非。喜庆通情愫，患难共扶持。毋得分人我，不可乱尊卑。追思颜氏训，仿行宗谔规。人人能谨恪，先泽自贻垂。更望后贤起，丕振裘与箕。不负叮咛意，永久以相期。

选自[宁乡]《梅氏重修族谱》，清咸丰十一年(1861)悠承堂木活字本

湘潭曹氏家训

源流：子明五世孙彦鼎析居湘潭五里墩。彦鼎子五：礼、义、仁、智、信。清同治二年(1863)始修族谱，光绪二十年(1894)续修，1935年三修。行派：(从十六派起)家盛英才广，典修治策长，承宣逢化日，振起在名邦，作善人皆见，平心道可将，敬惟居历久，仪足法云常，古式定多益，来贻由胥匡。

家训十三条(节选)

勤教读

学不可废，读书为第一。不学，无以光耀祖宗遗训。孙曾茫然①，不识修身、齐家之道，或放荡流佚于礼法之外，或恃血气、仗钱财以贾祸，皆由不读书明理之故。谚云："书中自有黄金物。"惟不学则无术，大抵敦人伦，存节义，守礼法，尚廉耻，必本于读书。父兄教训子弟，量其姿质，虽钝者必令粗晓义理，略知文字，敏者务期远到②，切不可务外③。择名师，交益友，款洽殷勤，礼貌恭敬，使子弟谦虚就教，不染浮夸之习。自此门闾昌大，而书香不绝。

重农桑

农桑之业，见重于古昔帝王，凡以奠身家、谋衣食之道，必由于此。

---

①孙曾：孙子和曾孙。泛指后代。

②远到：深远周到。

③务外：研究学问只致力于表面，不求深入。

三推[①]、五推、九推，帅之于上，耕九余三，详载《礼经》。不耕而食，不蚕而衣，自古有罚，以警游惰之民。必须择子弟敦实者，使竭力田亩，朝夕胼胝，无少逸豫。勤垦辟，务芟柞[②]，毋得视为草野愚民。要知家国之本务在此。至于秋敛以后，必早完国课，又力崇节俭劳苦，而能安本分者，天必佑之。家道安有不兴，衣食安有不足乎？

敦德行

作善降祥，善为第一着。若赈贫，若周急，若养老抚孤，存幼弱，粥饭茶汤，可施则施，桥梁道路，得修便修。而在家族之贤能者，遇艰难事，尤当提携自任。惟随分量，力不市恩[③]，升斗分文皆为惠。乐人之善，成人之美，见人有恶行则掩之，闻人有恶言则隐之。莫使暗箭而自伤忠厚，莫造谣言而自损阴骘。如此则福虽未见而祸自免，祸既能免，则福无穷。《易》曰："积善之家，必有余庆。"愿与族人共铭之。

联族谊

族众原共一本，即或分居异派，不可绝其往来。若喜不相庆，忧不相吊，相遇如途人，殊失敦睦之道。无论聚居散处，必休戚相关，苦乐相告，平常来家，虽不设具随时款留，自有亲爱之情，而于冠昏丧祭诸事，尤不可忘家谊。

谨丧葬

丧葬称家有无，务遵《家礼》，衣衾棺椁，宜先制备。尤必慎于临终之际，一毫草率，后悔无及。又不可惑于风水之说，致为堪舆家所误，久停不葬，暴露原野。要使父母遗骸永安泉下，庶无所憾。又世俗好浮屠，作乐娱丧，修斋供佛，借僧道为忏悔。天堂地狱之说，识者不忍言，而人子赖以表孝思，不亦愚哉？

---

①三推：天子于每年正月亲临籍田，扶耒耜往还三度，以示劝农，称三推。《礼记·月令》："天子三推，三公五推，卿、诸侯九推。"

②芟柞（shān zhà）：耕作。

③市恩：买好，讨好。

禁为非

肆行不法之徒，败坏门风，莫若盗贼为甚。谚云：“若欲人不知，除非己莫为。”今世家巨族犹不免此，由于懒守执业，交游非类，始则酗酒游荡，奸邪淫佚，无所不为，渐至为窃为盗贼，不顾脸面，一经官长拿获，杖笞拷掠，后悔何及？故为父兄者，宜善教训子弟，为子弟者，宜听父兄教训，不可因富贵自尊，不可因贫贱自弃。语云“学好”二字，愿与族人共勉焉。

选自《湘潭曹氏鼎公支谱》，清光绪二十年(1894)庆余堂木活字本

益阳龚氏家训

源流：一世祖暹公，明洪武时随父子荣公徙湖南宁乡，三派安凝自新化返益阳。四派扶语、扶言分立门户，扶语居禁簰，扶言子孙世居益阳袁家桥、黄金洲等地。言公生六子，惟渊、潮、源三公世泽恒绵，渊房又衍为和、绅、俊、兴、旺五房。派语：日金安扶道，绍仕志单仲，大希文胜祖，良善世生贤，继先维树德，诗礼允传家，立品崇儒雅，观光应国华，英俊时逢盛，滋培泽正长，熙朝登进广，勋业振南邦。

条　约

一、孝弟友爱。凡孝子顺孙，竭力养亲，兄友弟恭，足为民式，及妯娌和睦，与同父异母兄弟能友爱者。

一、义夫节妇。凡族中有守宋宏之志，矢柏舟之操者。

一、敦本睦族。凡家规整饬，宗族无间，敦亲亲之义者。

一、诚敬忠信。凡居心诚实，行事正直，可为表者。

一、端方良善。凡言坊行表，忠厚老成，素称积善者。

一、居心公平。凡临财不苟，不凌愚懦孤独，买卖不使欺伪，秤等升斗，出入公平者。

一、排难解纷。凡遇乡邻雀角微嫌，力为排解，不使结讼者。

一、捐赀周急。凡不惜己财，济困扶危，助婚嫁殡葬，施棺衾，置义冢，修桥砌路，造船救生，仓有余粟，平价粜卖，减息借贷，以周困贫者。

一、绅宦自重。凡乡绅敦行守礼，可为倡率，安分知足，不入公庭者。

一、士风淳朴。凡士能好义，闭户潜修，克端士习者。

一、化导愚蒙。凡敦诗说礼，旁引曲谕，使愚蒙有所矜式者。

以上十一条，特颁以示劝，有克副者，举报请奖。

一、不严家教。凡父兄不令子弟务本业，纵其游手好闲，奢华侈靡者。

一、机变巧诈。凡居心险恶，行事诡僻，蛊惑乡愚，簧口生非，以酿祸端者。

一、吓诈良善。凡劣衿蠹棍，捕风捉影，恐吓愚懦者。

一、不守本分。凡容留匪类，朋比作奸，武断乡曲者。

一、放债重利。凡为富不仁，刻薄穷民，违禁取利者。

一、酗酒多事。凡匪党成群，呼卢畅饮，撒泼无赖者。

一、逞凶打降。凡学习拳棒，恃强逞暴，结党扰害乡里者。

一、学习符水。凡假造药丸，煽惑良善，希图取利者。

一、造言惑众。凡造作邪说，妄撰歌谣，蛊惑听闻者。

一、折卖妻子。凡将己妻己女及亲属妻女哄诱折卖者。

一、忍听溺女。凡溺女伤生，固属不仁，为尊长者置不戒谕，而忍听溺死者。

以上十一条，特颁以示戒，有敢蹈者，鸣公究治。

选自[益阳]《龚氏九修支谱》，1921年南峰堂木活字本

新化龚氏家训

源流：始祖宗瑞公，字鸿鲲，行一，原籍江西吉安府泰和县早禾渡金峰庙王圳上，元至正间任湖广副使，任满留家武昌安居。生有八子：子荣、子华、子富、子贵、子爵、子禄、子清、子高，元末明初携家南来。富公裔居新化流南山、圳上旧县村等地；贵公裔居横阳山沙江观音山，后裔再迁新化白溪；清公裔居新化九都百宁田家山。族谱始修于宋绍兴七年(1137)，1994年十二修。派语：武昌宗子荣，文朝百万成，廷大兴世守，国泰定长春，亲德洵高厚，家传尚慎勤，尽伦敦爱敬，为学在明新，士慕垂诗教，臣怀建汉勋，前贤均可法，后起益多英。

劝善俚言

孝亲

五伦亲作首，百行孝为先。明发怀生我，劬劳念昊天。亲存宜爱日，齿没应知年。大孝追虞舜，终身慕不迁。

弟长

手足原同气，当思不忍伤。怡怡全友爱，蔼蔼见天良。分爱情何厚，让梨谊最长。姜家同大被，雍睦永传扬。

忠君

成我同生我，事君如事天。庙廊时在念，缓急应争先。食禄思膏脂，捐躯效惕乾。匪躬时蹇蹇，纠谬与绳愆。

信友

朋友情谊重，出门交有功。百年如一日，千里亦同风。责善非翘过，无欺乃见忠。死生皆不二，寸念鬼神通。

崇耕

务农为大本，民赖食而生。种植宜乘早，收成要趁晴。粪多苗自厚，水足稼偏荣。谷粟归仓里，全家乐太平。

重读

书是荣身本，潜心学圣贤。拜师求指示，访友探心传。灯火三更月，鸡鸣五夜天。功名原有分，奋志向窗前。

务勤

世上无难事，人生只在勤。百般宜力作，万事要心殷。辛苦安吾命，宵旰看圣君。试观懈惰者，几见得超群。

崇俭

养德无如俭，倾赀定是奢。布衣常可着，淡食不须嗟。省费留余蓄，储财待起家。试观豪放子，不异水飘花。

和邻

处世无孤立，居家必择邻。同乡同否泰，共井共亨屯。患难宜周急，余饶务济贫。四时无诟谇，共乐太平春。

睦族

同姓原同本，须知念祖宗。无欺亦无侮，相劝莫相攻。长幼分高下，尊卑共吉凶。族庭常聚顺，百世乐雍容。

选自[新化]《龚氏九修族谱》，清同治六年（1867）武陵堂木活字本

宁乡崔氏家训

源流：始迁祖彧公，字权甫，元代人，宦游荆楚，遂籍宁邑一都西塘。派语：宗祖良春，习立国明，文武吉甫，万邦为宪，盛朝有道，才德彰宣，受福既多，仁孝光远。

家戒(节选)

戒擅伐祖禁

谱系之修，不忘本也。而丘墓尤根本之实际，上系先人灵爽①，下关子孙命脉，宜何如保护耶？为宫室不斩于邱木，顾有以修茔之故，而剪伐禁树者，斧斤之声，彻于上下，倘人心不死，得无震憾乎？山水有佳否，因有附迁，附则必告本支房长，次及所出之家规，视其昭穆相当，立穴处必无碍于祖茔，则附之。至于迁，则所关尤为重大。必真是水窝蚁穴，砂水恶浊，子孙屡见不祥，历历有据，备商族长，次闻本支，然后告明官府，许则迁之。若无故贪谋富贵，惑于庸术，辄行改迁，定以暴祖例处治。至于本茔所出隔远，而他房近居，若祖犹祖，自宜照料。如或欺其穹远，任意纵使，仆佃悄伐，佯为不知，一经报愬，定罪其主。

戒子弟淫荡

子弟之患，莫大于淫荡。彼樗蒲等具，易致废业。至纵饮达旦，放达不羁，为害尤甚。故子弟于年幼时，必设家塾，延明师读书习礼，教以事长奉尊之道，行止应对，饮食起居，皆绳以规矩。及至成人，品必端楷。傥不严于教训，习与性成，败坏礼法，其何以堪？

---

①灵爽：指精气。

戒凶暴

族间有因田园、水利、钱谷之类互相争竞者，许其人具其本情始末，赴投族长，不得任气角力，互相斗殴。盖未有凭气凌人，违亲斗很，而得长幸其无祸者，则何如投鸣族长，听其从公剖决，尤得曲全族谊。

戒溺女

世人得男则喜，得女则忧，忧其多而遂弃之，此不过以抚育嫁奁之难，故忍以骨血而伏杀机耳。抑知男女同具生命，何轻重殊焉？族人若以女多而溺之，则已伤天地之和，而岂有得男之理？此不可不戒。

戒虐无告

天地间之民物皆吾胞与，况鳏寡孤独，尤为世之颠连无告者乎？倘不加矜恤，而反肆欺凌，是直无人心矣。故明道先生曰："一命之士，苟存心于爱物，于人必有所济。"吾族中倘有不哀茕独①，欺孤嚼寡者，通族秉公责惩，决不纵容。

戒奢侈

凡居家当安贫守分，忍清苦，甘淡泊。房屋取其内外严明，勿求雕饰。衣服取其整洁，勿求华美。饮食取其适口，勿求甘旨。凡交际馈送，不过因情尽文，不得因文过情。今世之溺爱子弟者，多于襁褓之时，衣以华美，食以肥甘，任彼所欲，皆为之备，养成骄惰之性，异日倾家覆产，皆由于此。

戒伪忠孝

忠孝虽两事，其实一也。移孝作忠，无容二视。故求忠臣必于孝子之门，诚以孝固不容不忠也。人而有子，幸得显达，上为君弼，下为民牧②，旁观且代为称快，而父母正岌岌不宁，何也？若能笃乃忠诚，有功民社，于亲未有不稍安者。倘奸谗贪墨，欺君虐民，贻误家国，必此子也，是不忠而不孝兼之矣。一经败露，近则戮其身，远则殃及九族，反不

①茕独：孤独无依的人。

②民牧：治理民众的地方长官。

如列在编氓[①]，菽水亦可承欢；好义急公，瘠寐犹堪自乐。不诚为乡里无过之人，犹得绵延家祚乎？

选自[宁乡]《崔氏六修支谱》，1944 年博陵堂木活字本

①编氓：编入册籍的平民。

长沙符氏家训

源流：该族系鲁公之后，先世有公孙雅者，仕秦为符玺令，因以官为氏。后伟明公，讳融，以文学著名东汉，九传济南公，由建昌徙丰城。十七传希贾，又由丰城迁福建汀州。二十五传庆，生彦文、彦武。彦武仍居汀州。彦文，字成章，元季授万户侯，由福建汀州协镇长沙，卒葬宁乡枫梓庙，生四子：公辅裔析居宁乡、益阳；公弼裔迁平江、湘阴；公旬裔迁衡阳；公嵚裔迁衡山，四传复迁攸县。四房通谱创修于清雍正十三年(1735)，光绪三年(1877)续修。派语：文行全正纪，守任重臣子，彦公忠孝思，必应超大世，善友克邦廷，允约时之仕，德业振维宗，又方安以训。太和翔景运，郅治益昭明，敬典崇先泽，修名耀国荣，延长光令绪，卓茂显奇英，积厚垂辉美，隆规万代亨。

家训(节选)

先儒格言，炯若龟鉴[①]，祖宗遗训，炳如日星，宜如何佩服奉行？顾父兄之教不先，子弟之率不谨，一为申警，应若发蒙。《书》曰："学于古训。"又曰："聪听祖考之贻训。"吾愿与族共凛之。

训孝

人生百行，孝最为先。推之为至德，近之为庸行。为人子者，当随时随地报答罔极深恩。富贵则鼎钟以为奉养，贫贱则菽水亦可承欢。即父母不慈，亦必委曲承顺。时以愉亲为念，方成子道。至于祖宗者，又我亲之所自出也。清明挂扫，岁时祭祀，尤当尽礼尽诚。而且邱木不得樵采，祭田不得出售，所以展孝思于不匮矣。

---

①龟鉴：龟甲可以卜吉凶，鉴是镜子，可以别美丑。比喻可以起借鉴作用的事物。

训信

《鲁论》云："人而无信，如车无輗軏。"圣人垂训，固已深切著明矣。乃人心浮薄，习尚浇漓，身世之间，诪张为幻①，交游之际，虞诈互生，遂至动辄得咎。凡我族人，各宜忠厚自守，诚实不欺，则涛可涉，蛮貊可行矣。

训礼

冠昏丧祭，古今大礼。礼非缛节繁文之谓也。近世冠礼，久已不讲。至于丧祭，亦徒具仪文，縻费金钱，而于附身附棺之事，漫不经心，致爱致悫之诚，置而弗问。甚至迷惑浮屠，造斋化箓，执事家庙，跛倚嘻嗃，礼顾安在乎？吾族宜谨守准绳，致哀读礼②。庶诗礼之家，与俗流迥别。又嫁娶，男或计女厚奁，女或计男重聘，不知古云："婚姻论财，夷虏之道。"司马温公曰："凡议婚姻，必先察其婿与妇之性行及家法何如，勿苟慕其富贵。"我族人定婚，但求门第相当，男妇相称，婚礼无事华靡。至于叔嫂转房，孝堂成亲，及坐堂招夫，丑恶尤甚，殊乖礼法。吾族虽无此事，亦当预为警戒，以示防微杜渐之意也。

训义

义者，制事之宜，利欲之对也。行义则处事无不当，慕义则利欲不熏心。合义则为君子，背义则为小人。大而扶刚，常植名教，小而周穷，困济急难，无非大义所存。精义之学，守义之操，非必人人能之。然第勿执适莫之见③，勿持固我之心，无损人利己，无挟私灭公，则自合于义，入于君子，而免为小人也。

训廉

取与之际，学问之大要，亦立身之大端也。孟子称伊尹任圣，严于一介。又云可以取，可以无取，取伤廉，廉不可不讲也。吾愿居官者，宜如金却四知，清呼一叶。为士者，砥砺廉隅，无蹈仲子之矫廉，须法公绰

---

①诪（zhōu）张为幻：欺诳诈惑。

②读礼：古人守丧在家，读有关丧祭的礼书，因称居丧为"读礼"。

③适莫：指用情的亲疏厚薄。

之不欲。即凡农工商贾，勿占便宜之利，勿贪意外之财，不特品行可立，而福禄亦可长保矣。

选自［长沙］《符氏七修家谱》，1941年木活字本

沅江康氏家训

源流：始祖陶、阿二公原籍江西吉安府吉水县，明洪武初年至沅，落业赤江嘴椰树坝。六派祖灵相公复迁至白保四甲长乐寺前两冲塘。老派语：通灵显应明，兆元亨利贞。新派语：本支发达盛，万代永隆昌，孝道荣家国，忠良大有光。

家规（节选）

从来父兄之教不先，子弟之率不谨，与其事后追悔，不若先事预防。谨撮家规二十余条，开列于下。

一、不循弟道，傲慢尊长。

行不让路，坐不让席。见尊长不起，皆傲慢也。弟道不循，岂士庶之家法乎？

一、不存慈爱，以尊凌卑。

民吾胞也，物吾与也，此古圣人之量，不可以责庸人。第一族之内，派分虽有尊卑，皆属祖宗一体，何得凌辱频临，视卑小如犬马乎？

一、不睦宗族，唆讼射利。

喜不庆，忧不恤，视至亲如途人，尚且不可。况唆讼而射利乎？

一、不顾族谊，恃富欺贫。

解衣衣之，推食食之，古人于朋友且然，况属在族谊而不分多润寡，反相欺狎乎？

一、不勤职业，赌博荡家。

不士不农，不工不商，游手偷闲，已属可恶，况赌博而荡家乎？

一、不寻生理，借贫害富。

肩挑贸易，且勿占便宜，况生理不寻，专行骗害，此人尚可容乎？

一、不择交游，比匪习邪。

群居终日，言不及义，好行小慧，已为名教之罪人，况比匪而习邪，其败坏纲常有不堪言者，比风尚可长乎？

一、不存廉耻，盗窃攘夺。

无羞恶之心，非人也，乃竟不存廉耻，以盗窃为生活，以攘夺为得计，其玷辱祖宗有不忍述者，此恶尚能容乎？

一、不正品行，酗酒行凶。

酒能养性，亦能乱性，因酒颠狂，犹其小焉者也。孔子曰："血气方刚，戒之在斗。"斗之酿祸也，动则持棍肩枪，拖刀动斧，性命不顾，家业顿败。更且小人犯法，连累家长，此风不整，尚成何族乎？

一、不重儿女，为奴作婢。

子女皆亲之枝，《礼》云不敢不敬。以子为奴，以女作婢，是自弃其亲也。此人尚许入祠乎？

一、不安天命，忍心溺女。

天地有好生之心，盛世有溺女之禁。女亦人也，生女亦命也，乃竟违天犯禁，其心尚堪问乎？

一、不重配偶，无故嫁妻。

三代明王，必敬妻子，盖妻乃似续攸关，所当重也。无故嫁之，此事尚可对人乎？

一、不诫儿女，纵非酿恶。

姑息之爱，最误儿女，习非酿恶，贻害实多，顾乃不诫之而反纵之酿之乎？

一、不谨言语，厉阶间亲。

妇有长舌，为厉之阶，言语不谨，彼亦一是非，此亦一是非，致使骨肉相残，如之何其可乎？

以上诸规，简切明白，尤恐挂一漏万，更钞录《大清律》于谱内，凡我族人，其恪守之。

选自[沅江]《康氏续修族谱》，1930年京兆堂木活字本

长沙彭氏家训

源流：始祖椿年公，自江西迁衡州府酃县铜口湾。其子寿，于明洪武二年(1369)复自酃县迁善化坪山。衍至六世，析为广、敬、能、达、远、斌、源、全八大房。清乾隆三十五年(1770)、道光五年(1825)、同治三年(1864)、光绪二十五年(1899)、1925年五修族谱。宗派：寿考肇祥，厥志丕彰，人才蔚起，望重南湘，国之上瑞，家运维光，元本忠孝，世绪孔长。

家戒诗十首

人伦戒悖逆

子弟恂恂孝义门，爱亲尤要不凌尊。一堂和气无乖忤，相对春风笑语温。

闺门戒渎乱

何堪暧昧结情私，正是神明暗怒时。莫道外人瞒得稳，口碑到处已传知。

存心戒阴险

心田种福福弥高，阴险坑人罪莫逃。杀尽子孙谁举手？早于笑里自藏刀。

待人戒刻薄

传家忠厚自丰饶，刻薄非徒众怨招。大抵人生原有福，一分刻薄一分销。

教子戒放纵

休宽幼小尚无知，害子原由爱子时。姑息养成骄性傲，他年败坏咎归谁。

保家戒赌博

赌博何人不自穷，虽称妙手总空空。可怜瘦损妻儿苦，赢得年年冻饿中。

养身戒鸦片

昏昏终日口含枪，销铄精神毒锢肠。床上倒头灯一点，未亡人固自催亡。

居乡戒花姑

人心如水动潆洄，纵有防闲去莫回。看罢风流诸丑态，邪情邪事一齐来。

在官戒贪墨

为民父母共民忧，朘削膏脂心忍不？留与儿孙供一掷，只图歌舞快风流。

从戎戒嗜杀

何堪任意戮无辜，人命非同己命乎？试看古今嗜杀者，有谁能自保头颅？

同治甲子仲冬月

二十世嗣孙时瑞谨撰

选自[长沙]《彭氏五修族谱》，1925年信述堂木活字本

双峰彭氏家训

源流：始迁祖和重公，为唐征君二十四世孙，原籍江西泰和南塘，明洪武间偕兄法宝公迁湘乡。法宝公肇基黄山界田。和重公肇基高冲，今属双峰。和重公生源达、源通、源富、源贵，达、源两公随父居高冲，富、贵两公迁居邵阳叫鸡岩石湾里。清乾隆三十一年（1766）始修族谱，光绪十九年（1893）续修，1942年三修。旧班：和源世仁志，定国安邦兴，富贵荣华久，长天永太平。新班：祖述昭文学，先贤德道隆，明经魁多士，爵位显朝中。

家规（节选）

一、大丈夫色不至二①，士君子守身为大，何至邪合而淫，犯伦而乱哉？非偶相从，殊抱歉于人类，伦常有玷，即下比于兽群。况乎见色而起淫心，报在妻女；居室而萌乱渎，衅积萧墙。淫为恶首，天道祸淫，历历可鉴。

一、事和为贵，讼则终凶，非有深怨大仇，皆可情恕理遣。让他三分，退步自安，存我方寸，留我子孙。家人构讼，羞见祖宗神主；乡里混争，难瞒有道长者。权蠹吓诈，金尽家破，究竟两败俱伤，到底算来何益？语云："官司莫打。"试看今之健讼者，就使争得来，几人守了？今之唆讼者，就使赚得来，几人发了？

一、居家正业，毕生难尽，游戏征逐，流为赌博。始于浪荡之子，以此欢悦岁月，因而凭为生涯，相与一般党类，朝暮不分，门户不关，奸人

①色不至二：指男子爱情专一。

乘而窃其什物，淫其妻女，殊可太息。夫宇宙止有此泉货①，岂供若辈泥沙视之、瓦石挥之哉？己身之结果不顾，祖宗之汗积顿坏，至尽财孤注，生法无门，势若结而为盗，而父母不养，妻子离散，有固然矣。赌博之流弊致于此极。今与宗人约，一严窝赌，毋使贻害一方；一禁卖戏，毋使招集歹人；一并赌具，不许人家藏留。父兄犯者，户族惩之；子弟犯者，父兄惩之。父兄不能惩而又匿而不举，责在父兄。

一、君子斗智，只将理论，小人斗力，动则行凶。或以强凌弱，或倚多欺寡，逞一朝之忿，忘终身之忧，身罹不测，患及其亲。抑有学习法打，代人牵牛牵马，包人强抢强担，此种凶横，当身之刑戮不足惜，家族之贻患不少。族有此人，宜早痛革。族有此人，宜早惩戒。

一、利为人所同欲，见利思义，是人生大关头，而舜跖所由分也。故美利公之天地，岂容罔求而获？一介取与之际，廉节所存，乃若吓诈掣骗，徒滋怨府，网罗剥取，止在眼前。俗云："天上鹞子只只瘦。"又曰："糠粃买田糠粃卖。"关帝曰："掣骗人财越贫贱。"朱子曰："刻薄成家，理无久享。"罔利者其鉴诸②。

一、女虽半边儿，天性之爱犹子，莫非父精而母血，生而溺之，胡恩子而独仇女乎？若为后日衣食计，子女一般；若为后日妆奁计，丰歉随家。试问忍心父，尔岳苟溺女，尔胡有妻？试问狼心母，尔母若溺女，尔胡有身？古有上书救父女，岂缓急无益？今之重义女婿亲，且老羸相依。早岁得女，可以待母劳；中年得女，可以待祖父母；老年得女，可以侍养送终。女亦何辜哉？夫伤生不仁，畜字微物，犹恐伤之，况吾骨血乎？溺女者尚毋忍心为也。

一、以衎祖考③，以宴宾客，奉先合欢，酒亦何可废哉？但幼小不禁，长且沉湎，日在醉乡，乱德失仪，废时失事，伤神损寿，所丧不小。酗酒猖狂，弄出百般祸端。古人云："狂药非佳味，能移谨厚性，化为凶险

---

①泉货：钱币，货币。

②罔利：指设法获取不应得的利益。

③衎（kàn）：和乐，愉快。

类。”嗜酒者好将醒眼观醉，人则戒之，不可不预也。

一、一勤天下无难事，游戏则百无一成。官骸非器，道有宜尽，日月如梭，业所当专。奈何三五成群，醉饱终日，即不流为比匪，而当前之废坏必多。至老大自伤，回首从前，皆为游戏之天年，悔何及哉！愿我宗人士农工商各居其业。古人云：“业精于勤，荒于嬉。”又曰：“勤有功，戏无益。”

一、古有游惰之儆，所以防盗之渐也。一始于少小嬉戏，窃人之物，而父母不禁其来。一始于男女爱吃懒做，窃人之有，得其惯便。夫人苟以勤俭为本，虽佣工亦可成家，故有早岁艰难，晚年殷实，子孙发越者，比比皆是。至一味游惰，遂以窃盗为生业，断人烟火，陷人耕种，种种不良，黑夜丧其性命。即不然，一旦案发，良善扳累，户族株连，深可痛恨。故游惰之儆，父兄不可不早也。

一、正不胜邪，圣人恶之。而信邪之由，平日不乐与正人交，而仁义中正之论不入于耳，计功谋利之言中于肺腑，而所行尽机械变诈之术，虽有法语巽言①，莫冀改绎，究竟名利两失，而倾败随之矣，则何益哉？自古圣贤，未有不亲君子而远小人者。

一、真道自在人心，徇私便至左袒，权衡得其平正。我无偏党之私，人受无事之福。一自作好作恶，或受贿而拗曲作直，或假公而以是为非，小则构讼公庭，大则酿成祸端。怨有所归，徒自获罪于天，无可解脱。族有是人，宜早正于末路。

一、祖父创业艰难，每从勤俭中积来，子孙坐享丰厚，多由奢华内抛散。一丝一粟，不知来处不易，往往薄前人之规制不足观而趋时斗艳。即如一衣帽好尚冠冕，一酒食必须珍品，非营谋旬日不敢请客，非摺揍多品不便送礼，以至婚姻丧祭之类，务作门面，动靡多金。不思祖父纵饶有家业，代析而后势必渐薄，有限之资，岂足供浪子无穷之费乎？迨家薄产亡，衣食嗷嗷，俯首富豪，乞怜无门，致亲族援以为戒曰：“莫学某某之子，某某之孙。”辱及先人，哀哉！夫俭为美德，经久之方，在量入为

①巽(xùn)言：恭顺委婉的言词。

出。语云："从俭入奢易，从奢入俭难。"又曰："常将有日思无日，莫把无时作有时。"诚奢华者大龟鉴也。孔子从先进[①]，盖酌文质之中，以矫时趋，而循高曾之矩矱也[②]。我宗人尚毋忽祖父创业之艰。

右家戒十六条，不惜琐琐，非过赘也。天理人欲判于一念，显著于日用行事间，即圣狂之分，人禽之界所系，虽言不雅训，语或无伦，而反复丁咛，意在归于为善。《易》曰："积善之家，必有余庆。"《书》曰："作善降之百祥。"而族之昌大端在是也。读者甚毋视为具文云云。

选自［双峰］《高冲彭氏三修族谱》，1942年敦本堂木活字本

---

①从先进：语出《论语·先进篇》："子曰：'先进于礼乐，野人也；后进于礼乐，君子也。如用之，则吾从先进。'"

②矩矱（yuē）：规矩法度。

安化蒋氏家训

源流：始祖琬公，居湘乡。五代马楚时绍录迁江西泰和。后唐同光二年(924)仲南由吴转楚，仍居湘乡曲静，派衍文辕、文通、文炳三大支。文辕递传至真公，生十子，避元季之乱，荣二、荣五、荣七、荣八、荣九同迁安化窑头。明正德间九房创修墨谱，万历四十八年(1620)荣二、八、九房合修。清康熙四十三年(1704)二、五、七、八、九房合修。嘉庆二十五年(1820)九房珪裔续修支谱，道光二十一年(1841)九房璁、琳两裔合八房四修，光绪四年(1878)八房五修，光绪十年(1884)九房五修，1924年八、九两房六修。老派各支不一，嘉庆十年真公后裔公立新派：恭维先泽本隆昌，次序敦和肇锡长，钜望汉中经鼎盛，鸿勋楚宇灿云章，诗书力业登科甲，孝友承家选俊良，蔚起人才昭善述，魁名辉映冀联芳。

家训十则(节选)

一、孝父母

父兮生我，母兮鞠我。为人子者，当思身从何来。父母之于子也，为之顾复，为之送读，为之娶配，无不望其子之成立，惧其子之败名。子常体此以事父母，则其所以孝者，自不能已矣。

一、笃兄弟

兄弟者，分形同气之人也。世人每因争财争产，以致兄弟不和。不知财产易得，兄弟难得，即兄弟有不是者，不可生计较心。盖和气一伤，家庭自此多故矣。谚有之曰："打虎莫若亲兄弟。"又曰："兄弟不和邻里欺。"此言虽浅，自有深意，当熟思之。

一、重祠墓

祠者，祖宗灵爽所依也；墓者，祖宗体魄所藏也。人无祖不生，祖宗既不可见，见其灵爽所依，体魄所藏之处，如见祖宗一般，则祠墓宜重矣。故祠宇产业，务宜竭力维持，以期可大可久。若祖墓，虽隔居甚远者，亦必亲临祭扫，而邱木尤宜保重。否则抛宗弃祖，非孝子贤孙也。

一、谨祭祀

今世清明、冬至，都有祭祀，临期要斋戒沐浴，各整衣冠，致其诚敬。若高祖以下生日、忌日，要恭请神主，奠以酒食，率家人礼拜之。父母忌日，尤为要紧。是日凡嫁娶庆宴之场，俱不可往，不可男女同宿。语云："敬前人，发后代。"报本追远，此其急务也。

一、教子孙

昔人有言："教妇初来，教子婴孩。"今人子弟之不肖，大抵自幼便骄惰坏了。教之道无他，亦授之业，以考其成而已。子孙而聪颖，当以读书为业；子孙而愚鲁，亦须令读书识字，然后因其材以教之。或为农，或为工，或为商。若嫖赌、洋烟及结盟、拜会，一切败路邪教，尤当预为防闲，严行禁止。倘一误入其中，便难救药。

一、慎婚嫁

婚嫁者，生民之重务，必要门户相当，家教素谨者，方可择配联姻，不误吾子吾女。俗云："讨坏一代亲，出坏三代人。"此言娶妻不可不慎也。又云："会选选儿郎，不会选选田庄。"此言嫁女不可不慎也。至若良贱为婚，尊卑为婚，悔盟强占，一切不法之事，刑律具在，各宜懔遵。

一、睦宗族

宗族者，其初一人之身也，迨子又生子，孙又生孙，故往往视若途人焉。且有强凌弱，众暴寡，颠倒伦常，无所不至，甚非所以和睦宗族也。凡我族人，务宜相亲相爱，免致外人欺侮。俗云："千百年不朽的家门。"此语当三复之。

一、和乡邻

出入相友、守望相助者，惟乡邻耳，即现在之团体生活。若乡邻不和，则群相抵触，欲自立于社会难矣。故必通有无，共休戚，庶几唇齿相关，无往不利也。俗云："远水难救近火，远亲不如近邻。"又云："合得邻舍好，胜于捡打宝。"语虽浅陋，有深意存焉。

一、息争讼

语云:“忍得一时之气,免得百日之忧。”此言争讼之当息也。盖讼端一起,不独结怨耗财,而且废时失业,有害无利,莫过于此。苟能退一步,让一着,不与人争,自然彼此无事,故圣人以无讼为贵。凡我族众,尚其服膺斯言。

选自[安化]《蒋氏族谱》,1924年斯文堂木活字本

石门覃氏家训

源流：谱称覃氏祖贯雍秦汉中郡。唐天宝间安禄山倡乱，徙居四川瞿塘关。至宋哲宗元符间汝先公，生伯坚，官行军总管，守施州，因世其家。弟伯圭，生仕魁，官元帅，守中建，祥兴元年(1278)追寇至麻寮，辟土以居。仕魁生友仁，迁居石门金鸡山。至明初，石门覃氏分为添顺、添秀、拳甫、添廷、添佑五支。添廷裔今多居湖北松滋，添佑裔与桃源覃氏联谱，添顺裔祠名光裕，添秀裔祠名九如。添顺公三子六孙，衍为绳武、纲武、纶武、総武、纥武、缨武六房。明嘉靖四十五年(1566)光裕堂一修族谱，清道光六年(1826)二修，光绪元年(1875)三修，1922年四修。嘉庆十八年(1813)九如堂一修族谱，光绪八年(1882)二修，1931年三修。2004年光裕堂、九如堂及拳甫裔合修族谱。字派：世继宗光祚，家声庆远长，文章遵正道，事业佐明堂，定国忠谟显，安人厚泽扬，熙廷常懋绩，奕代普联芳，志学希贤圣，征庸步寿康，百华祥豫兆，蕃衍序弥昌。

族立家范(节选)

一、立家长

俚语云："家必有长，户必有尊。"所以约束卑幼也。我族子孙蕃衍，智愚贤不肖不一，宗官一人，统属殊难，更须择齿德俱尊者一人为族长，各房设立正直无私者为房长。每逢朔望祭祀，族众俱会祠前设台，恭讲先朝《圣论十六条》，次及先人《家训》《族立家范》。至一切事务，听其处分。如有强悍子弟，不遵房长约束，甚凶逆难训者，各房长与宗官族长同加严惩，不得灭理徇情，挟仇贪贿，致族众不服，反生忿激。

一、亲父子

孝为百行之首，羊知跪乳，鸦晓反哺，岂可以人而不养亲乎？在丰厚者，固须奉养无方，即艰苦，尤要竭力承欢。倘更忤逆，罪通天矣。败常乱俗，族其惩之。至父之待子，贤秀者固当爱，顽顿者亦宜矜[1]。前妻、后妻之子，宜一视同仁，苟有偏私，实遗之祸，所谓身不修不可以齐其家也。然为子者，随时随地，当报深恩，即父母刻薄不慈，亦必委曲承顺，不可骨肉乖离。《记》曰："父子有亲。"尚其三复。

一、和兄弟

手足之情，原属一体，乃或听信妇言，而尔猜我嫌，争竞财产，藏怒宿怨，不知世间难得者，兄弟恩谊周洽，友恭交致，何等乐趣？如或阋墙伤爱，外侮频生，不祥莫大焉。谚云："家不和，邻里欺。"族人其三思而得之。

一、勤耕作

力农为治生本业。中人之家，产业不多，若有怠惰失时，则有种无收，何以纳国税、事父母、养妻孥？故游荡好逸，大非成家之道。春耕夏耘秋收，及时力业，方得岁有余赀，家事渐振，养生丧死无恨，婚嫁教读有资，斯为农家本业，可勿勖诸？

一、宝诗书

党序家塾[2]，人生急务。我族官祖以柏公捐施学基一所，旧有书屋，今复鼎新。族中子弟，无分秀顽，皆须读书。为父兄者，年聘名师，膏火修仪，礼从其隆。幸而游泮发科，足以光宗耀祖，否亦不失为彬彬儒雅之士。倘或吝财姑息，不重诗书，则族丁虽繁，俗不可医，何以成家而绍书香之休也？勉之勉之！至书屋基址，岁宜补葺，幸勿朽坏。

一、急公赋

圣朝御宇，取民有制，正饷之外，毫无浪费。族内既有钱粮，理合春秋如期完纳，以完公事。此庶人之忠也。若冥顽逋欠，致使票差签押，则正供之外，浮费更多。朱子家训云："国课早完，即囊橐无余，自有至乐。"良格言也。

---

①顽顿：愚昧迟钝。

②党序：指学校。

一、敬尊长

凡子弟于尊辈称谓，皆不宜呼名。祖孙伯侄，各有定序，不得妄逞才智，全无体统。故拜揖必恭，言语必逊，坐必隅，行必随，无论远近亲疏，俱照班行次第，情实相洽，心亦相安，斯不失为名家右族之礼。愿我同宗，毋有犯尊犯齿之行。

一、怜老残

西山日暮，食贫茹苦，而无儿可依，肢体伤残，跋疐前尾①，而每食不饱。苟息一脉流传，稍捐资以苏残喘，毋俾流离辗转，不惟阴德无量，亦可称为锡类之仁②，不亦美与！

一、全孤寡

古词云："惟有孤儿最可怜，无人挂在齿牙边。"此言殊足动听。族中偶遇双亲俱失幼儿，伊伯叔兄长，自须抚养。设亲友无人，族人宜代为照管，庶为能念一体。至寡妇以柏舟自矢，冰霜自贞者，伯叔尤宜敬礼矜恤。或倾轧欺嚼，挤其改节，宗官族长当斥其非，以成节妇之志，岂不休哉！

一、隆祠祭

祖祠乃先人神灵所栖，时祭乃子孙哀慕所寄。我族自清乾隆四十八年始建宗堂，经营数载，幸苦厥成。设立清明、中元、冬至，齐赴祠堂，备办祭品，斋明盛服③，以礼奉先。祭毕，群昭群穆，聚馂欢然④，以展孝思，以联族谊，诚盛典也。

一、重祭田

祭田原为祭祀而设，田租所入，该各房首事轮流掌管。除完纳钱粮外，谨收所入，为祭祀之资。或有赢余，各房首事公放公收，每年支用若干，存留若干，清算登簿，毋敢侵蚀。

---

①跋疐（zhì）前尾：比喻陷入困境，进退两难。

②锡类：以善施及众人。

③斋明：谨肃严明。

④馂（jùn）：分吃祭品。

一、珍谱牒

族谱，一家实录，作者煞费苦心，既经编发字号，注名领收，务须包里藏笥，勿令鼠鱼侵损[①]。如子孙远徙，必要抄一小本，以志本源，但不可乱发，以杜冒姓混派之弊。嗣后祠堂设总管二人，钉红、黑二簿，各房立散管一人，冬至祭日，各房散管将亲房一年生卒葬徙详细书载，送交总管，生登红簿，死登黑簿，毋有遗漏，以便后日续修者免造底草。

一、睦邻里

乡党闾里，异姓杂处，朝夕相见，必交相友助，风俗斯淳。若因田土、山界、水路、钱谷等事，辄起衅端，争斗经官，终非保身守家之道。族人徙居他处，而被异姓欺凌，家道贫寒，而受强豪逼勒，又当大仗公道，协力扶助，不得一味退缩也。

一、教子弟

族中子弟三五岁以上，亟宜严加约束，不可任其嬉笑怒骂。凡孝弟、忠信、礼义、廉耻等语，只作俗语分解，使其渐知应对进退之礼。年及六七，即从师授读，一切里巷伤风败俗之语，毋令入耳出口。少成若天性，习惯成自然。渐至成人，士农工商，各务本业，各端品行，断勿纵其嫖赌游荡，入于下流。若夫聪明俊秀之子，务令日就月将，缉熙光明[②]。其或家贫难以就傅者，族长亦须将公积相助，考课奖赏。如此培植，行见芝兰玉树生于庭阶，发祥其可量乎？

一、培福田

帝君云："行时时之方便，作种种之阴功。"吾等先祖妣于渔洋庙施有佛田，宇仁公于道路多建桥梁。近如水南义渡，乃合族所公建者，而他姓不与焉。捐项多少，碑志昭然，兹不必赘。但桥庙不过随时培补，义渡则要年年经理。凡我族人，无分彼此，计田之出入，察渡夫之勤惰，支给存留，永垂不朽，是亦光前裕后之美举也。念诸。

选自[石门]《覃氏秀祖三修族谱》，1931 年九如堂木活字本

---

①鼠鱼：老鼠和蠹鱼。

②"日就"句：每日每月都有进步，日积月累学问才能长进。

长沙栗氏家训

源流：谱称该族原籍江左，五代时有宦星沙者，后唐同光二年(924)始隶星沙籍。宋真宗时，栗大用以神童官翰林学士。迄元时聚居河东夹塘，人烟户口成大村落，遂更名栗夹家塘。元至治间陈张寇乱，加以山贼骚扰，人靡孑遗，族人迁徙者不知凡几。独明乾公，讳暨，居塘右金凤山，故以乾公为始祖，以乾公子应字派为第一派。五世衍为友广、友善、友云三房。清康熙三十八年(1699)始修族谱，乾隆七年(1742)、道光十二年(1832)、同治十一年(1872)、光绪二十八年(1902)续修，1921年六修。老派：应万宗祖，友志文廷，崇再允兴，正逢子法，维时显翼，福庆长增。新派：源钟泰运，世业昌荣，直大敦厚，先德克承，光华远荫，恩瑞锡人。

家训八条(节选)

一、敦孝道。大孝难，达孝亦难。然中孝用力，小孝用劳。力与劳皆己身事，只在能竭力、能服劳耳。故显亲扬名者为孝，啜菽饮水者亦为孝①。若己不爱亲敬亲，安望后人之爱我敬我乎？且为人子孙者，当念吾身所自来，属毛离里之恩②，等诸罔极，服劳奉养，吾亲之获报于我者，能有几何？于此而不竭吾力、尽吾心焉，是直天壤间之罪人矣。

二、笃友爱。兄弟如手足，世未有愿残其一体者，乃于手足则知爱，于兄弟则多伤残之。推原其故，大抵起于私耳。私之酿祸于兄弟间者，其酷矣哉！今愿我族中子弟大公为怀，见利思义，兄爱弟，弟敬兄，法张

---

①啜菽饮水：吃豆粥，喝清水。形容家贫而孝子曲尽孝心。

②属毛离里：比喻子女与父母关系的密切。

公多书“忍”字，效郑氏不听妇言，以让化争，以顺受逆，入其门自有一段怡气象，不特家庭受福，而宗族乡党亦莫不交口称颂之矣。

四、息忿争。《诗》曰：“兄弟阋于墙，外御其侮。”《传》曰：“小忿不废懿亲。”是同气同宗之间，万不宜以意气用事。乃不明大义者，或恃拳勇以陵寡弱，逞刁诈以欺愚鲁，党房分以分彼此。祖宗有知，断无不黯然神伤者。凡我族人，无论亲疏远迩，必以雍穆为主。即有不平之鸣，亦当凭族长理论，毋得肆意妄行，致开不孝不友之渐。戒之戒之！

五、修坟墓。祖宗勤苦一生，只占此一坯之土。为子孙者，除岁时祭扫外，宜勤加修葺，毋任其坍塌倾圮。且宜栽培树木，以荫坟墓。此亦追远之一道也。不得酷信地师风水之说，妄徼福利。或久暴不葬，或数葬数迁，以及谋吉盗葬，致先灵不安于地下。盖阴地凭夫心地，牛眠吉穴，固非巧谋者所能操券获也。

六、训子弟。父兄之教不先，则子弟之率不谨。凡有子弟者，宜早加约束，纳之于轨物之中①，训以朴质毋华，守约毋侈，谨愿毋夸诈②，安分毋妄求，保我家声，不斩先泽，斯足矣。我先人忠厚立心，勤俭致用，彝训具在，可不提撕警觉，俾后生小子克绳祖武乎？

七、崇本业。无业者谓之游民，虽家产富饶，其倾败可立足而俟。士农工商，人生宜各占一业，不特可以谋生，兼可以立品。若倡优博进，趋走下流，则玷辱宗祖矣。择术者可不慎诸？

八、定名分。立家必先名分，左昭右穆，分之辨也。先人之昭穆定，而子孙亦以为序，故同祖以下，三派、四派，尚服小功、缌麻，至五派始谓之无服亲。亲虽无服，犹然亲也。慎毋以支分派远，遂至祖抚孙，兄抚弟，致伦常乖舛，辱及先人。

选自[长沙]《粟氏六修族谱》，1921年江陵堂木活字本

---

①轨物：轨范，准则。

②谨愿：谨慎，诚实。

安化喻氏家训

源流：该族肇自武昌，原郡江夏，至归公迁居浙江杭州之钱塘，其后又迁江西袁州之萍乡。至初祖文林郎德彰公，讳韬，一字楚琼，宋建隆二年进士，出为潭州教授，因无心仕宦，与子文义公择宁乡南岸而居。文义生子迺、子惠。子迺分居龙皋（今青山桥镇造福村），子惠仍居南岸（今青山桥镇花园堂村）。子迺公十二代孙国章公，字焕廷，于韩林儿龙凤四年（1355）始由宁乡迁安化，居治东丰乐镇温塘瓦子坪。子铉孙徙居杨德坎，广富徙居龙出口。清嘉庆五年（1800）建安化宗祠于南门忠和坊。嘉庆二年（1797）、同治四年（1865）、1926年三修族谱，1940年纂修祠志。铉房派语：韬文子延利，万君镛杞彦，思忠有国铉，德文单绍宗，廷应继抡启，承光（昭）祖志理。广房派语：韬文子延利，万君镛杞彦，思忠有国广，彪仁朝兴正，大光明永太，科试昌荣盛。

家约志（节选）

今国家竞言民治矣。夫国家为人民之所积，大而种族之分，小而氏族之别，有心治道者，因势而利导之，就己之氏族立自治基础，俾家诗书，户礼乐，著化行俗美之休，自一家，而一国，而天下，推行尽利，靡有隔阂，理有固然，事有必至者。昔昆山顾亭林氏、上元梅定九氏，身为族长，能使族无狱讼博戏，其德望所孚，规约所及，功效巍然卓著，可为明证。使人尽如此，天下岂足治乎？我族崇尚朴实，子弟多优秀善良，果于倡言民治时，绳其趋，矩其步，纪借以饬，伦借以敦，近为家庭教育，远开国治先声。岂不懿欤？岂不懿欤？谨修订条约，兼采录先贤格言，著之于谱，使族之人知所遵守云。

结团体

团体之结，有对外对内之分，而联络族众、固结人心则一也。以对外言之，今为弱肉强食之时代，豪强大族恣肆乡里，子姓单微者每不胜其困辱，果能众志成城，强权一振，何患公理不伸？以对内言之，平日众情融洽，已非等诸路人，一遇公益要举，登高一呼，则众山皆应，一倡百和，毫无隔阂之情，万众一心，具有服从之志愿，族人憬然思之可也①。

厚生计

《孟子》曰："有恒产者有恒心。"史迁曰：仓廪实而仁义附焉。况民以食为天，未有俯仰无资，盖藏鲜具②，而能自立于人世者也。我族孕育滋息，人非不众，而历稽谱牒，其中适粤、适秦、适滇蜀者，代不绝书。考当日情形，既非懋迁③，又非游宦，殆皆感于生计穷蹙，虽安土重迁，亦不得不作离乡别井之计。族姓之不克繁昌，未始不受其影响。愿族中为士、为农、为工贾者，各勤厥职，以图自立于社会之中，不致受屈人下。虽富贵有命，难以妄求，而赡身家以事父母，蓄妻子之资，皆可从勤苦而得。殷鉴不远，尚其勉之。

兴教育

立宪之世，首重教育，国家以是倡，人民即当以自应。夫教育原分数种：一为家庭教育。父母伯叔之行，自幼耳濡目染，最易印入脑筋，是始基宜端也。一为社会教育。朱赤墨黑，自古已然，习俗易移人，贤者不免，地非仁里，智者不居。孟母三迁，诚足法矣。一为国民教育。欲为国民，首宜知书识字，初等、高校、中校，务宜取次升迁，养成国民资格。一为人才教育。普通知识既成，专门学术宜讲，为国家储远到之才，即为家庭作特出之子。我族自兴学以来，殊鲜求学之士，又何以显扬氏族，光大门闾？愿族人翻然而改，急起直追，以顺潮流可也。

---

①憬然：形容醒悟的样子。

②盖藏：储藏的财物。

③懋（mào）迁：贸易。

除野蛮

野蛮果何为而称乎？目不识诗书，心莫明礼义，语言粗恶，知识冥顽，饮食起居，无非山野之气；好勇斗狠，专为强暴之行。终身不出户庭，作事动违法律，为识者所姗笑，为社会所鄙夷，习尚守此而不移，族势即因此而愈弱，有心者未常不为之长叹息也。愿族人咸知所戒，早为变计，勿以故步自封，庶大有希望焉。

尚文明

古今世运推移，自狉榛而繁盛①，物情进化，由质素而光华②，推之氏族，何莫不然。溯我始祖，由赣仕湘，诞敷文教，迄至迁安祖考，卫民保境，丕振武功，昔为江右名门，复作梅城望族。继绳祖武，无忘文物衣冠；承袭家风，犹识先朝礼乐。凡我族众，务宜极力振兴，属在后昆③，相期与时变化。此际方拭目以俟，他年定如愿而偿。

选自《安化喻氏三修族谱》，1926年木活字本

①狉榛（pī zhēn）：草木丛杂，野兽出没。

②质素：本色素朴，不加文饰。

③后昆：意思为后代、后嗣。

资兴程氏家训

源流：谱尊伯符为一世。七十九世颐，号伊川先生。至九十世小六公，字仕诒，明初离安徽池州，过洞庭至资兴，再郴之桂阳。越一世厥政、厥盟两公折回资兴，卜居西乡石鼓。清道光十二年(1832)鄂湘合修谱，光绪六年(1880)资兴独修，1936年资兴三修。迁兴旧排：厥邦志思汉端进，孟仲继贤能有庆，世代书香启后昆，人文蔚起千秋盛。统宗新排：礼义为贤度，谦恭(和)有(大)道光，齐家先孝弟，治国尚文章，学问通经济，勋名奏殿堂，祖功欣丕振，奕世(祀)受其昌。

家训(节选)

盖闻国有典，乡有约，家有训，从兹尚矣。今圣天子雅敷文教，先朝圣谕六条，推广为一十六条，可见作人化远，虽山陬海隅①，一道同风，莫不共仰圣治。吾族先代历有家规祖训，今略增减标于谱首，以垂百世。大约先德行而后文艺，宗正道以革浮靡，诚教家之要道，保族之良法也。后人观感而振兴焉。自是渐摩成俗②，习久性成，家诗书，户礼义，庶几哉族称仁厚之里，人为三代之遗，启后承先，端有赖于斯乎。

孝父母

《经》云："哀哀父母，生我劬劳。……欲报深恩，昊天罔极。"故孝子之事亲，居则致其敬，养则致其诚，病则致其忧，丧则致其哀，祭则致其严，所谓尽职也。昔文王事王季以孝，武王事文王亦孝。孝父母者，子亦孝之。然所谓孝也者，贵乎修身谨行，不辱其亲，以建功立业，扬名显

---

①山陬(zōu)海隅：山、海的角落。指偏僻边远的地方。

②渐摩：浸润，教育感化。

亲，又非徒三牲五鼎养口腹而已。五刑之属三千，罪莫大于不孝，可不省乎？

绍书香

凡世间大族之得名者，为有学者之济济也。而学者之所以济济者，由其读书者多以光前耀后为志也。窃见寡识者曰："人生为图饱暖足矣，何必读书？"文章不疗饥，古人有言矣。殊不知此中清浊攸分，贵贱异等，村愚自不察也。前既有簪缨之贤，后宜有继起之杰。凡有子孙者，必宜择师教训，严加督责，务以远大为期。为子孙者，亦当坚志向上，勉企前徽，毋自弃，毋自暴，庶几光祖宗、耀门闾，可谓士矣，可谓大家矣。

务生理

先正云："人非财利不能养。"而生财之道，不读即耕，不耕即艺，或商或贾，必各有所业，而后身可以生，家可以养。不然，则为游手之民，衣食无所从出，势必至于为非，一旦上天谴责，身罹刑宪，破荡家产，抛弃骨肉。当此之时，悔何及哉！识事者各宜猛省。

毋非为

为非者必有所贪也。或贪财，或贪色，结想痴迷①，遂忘廉耻。故奸不择人，甚至伤伦灭理，无论异姓同宗，恣意胡行。且有不惮法网，为贼为盗，一旦败露，不悬头于获奸之手，定损生于执法之台。性命与狗豕何殊？臭名虽殁世莫改。是以欲禁为非，必先惩治贪污，立防微杜渐之法。凡族子侄，必须教其勤俭，士农工商，各执一业，毋得赌博嬉戏，与匪类往来，并毋得屯留娼优，嗜酒歌唱。犯此者，轻则责罚，重则严惩。

戒词讼

好讼者，或争财，或斗气，不忍一朝之忿，致令讦告无休，丧坏心术，破荡家赀，亡身及亲，究归无益。欲争财而废尽囊中无限之财，或斗气

①结想：念念不忘，反复思念。

而受尽衙门无限之气，逞刁害人，徒以自害。彼纠纠自好①，以希必胜者，始而矜，既而悔，莫不皆然。至若操戈同室，尤为不祥。伤手足，败宗祊②，贻恨无休，结怨不已。语云："百战百胜，不如一忍。"旨哉言矣！

选自《资兴石鼓程氏三修族谱》，1936年伊川堂木活字本

①纠纠：雄壮勇武的样子。

②宗祊（bēng）：宗庙，家庙。

宁乡鲁氏家训

源流：汉时奚涓公起山东扶风，至尽忠公迁江右，肃公宦游荆楚，肃公子乾贞公族居嘉鱼净堡鹅塘。清康熙年间圣儒公子允山（讳世崇）、允文（讳世韬）两公扶母南迁，允文入籍常德汉寿，允山落籍宁乡道林市高茅屋。清同治十一年（1872）纂有墨谱，光绪二十年（1894）首次付梓。至1948年，共1400余人。派语：国运兆平（大）昌，洪（君）恩普万方，山川呈瑞应（映），云汉焕文章，时泰贤书盛，行高士品光，功（主）臣咸一德，端必庆明良。

愿斋公在任寄语训族众

儒自束发受书以来，谨率祖先明训，居官任职而后，恪遵靖献清规[1]，不敢冀君父之我许，亦聊求夙夜之无欺。荷祖宗遗泽，叨国朝鸿恩，勉效矢公矢慎之心，自有忘私忘家之义。上为君，下为民，是其分也。子之肖，孙之贤，岂暇计乎？但念己虽通显，而族鲜范围，则无以防闲于家，即无由观化于国。今愿我阖族子姓，群体儒属望之意，各思为卓立之人，斯人不愧为佳士者，出自可以为良臣。祖宗与有荣施，圣明因之倚重，匪第一门之庆，亦且王国之休也。因括孝、悌、忠、信、礼、义、廉、耻，分韵列诗以为吾族训焉。

其一孝

人生为子，孝行宜先。无亏厥体，常自保全。夙兴夜寐，如履冰渊。事亲养志，勿愧前贤。

其二弟

维兄及弟，一本所分。小无加大，友爱须殷。徐行后长，式好欣欣。

---

①靖献：臣下尽忠于君。

勿滋诟谇，和气氤氲。

其三忠

禔躬处世[①]，必尽乃心。一忠永矢，俨若帝临。时在当官，则献悃忱[②]。身为士庶，亦懔规箴。

其四信

指事明心，出言必信。浮气尽除，与物恂恂。金石可贞，虽磨不磷[③]。守兹不渝，风裁自峻。

其五礼

惟谦受益，行己以恭。往来出入，风度雍雍。世传让德，无替芳踪。周规折矩，惟礼是从。

其六义

亲疏内外，惟义无猜。罔徇私意，最普八垓[④]。履常通变，正气往来。非义勿蹈，尚其勖哉。

其七廉

穷通有数，非分勿贪。指水盟心，淡泊可甘。流俗悠悠，污浊是酣。隳厥廉介，匪我丁男。

其八耻

羞恶之心，原居性始。进退取舍，自当知止。衾影抱惭，十目所视。欲端品行，尚其有耻。

选自[宁乡]《鲁氏续修族谱》，清光绪二十年(1894)孝思堂木活字本

---

①禔躬：安身，修身。

②悃忱(kǔn chén)：诚恳，忠诚。

③虽磨不磷：物体极为坚硬，磨都磨不薄，比喻为人处事不受外在环境的影响，而改变自己的意志。

④八垓(gāi)：八方的界限。

湘潭童氏家训

源流：始迁祖鼎贵公，字开贤，号仲兴，先世江西安福圳上，明正统间授长沙卫，随父来长沙，先居宁乡聚石坑，宣德间又迁湘潭上五都碑头市双垄冲童家岭。六子：斐、凤、焕三房后裔徙居他乡，浩、郁、正三房仍居故里。清乾隆二十九年(1764)一修族谱，嘉庆二十年(1815)、咸丰七年(1857)、光绪二十四年(1898)、1930年续修。排行：鼎庄大世应，邦启学儒明，宗承光裕杰，恩祥善士迎，英材恢在鉴，汝本灿增莹，咸庆贻谋远，熙培祖泽亨。

家训(节选)

一、善根勿昧。"积善必余庆，积恶必余殃"，此大《易》明训也。我祖宗忠厚传家，诗礼裕后，为之后者，可不念欤？

一、家教宜严。中也养不中，才也养不才，父兄责也。我族积累有自，垂裕诚远。忝居父兄之列者，凡于岁时欢会及族众聚首之期，时时训其子弟，令日闻正言，日行正事，日近正人。毋浪游，毋赌博，毋交匪，毋纵酒恣欲，毋好勇斗很，毋机械变诈，毋健讼持刀害人，以丧天良，致天道好还，式微我族类焉。则所以启佑我后人者，不有在欤？

一、祭扫毋懈。春秋祭祀，以时思之，载在经典，而上墓之制，汉唐以来咸遵行焉。况我族历有祀田、墓田，以供祭扫之赀，世世相承，率由旧典，罔敢侵而罔敢失也。为子孙者，凡遇家祭、祠祭，务宜备物尽志，恪守前规，则孝思不匮，尔类永锡矣。至当春露秋霜之辰，尤必亲诣邱垄以展敬兴思，无诿僮仆，无惮跋涉，则先墓可保，侵盗无虞矣。

一、族谊贵敦。富贵贫贱，虽云天与命定，但属在一脉，岂容偏枯？弱者扶之，贫者济之，孤者助之，愚者训之，灭绝则为嗣续，患难则为排解，危急则为救护，加以敬老慈幼，礼贤恤能，上毋凌，下毋抗，则式好无尤之风可期。正老泉所云“幸其未至于路人也，使其无相忽忘焉”而已。

治家(节选)

治家有四法：家长谨言行，守礼义，为一家榜样，一也；子弟使勤职业，不令游惰，责其成功，二也；常讲法律阴骘，以感化一家之身心，三也；用财称家贫富，量入为出，裁浮费，禁奢华，常存有余以防不测之事，四也。

人家父子兄弟不能皆贤，或夫流荡，妻悍暴，有此患者甚多，当委曲处之。有过不宜暴扬督责。此事难言，借他事提醒之。今日不悟，待他日开启之。如和风解冻，待其自解。若躁暴激烈，便不和矣。

早饭要早，中饭要饱，夜饭要少，此居家出外养生却病之妙诀。

居家宜早眠早起，早起则早饭之前已可经营，较之晏起者，一日如两日。语云：“早起三朝当一工。”晏起则紧要事多废弛。且家主早起，家人不敢怠惰，且无窃物之虑。早睡之益有六：厨房可免火灾，一也；夜半易醒，可防盗贼，二也；子弟无博弈酗乱之患，三也；次日早起，不致昏沉失晓，四也；省油烛柴火之费，五也；不到黑晚，则厨下锅碗器物不致损坏，六也。迟睡者反此有六损矣。

世上无闲人，俗云：“成人不自在，自在不成人。”要知治家处世，勤是第一，勤则一家之人，不至怠惰失业，且无妄想非为，可以成人，可以成家。若闲居无事，则嫖赌不义之士，相率为之。古云：“一日不可无常业，安闲便易起邪心。”

勤俭是治家根本，勤则无废弛之事，俭则无浪费之患。婚丧诸事，各要相称，只可朴实，莫学奢华。不然用多进少，未免贫苦求人。

勤而不俭，譬如漏卮，虽满积而亦无所存；俭而不勤，譬如石田，虽谨守而亦无所获。语云：“勤俭持盈久，谦恭受益多。”勤俭生富贵，富贵生骄奢，骄奢生淫佚，淫佚生贫贱。此循环之理。

人有贫无立锥，白手成家者；有父遗财产，转眼败坏，甚至流落不堪者。无他，一勤俭，一奢惰也。

人虽贫贱，亦有几年好运，只因看得容易，钱财到手，恣意轻用，以为去必复来。谁知事机错过，不可复得，何能积蓄成家？若肯得寸守寸，得尺守尺，何至后来艰难困苦？

贫贱之子孙易于起家者，服食器用及吉凶诸费，规模朴素浅狭，所入多于所出，所以常有余。富贵之子孙易于倾败者，服食器用及吉凶诸费，争尚华靡，非复贫贱时规模。且生齿日多，进益日少，昔时财产一人专者，今十人分之，而费用如旧，安得不贫？古云："由俭入奢易，由奢入俭难。"智者因时节省，改一切广大之规模，庶不致饥寒迫身。

"俭"之一字，其益有三：安分于己，无求于人，可以养生；减我身心之俸，以周极苦之人，可以广德；忍不足于目前，留有余于他日，可以福后。

悭吝与俭有别，当于礼谓俭，吝于财谓悭。一切善事不肯为，即乞丐呼号，颗粒不与，谓之悭。盖俭者用财得当，非残忍刻薄，只知有财而不用也。

名门大族，皆由祖父忠孝勤俭以成立之，皆由子孙顽率奢傲以倾败之。成立之难如升天，倾败之易如燎毛。

五谷之于人，所系最重，一日无之则病，三日无之则死。每见富贵家轻贱倾弃，剩余腐烂，不知爱惜，断无不饥寒困苦者。古云："谁知盘中餐，粒粒皆辛苦。"吾辈安逸而享之，加以轻贱，上天安肯温饱我之子孙？

选自[湘潭]《中湘双林童氏五修族谱》，1930 年养源堂木活字本

湘潭曾氏家训

源流：始迁祖纹昭公，曾子后第五十六世，当元末明初，佐太祖平定海内，职授都督，太祖旌其功勋，诏命四方落业，荫其子谷桦，世袭百户指挥，宦游楚南，自长沙过中湘卜瀛湖左岸，以插旗为号，迄今传其地曰插旗岭。正德时第六十世泰湖徙石潭，泰韶、泰碱徙莲汜，合称“石莲曾氏”。清光绪二十七年(1901)七修、1931年八修族谱。八修时男丁1307名，妇丁698名。御赐派语：宏闻贞尚衍，兴毓传纪广，昭宪庆繁祥。令德维垂佑，钦绍念显扬。

三修家训(节选)

勤诵读

夫子弟质属中材，性介成败，其必借于诵读也明矣。每见今人读书，类非昔人真实，假蹈风流，八股犹多支离，动曰诗赋全璧，装成儒雅，五经全未体会，辄云机杼一家①。袭师友笔墨，饰父兄耳目，究问实学，等于面墙。不知学贵心得，方未开读，必须心领神会，及至展卷，俱要口到眼到，熏陶既久，纯熟日生，由斯应试，自当取青紫如拾芥②，即不能上进，亦可超凡脱俗。子弟诵读，关门户盛衰，岂细故哉？

先气质

学者为学所以变化气质，先儒已详哉其言之矣。我族系出宗圣，省身守约之学，祖武虽未易绳，然或父兄之教不先，子弟之率不谨，言动语默，一味粗鄙暴戾，牛马襟裾，固为有识所屏斥。即有读数十卷书，便自

①机杼(zhù)一家：文章巧思创新，自成一派。

②拾芥(jiè)：拾取地上的小草。比喻容易取得。

高大，陵忽长者①，轻慢同列，亦先儒所谓以学求益，今反自损，不如无学者。此等气质，人家亦何乐有此子弟哉？故士农工商所习不必一业，务要温厚和平，不许半点粗豪。间有气质难驯之辈，尤宜涵育熏陶，俾渐摩既久，自然变化，将来涵养成而生气质，古有明训，何可忽也？抑亦家教所攸赖也，先务岂不在此乎？

惜文字

夫文字所以载道，凡精旨微言存故纸者，悉原本五经，不独圣贤姓名明明赫赫已也。人家子弟或素无父兄长者讲明此义，遂至典籍不知爱护，甚至婢妾点污，风雨毁伤，朽蠹于敝笥故箧中，难以枚举。不惟德行有累，书香恐亦渐歇，不忍言矣。岂知敬惜文字，实士大夫百行之一，务在父诫兄勉。凡片纸只字，俱宜贵若金玉。遇邺架藏书，则更随时检点，弗容稍有缺坏。试观王氏爱惜字纸之甚，便致尼宣入梦，有令参来。异日光大门闾，王文正公遂发解南省，廷试皆为首冠，卒入相为名臣，彪炳史策。文字之感兆，非细故矣。所宜笃信力行，家门昌大，于此亦一助云。

救水旱

水患旱灾，尧汤在上，亦不能免，要在邻里乡党交相救护，斯水旱不致大伤耳。本族籍湘以来，数百载矣。水旱之遭，不知凡几矣。果能体同忧共患之义，有水则分相开导，有旱则上下互荫，曲防不设，绝注不施，族外族内皆率是以行，自然和气致祥，雨旸时若②，鱼鳖不致遍游邱垄，云汉不致昭回莫挽，而大有可以长歌③，百礼可以永洽，何水旱之足忧乎？若水旱一至，只知自私自利，争斗必起，讼狱必兴，是三灾并集，安能挽回天意，和睦乡邻？故水旱之救，列为家规，最关切要，非泛论也。

选自[湘潭]《武城曾氏南宗瀛湖房八修谱》，1931年木活字本

---

①陵忽：欺凌轻慢。

②雨旸（yáng）时若：晴雨节候协调和顺。

③大有：丰收。

邵阳谢氏家训

源流：始祖万一公（九世），字淑济。派衍五道（十九世），明代晚期由江西吉安府安福辛里开基邵北新田井头。健道公裔居小坪、大坪，望道公裔居西冲、石桥，仁道公裔居黄泥，会道公裔居柏林，近道公裔居汉伯氹、梁家冲、王家山、罗家岭、邓家冲等及邵东仁风、土桥观、安化桥头河等处。清乾隆四十三年（1778）、道光二十一年（1841）、光绪二十九年（1903）纂修族谱。班次：道闵宗应国，守三君子存，心绍先世期，家积德广厚；荣兴鸿禧长，代呈亿万祥，诗书绳祖武，显大吉永昌。

传家十宝歌

其一

传家何事宝？孝乃百行先。定省宜随日，劬劳切记年。生前爱不笃，没后泪空悬。君不见芦絮车中泣闵子，冰渊席上惕曾参。人生惟有亲难得，菽水殷勤带笑煎。

其二

传家何事宝？兄弟要缠绵。莫听枕边语，莫争分外田。猜嫌无久福，和乐值千钱。君不见献味杨津情自厚，拊衣司马耄尤坚。人生手足原同气，仔细思量脊在原。

其三

传家何事宝？同族互相怜。奉几随先辈，推心待比肩。孤贫当共恤，患难莫相捐。君不见张公忍字于今重，范氏义田自古传。有酒则醑无酒酤，干糇慎重戒贻愆。

其四

传家何事宝？闺阃最宜防。内外严规范，衣裳忌艳妆。司晨家必索[①]，淫乱后无昌。君不见沉香亭畔千秋臭，燕子楼中百代芳。女德贞淫关祸福，好将《内则》细推详。

其五

传家何事宝？课子在青箱。久教顽皆秀，学深贫亦昌。家无三代富，书有百年香。君不见万卷摩残堂自白，五更刺罢印偏黄。门风欲振无他诀，莫负寒窗一点光。

其六

传家何事宝？耕凿最为良。一粒春前种，万家秋后粮。携觞介父老，含哺弄儿郎。君不见荡桨飞帆多少苦，牵车服贾几人忙。何若一犁红杏雨，南阡北陌自徜徉。

其七

传家何事宝？只在一生勤。戒旦风人美，闻鸡壮士欣[②]。少年力不努，老大善无闻。君不见夏后奠川常惜寸，陶公运甓更怜分。光阴瞬息如梭过，切莫回头叹日曛。

其八

传家何事宝？俭字最堪珍。莫饮筵前酒，遂忘垄上辛。莫侈眼底服，须念手中缗。君不见石崇金谷已成土，元载胡椒尽委尘。靡丽奢华无久享，后来萧索怨何人。

其九

传家何事宝？忠厚即根基。暗计神难昧，平心天自知。田园腴有限，心地福无涯。君不见施粥雍生白玉种，还金王氏紫衣垂。世间多少刻薄子，请向五更细细思。

其十

传家何事宝？庄敬以持身。举动循规矩，交游戒匪人。惰气休形

①索：尽，空，破败。

②闻鸡壮士欣：指祖逖闻鸡起舞的典故。

外，嫌言莫启唇。君不见万石庭前严若陛，下军陌上敬如宾。他人侮慢皆固我，所以先贤慎笑频。

右家训一门，有体有用，虽不如古圣贤著书垂训，本末具举，内外兼赅，然持身涉世之道，亦庶几思过半矣。但族人窎远，绳约以语言文字，岂能家喻户晓，日与之近乎？以身教者从，以言教者讼，所赖贤父兄面命耳提，整躬以为先导，庶家训不至如赘疣。然族中人果能规戒，勉为遵循《十宝歌》，默为体认，吾族其庶几有豸乎[①]？

选自[邵阳]《谢氏五道续修族谱》，清光绪二十九年(1903)年宝树堂木活字本

---

①有豸(zhì)：尽，除。

湘潭、衡山蓝氏家训

源流：谱载蓝氏为神农之后，帝榆罔其子昌奇诞生时适有熊国君贡蓝，帝遂赐以为姓。谱以唐时明德公为一代祖，由豫州而来江南。八传至宗训公迁濠州，九传昭公迁石壁，十传俊公迁临淮，十四传万福公还建康，十五传吉甫公为闽省始祖，十六传常新公又为汀州始祖。衡湘蓝氏均自闽迁于楚，虽支分居异，要其根源则一。始徙楚者卢丰之奇仁公，生子三：国维、国隆、国阳。阳公生子振瑸，瑸生子儒玉、维玉、霞玉；继则章丰之芳贤公，涵九公后则盛玉公，亦离章丰以徙于楚。拔玉、尚玉、宏玉诸公，因寻伯兄盛玉，遂相与营建基址以肇于湘，时为清康熙间。道光十七年（1837）章丰、卢丰两房合修族谱，光绪七年（1881）续修。楚支班行：（自十四世始）玉应昌华，世传克家，光宗耀祖，富贵绵遐，永远垂裕，福泽孔嘉，英敏继起，于前有加。

祖训家规条例（节选）

祖训者，所以范后嗣而正其家也。《书》曰："正家而天下定。"《传》曰："其家不可教而能教人者，无之。"是家之不可不正也明矣。我蓝氏为平川巨族，文物衣冠允昭前代，诗书教泽延及于今。虽习俗移人，贤者不免，未可听其随波而逐流也。兹修族谱，搜寻旧本，于其所当体行者，摘出一十六条，具载于后。

一、正家之道，莫先于正己。《书》曰："尔身克正，罔敢弗正。"《传》曰："未有己不正而能正人者。"故凡有家长之责者，务谨守礼法，以御群众。一切戏言妄动，狎亵匪仪，罔或自干，庶几家道尊不期正而自无不正矣。

一、教养，王道之大端，人生之切务也。古者既庶而富，既富而教，是以民生赡而民性复矣。今世尽失其教养之道，无怪乎乱之长也。本家子弟有资质可栽培者，即宜涵养以俟其化，从容以责其成，庶几不失其为教，而子弟不至终为废材也。乃若赋性鲁钝不可以教者，使之且就农业，勤四体，分五谷，是亦治生之大道，而可长能饱暖矣。苟或舍此二者，游手好闲，不务本业，是谓荒惰之民。迨至饥寒切身，无所不为，小则害身，大则累族，如此辈人，急宜惩治之。

一、冠者，成人之道也，其礼可不重欤？近世不行此礼久矣。本家子弟有年长当冠者，父母须先卜吉期，择族中齿德俱尊者为宾，届期具香案于祖堂，冠者立于东阶，宾引冠者诣祖先，前行四拜礼，祝曰："（某）子（某）名年几岁时当冠，敢告先灵，俾之受福无疆。"祝毕，仍退阼阶，授以本等之冠，冠者即随宾后，复诣祖先前，再行四拜礼，祝如前，然后下堂拜父母谢宾。其诸亲戚友在堂者，皆长揖，或传茶，或酒饭以宴宾。虽不能尽如古三加之礼，亦庶乎有异于世俗之漫不行者矣。

一、田园，国税攸关，民食所系。昔有周开基，每以稼穑艰难为念，《尚书·无逸》之训炳如也。凡在乡村之民，舍此别无生图，故当春布种，群牲不可放纵践食，各宜照分守业，如有犯者，鸣众赔罚。

一、宾客友朋，为交际之道。本家虽贫薄，往来岂无故旧？故或近或远，所来者皆关契好。随家丰俭，款待尽情，要以礼貌为先。不然，是谓恭敬而无实，岂有君子而可以虚拘乎①？

一、外侮多由自致。孟轲氏曰："夫人必自侮，然后人侮之；家必自毁，而后人毁之。"是以君子有三反之道，身正而天下归之。本家素以忠厚相传，于人固不敢犯，即横逆之来，总不与校。倘不得已，须同心协力以御之，然亦不为已甚以致乱。此乃保身之道，贤子贤孙戒之勉之。

右祖垂训一十六条，皆浅近之言，易于通晓。每岁清明，须于宴会之中朗诵，使众闻知，各自儆省云。

选自［湘潭、衡山］《蓝氏续修族谱》，清光绪七年（1881）汝南堂木活字本

---

①虚拘：以虚假的礼仪笼络人。

宁乡赖氏家训

源流：赖氏周时受封于齐之赖邑，子孙以邑为姓，遂为颍川赖氏。该族始祖卿潜公，发祥于闽之汀州宁化。十七派圣金公，清顺治间应募从军，至湖广，克复衡永，有功补醴陵千总。子元标公，游山至宁乡，爱永盛冲山水之佳，遂卜居焉。清乾隆、嘉庆间两修墨谱。同治九年（1870）宁乡创修族谱，1925年续修。老派语：卿念寿保廷，善九宗永公，龄新天德良，应圣元文世。续定派语：起先承遗训，敦厚裕贤英，诗书垂祖泽，礼乐振家声。

二十派世显公居家十五劝（节选）

孝亲

昊天罔极，《蓼莪》之章。至性至情，岂敢毁伤。鸦常反哺，羊曾跪乳。若忘恩义，曷为人子？

尊师

师道之尊，等于尊亲。耳提面命，如坐春风。不忘恭敬，立雪程门。毋忘雅教，慢侮先生。

正家

家不能正，《易》云嗃嗃①。兄弟相尤，夫妻反目。埙篪之雅②，琴瑟之和。同心努力，受福不那③。

---

①嗃（hè）嗃：严肃冷酷的样子。

②埙篪（xūn chí）：埙、篪皆古代乐器，二者合奏时声音相应和，比喻兄弟亲密和睦。

③受福不那：所受福泽甚多。

教子

人即至愚，宁甘下等。其教不先，遵照不谨。邪僻浸生，覆坠不远。欲振家声，毋效牛舐。

信友

友以辅仁，《易》曰断金。如何不信，致失其亲。管鲍之谊，情如胶漆。责善唯朋，无信不立。

勤耕

百亩不收，八口致困。男务于耕，殷勤播种。时和百谷，仓粟丰盈。四时苦力，慎勿疏慵①。

苦读

坐破寒毡，学富五车。磨穿铁砚，位列三台。少不努力，老悔孔多。猛着祖鞭，切勿蹉跎。

急公

事别于私，即以公称。任土作贡②，踊跃急公。邻里左右，排难解纷。至公无私，古推仁人。

立品

天地生人，岂徒偶然。失足非类，即为不贤。克家令子，金玉比洁。鱼鱼鹿鹿③，万事瓦裂。

惜字

一字千金，所关甚大。相传道脉，全凭点画。制字代绳，仓颉之功。片纸只字，尚其敬焚。

赈贫

万姓一体，何容岐视？啼饥号寒，所关悯恤。尧夫助麦，朽骨衔恩。毋学守虏，徒遗臭名。

---

①疏慵：倦怠懒散。

②任土作贡：依照土地的肥瘠，缴纳田赋。

③鱼鱼鹿鹿：形容平庸，没有作为。

二十二派先稳公辨耻琐言(节选)

人皆爱敬父母,我独孝养有亏,可耻。
人皆兄弟和睦,我独手足参商,可耻。
人皆夫唱妇随,我独夫妻反目,可耻。
人皆教有义方,我独庭无严训,可耻。
人皆交多良友,我独座无正人,可耻。
人皆忠君爱国,我独罔上病民,可耻。
人皆睦族和邻,我独招尤蓄怨,可耻。
人皆诗书儒雅,我独马牛襟裾,可耻。
人皆耕田力穑,我独游手好闲,可耻。
人皆勤俭起业,我独怠惰自甘,可耻。
人皆恤寡矜孤,我独幸灾乐祸,可耻。
人皆富而好礼,我独为富不仁,可耻。
人皆激浊扬清,我独欺善怕恶,可耻。
人皆急公勇义,我独好逸偷安,可耻。
人皆雕梁画栋,我独茅屋土墙,不必耻。
人皆乘坚策肥,我独敝车朴马,不必耻。
人皆旨酒粱肉,我独蔬食菜羹,不必耻。
人皆披罗曳縠,我独布被缊袍,不必耻。
人皆扳豪结富,我独故旧贫亲,不必耻。
人皆假官恃役,我独息讼畏争,不必耻。
人皆倚势害人,我独量力克己,不必耻。
人皆刻薄致富,我独忠厚守贫,不必耻。
人皆积粟堆钱,我独储经蓄史,不必耻。
人皆恣淫纵赌,我独凿井耕田,不必耻。
人皆附势趋炎,我独守分安命,不必耻。
人皆事事奸巧,我独着着吃亏,不必耻。
人皆钻营得计,我独顺时听天,不必耻。

选自[宁乡]《赖氏续修族谱》,1925 年慎怡堂木活字本

邵阳雷氏家训

源流:始迁祖仁公,字平翔,原居江西吉安府泰和县竹蓼村,元至正元年(1341)携三子万三、千三、百三徙居邵阳北乡,落籍小庙头。千三迁耒阳,生启富、启贵、启时,富公迁云南,贵、时两公回迁邵阳,贵居金盆村,时居扒船庙。清乾隆六十年(1795)与新化雷氏合修族谱,道光二十二年(1842)、光绪十四年(1888)、1934年、1989年续修。旧班:万文春仲(思)永,奇祖廷承兴,世正应光明,秀大显安荣。贵公房班:万文肇宣佑,启成再天世,大显应光明,廉节忠孝行。时公房班:启宗昌正祖,贤文荣国祚,振家传孝行。新班:崇本嗣先泽,敦伦定发祥。通谱班次:晋裕渊源远,纯丰统建勋,衣冠绵亿祀,运会振群英。

家训(节选)

经书微言,圣贤大道,难概责于众人。择其切近易行者,申明之,以为家训。

一、严家教

爱之必劳,义方是训,父兄责也。故子弟不论智愚,皆当使之就学,勿事戏玩。即不读书,亦当使身有事庶,不至逸淫以趋下流。

一、劝育婴

天地之间,有阴阳即有男女。倘生男而不育女,则人类或几乎息矣。乃有惮办妆奁,生女则溺,不知荆钗布裙,亦可遣发,而祸水一盆,何如糟糠半世?况各府州县好善乐施者,不惜重资建堂育婴。且故杀子女,律有明条,宪典具在,其可忍心伤生,竟干《大典》,以取戾乎?

一、戒虐媳

古者舅姑飨新妇,以一献之礼奠酬,仪节不苟,即恩谊可知。乃或计妆奁之厚薄，视姿貌之妍媸[1]，稍不称意，则寻隙生衅，凌虐百端，童养之媳，更有甚焉。不知磨折太甚，或寻短见，或逃远方，人亡而家随破，抑或弄子嫌妻，致终老无嗣，悔可追乎？敬告族人，戒尔妻室，宜为慈母，毋为恶姑可也。

一、守法律

国家法律，无非欲人为善去恶，当常常省悟，不可违犯。至于钱粮差役，理当奉给，不可有抛逋推卸之心。

一、厚亲邻

外族亲姻，皆我身所属，必当情意关切，休戚与同，往来礼文，务求其当，不可因贫富而有轻重爱憎之意。至于邻里，与我同乡共井，必常相亲洽，庶几急难得其扶持。若朋友为五伦之一，既择端人，便当心志相孚。

一、审财用

或俭当以情理为准。过于悭吝，以至身同穷苦，三党皆薄[2]，固不可为，而夸多斗靡，无故妄费，其所作为，多在名誉，亦止供识者之一笑。

一、止争讼

安分守己，自当无事。即遇横逆，自可从容改释，何必兴讼。盖讼则终凶，破产受屈，为害无穷。苟非大不得已之事，必勿轻进一词。

一、持公道

凡有忿争，当局执迷不悟，全赖旁人剖断曲直，善言劝解，不徇私，不回护，则曲者惭愧，直者和平矣。若阳则从场解释，而阴则两边搬唆，以致怨结成讼，断不可为。

一、惩丑邪

不务品行，而好奸淫。不勤生业，而好盗窃。不存忠厚，而好狡诈。不守正直，而好唆弄。族中不容有此人，庶族规不失，而匪类不生。

---

①妍媸(chī)：美好与丑恶。

②三党：指父族、母族、妻族。

一、重谱牒

凡书籍皆当敬惜，况谱牒？祖宗在上，尤当恭敬奉持，着意收藏。不当使鼠侵油污，磨坏字迹。尤不可鬻谱卖宗，致使以赝混真，渎乱宗派。且不得轻易借人观看。

以上十数条，根据旧谱所载，其中略为增损，详加参订，斟酌尽善，皆切中情弊，非等纸上空谈也。凡我族中为父兄者，务宜时常诰诫，俾子弟知所劝惩，将善者益勉为善，恶者不复为恶。倘或视为具文，违其所当行，犯其所不当行，小则族长公同惩责，大则送官究治，决不姑宽。凛之慎之！

选自［邵阳］《雷氏四修支谱》，1934 年讲易堂木活字本

安化简氏家训

源流：始祖升璋公，明永乐时携子泰清自江西吉安上高县车溪徙居安化常丰乡一甲。传至九代孙日宣公，字球玉，号楼池，清初携母落业于新化东辇岭。族谱一修于清康熙十年（1671），康熙六十一年（1722）、嘉庆十七年（1812）、同治六年（1867）、1936年、1994年续修。派语：清思玉文正，益而大日通，永成光祖志，长远绍宗功，孝友传家训，贤良翊国忠，本原能世守，福泽自昌隆，统绪垂基业，贻谋启后伦，维新逢盛治，亿代振斯鑫。

家规八戒（节选）

戒淫欲

从来败俗伤风，淫欲为甚。每见轻薄少年，一遇艳质美容，即思苟合，无论孤孀处女，任意钻隙逾墙，图一时之欢娱，丧两家之名节。一朝败露，辱及父母，贻笑乡邻，家法王法，两不能容，可胜慨哉！我族子弟当思淫为诸恶之首，色乃杀人利刃，纵见如花如玉之貌，常存若姊若妹之心，人品端而心术正，未必不基于此也。后生戒之。

戒游荡

自古士农工商，各有专业，每见游荡之辈，以博弈为快情适志之事，以弹唱为盘桓宴集之欢，惮于造作，溺于晏安。未几，朱门生饿莩①，壮士叹无颜。百般废弛，万事瓦解。纵或老大伤悲，噬脐何及？我族子弟，或读书，或耕地，或经商，或习技，当思惟勤惟俭，戒以毋怠毋荒。庶

①饿莩（piǎo）：饿死的人。

读者获隽[1]，耕者逢年，凡有所作，自必遂意称心，永无贫苦之患矣。

戒赌博

自古倾家败产，赌博为最。每见不肖之子，以牌宝作生理，朝夕引类呼朋，以博弈为良图，动辄连群结党，只冀图人之财，以倾己之橐。迄至赀财荡尽，典鬻无遗，则鼠窃狗盗，无所不至，伤何如哉！我族子弟当思钱财乃营生之本，勤俭为立身之基，各自杜渐防微，免致逾闲荡检。

戒好斗

从来刚则必折，柔则易全。每见横逆之徒，好勇斗很，动辄怒目张拳，仗势作威，或致投河经渎[2]，酿成大祸，身罹重刑，何为也哉？我族子弟当效张公百忍，勿学项氏刚强，将见和气征祥，身家俱保。子曰：“一朝之忿，忘其身，以及其亲，岂非大惑不解者与？”

戒好讼

自古遇敌好胜，圣有明训。每见枭恶棍徒，或微嫌小忿，遂尔控告公庭，或倚势恃财，动辄投词官长，受吏役之需索，听刁棍之搬唆，花费金钱，守候昏寺，屈膝露顶，老太频呼，是非纵有明断，算来总是空虚，则何益矣？我族子弟即有大小争端，只宜听人排解。凡事让人非我弱，一生守己任他强。《易》曰：“毋健讼，讼则终凶。”信不诬也。

戒窃盗

自古勤俭持家，衣食自足，每见浪荡之子，饱食暖衣，朝夕唱弹歌曲，东游西荡，无非恋赌贪花，轻弃家赀，挥金如土，一朝窘迫，顿起不良，为窃为盗，由此起矣。我族子弟，纵家无斗筲[3]，亦宜本分自守，倘入迷途，有辱先人清白。除严责父兄外，即将沉水，勿谓家法太苛也。

戒贪酒

从来酒以陶情，亦易乱性。每见沉湎之夫，醉后猖狂，动辄扬拳舞掌，言无张本，悉是乱语胡谈，呕秽吐酸，成何体度。拖泥带水，大失仪

---

①获隽：会试得中。

②经渎：主干河流。

③斗筲（shāo）：比喻些微、微小。

容，触犯尊长，得罪亲朋，皆此致也。凡我族属，燕客延宾，毋强人过饮，亦勿由己恣情，庶神清气爽，无伐德招灾之患矣[1]。

选自[安化]《重续五修简氏族谱》，1936 年木活字本

①伐德：损害德行。

攸县蔡氏家训

源流：谱称宋靖康年间，上蔡人吉公南渡任江西洪州通判，再任潭州通判。十四传至元末明初朝端公，讳忠，号雪松，卜居于攸县禄田桑田。明万历三十四年（1606）首修族谱，清光绪十年（1884）七修，1942年又八修草谱，未及付梓。2001年九修。明万历间建宗祠于桑田黄冈岭。排行：祖来上蔡，贻谋允臧，言本道德，行由典章，诗书世泽，礼义家常，子孙益振，源远流长。

祖训（节选）

祖宗忠厚贻谋，诗书世业，自昔迄今，无忘先志。窃恐族繁人众，非立训无以示警，今作忠、孝、廉、节、士、农、工、商八箴于后，子孙观者，兴起善良，潜消不肖，庶上光祖宗，不负今日序谱之意。如有不守家训，强凌弱，众暴寡，少凌长，以至伤伦败俗，无耻作匿者，本户当与族众共惩之。

忠箴

人生于三，君恩匪轻。奉公守法，乃是良民。敬事后食①，圣言谆谆。秋粮早纳，祖训殷殷。训尔子孙，佩此忠箴。

孝箴

人赖父母，方有此身。生我鞠我，万苦千辛。所好所恶，曲体亲心。忤逆不孝，天地罪人。训尔子孙，佩此孝箴。

廉箴

廉有分辨，取予公平。万钟一介，务要分明。取非其有，损望不轻。

---

①敬事后食：凡事应当先尽力去做，待有功绩后才能享受俸禄。

显招耻辱，幽愧神明。训尔子孙，佩此廉箴。

节箴

天地正气，人秉最灵。维纲植纪，济弱扶倾。生前树绩，身后留馨。依阿典忍[①]，何以为人？训尔子孙，佩此节箴。

士箴

四民之首，惟士通经。穷处衡泌[②]，左准右绳。达居朝宁，致君泽民。放辟邪侈，下同细民。训尔子孙，佩此士箴。

农箴

人生天地，耕读营身。读书不易，且望西成。锄云种雨，易耨深耕。惟勤食足，稍荡家倾。训尔子孙，佩此农箴。

工箴

王家足财，惟工是程。成器利用，有艺供身。巧者作法，拙者随人。除此生计，余皆棘荆。训尔子孙，佩此工箴。

商箴

带月披星，惟商苦辛。将无易有，取缺补赢。但求本分，更要公平。寻此活路，便是福门。训尔子孙，佩此商箴。

选自［攸县］《湖南攸县渌田蔡氏九修族谱》，2001 年济阳堂印本

①依阿：曲从附顺。

②衡泌：隐居之地。

宁乡谭氏家训

源流:可奕公传十七世至云塘公,官于江西,遂徙庐陵。越四世圭琬公又徙宁乡,分爵、易、旦三房。明万历二十四年(1596)与庐陵合修族谱。清乾隆二十三年(1758)宁乡创修支谱,嘉庆三年(1798)、同治五年(1866)、1917 年续修。派语:孔以圣道,启文明昭,孝弟家声远,诗书世泽长,经纶绵国运,礼乐积庭光。

家训(节选)

一、伦理当正。家之中,父子也,兄弟也,夫妇也,尊卑长幼,各有定分,坐次称呼,各有定制。父慈子孝,兄友弟恭,夫和妇顺,尊者敬之,卑者爱之,长居先,幼居后。结之以恩,而残忍刻薄之人自化;行之以礼,而轻浮傲慢之习自除;守之以义,而欺凌苟且之风自泯。推之君臣,渐之朋友,有道谊而无偷行,由家而国,则纲常正而风规远矣。

一、读书子弟,务在理道明白,养成德器。至若稼穑之子,工商之俦,郊野市井,各有习气。为父兄者,应将孝、弟、忠、信、礼、义、廉、耻八字逐一讲解,使彼通晓。如父母生我,昊天罔极,莫报劬劳,当敬养兼至,爱慕勿衰。分形连气,最难得者,是为兄弟。毋以田产财帛之故,惑溺妻子,致乖手足。至上事于君,中交于友,忠信之道也。寸衷无欺[①],神明可质。礼者身之准,义者事之宜。以礼居身,以义制事,则人道无乖。至于廉耻,尤为生人大节。无廉则无所不取,无耻则无所不为。古人云:"廉耻事大,生死事小。"不可不存。全族之中,安得尽无悖逆之子?宣讲既明,气质自变,何乐如之!

---

①寸衷:内心。

一、士农工商，各有常业。读书则志在圣贤，不图温饱。力田则于耜举趾[①]，奄观铚刈[②]。工则日计其偿，商则月筹其殖。男勚于外[③]，女红于内，早夜勤俭，毋致嬉游，流入赌博，盈门牝匪，不为耗财。且漫藏诲盗，冶容诲淫[④]，辱先丧家，不堪挂齿。更无问琐尾流离[⑤]，飘魂落魄，方不成体面也。人生世上，安可甘心奴隶，行落人下分耶？

一、圣贤会文辅仁，序伦居后。五行之土，五常之信，土冲四气，信涵四德[⑥]，朋友所以善四伦，故交友乃人生大事，不可不慎之于始。士农工商，各有其类，必择立心行事正大光明者，与之往来。一则有箴规之益，一则无波及之忧，晦明风雨，声应气求，甚可钦也。目见夫趋承权贵，品态可羞，终亦疲于奔命之不给；结识富豪，势利可厌，终亦疏于接应之不暇。博弈娼盗，浃溺匪类，讵不为其所移？况一朝势败，祸必及身，悔无及矣。故失交一人，终身玷缺，胡勿慎之。

一、娶妇承先启后，必择淑媛，勿计妆奁多寡。苟贪资财，而妇仪未善，则四德有亏，七出兴怨。又或妇党匪夷，骄奢淫泆，移累子弟，其祸不浅。屡见里中慕厚奁结婚者，多贻此虑。间或无此，亦不过一时丰丽而已，鲜克成家。况财有定数，何容强求，勤俭以图衣食，无乐此浮财为也。

一、嫁女必择佳婿，其家忠厚相传，子弟俊秀，将来守成，自可以成立者许之。如徒慕一时富贵，或先世刻薄成家，或子弟浮嚣荡废，则覆坠燎毛，悔无及矣。司马温公家训，朱文公载入《小学》，此修齐之本也。

选自《宁乡谭氏四修支谱》，1917年弘农堂木活字本

---

①于耜（sì）举趾：修理耒耜，举足耕田。

②奄观铚刈：视察开镰收割。

③勚（yì）：劳苦。

④“漫藏”句：财货收藏不善，易诱人起盗心；容貌打扮妖冶，易诱人起淫心。

⑤琐尾流离：比喻处境由顺利转为艰难。

⑥四德：孝、弟、忠、信。

湘乡谭氏家训

源流：始迁祖诗仁公，明代自江西迁湘乡田心塅。其十四世孙应春、应文之后分两大房，散居湘乡、湘潭。清嘉庆六年(1801)纂有族谱，堂号宏农。字派：诗书达上功，鸿才建万代，词赋三应士，国正天心顺，文光照大清，道明开盛世，宏宇永昌隆。

旧谱家规(节选)

总言

家之有规，犹国之有制。制不定，无以一朝野之趋；规不立，无以为子弟之率。兹著十条以贻孙谋，以昭世德。

存心

天良不昧，则民物皆为胞与。恶根不斩，则骨肉必成仇雠。哀莫大于心死，而身死次之。盖凡受人欺者，身虽害而心自若。彼欺人者，身虽得志，其心已斫丧无余矣①。然则心可不存乎？居心之要无他也，曰毋不敬。推心之要无他也，曰毋不恕。

修身

身者，一家之主，万事之根，天下苍生之所倚赖，后世君子之所取法也。如之何不修？格致诚正，为修身而设；齐治均平，由修身而推。自天子以至于庶人，一是皆以修身为本。《曲礼》曰："手容恭，足容重，目容端，口容止，声容静，头容直，气容肃，立容德，色容庄。"此亦修身之明训也。尔后人当三复之。

①斫丧：摧残，伤害。

敬祖

敬祖之道奈何？曰：其爱慕也必笃，其奉祀也必虔，其远游也必告，其归家也必揖，其祠堂主椟也必整，其基所土木也必培。顾祭扫固不容略，而先茔之在远地者，尤当令子孙数往省视。盖使子孙识某祖葬某处，而免妄拜汾阳之诮，且以防盗葬、侵葬之奸也。孔子曰："事死如事生，事亡如事存，孝之至也。"

孝父母

父母之恩，昊天罔极，岂可易言孝乎？惟内存深忧，外著婉容，冬温而夏凊，昏定而晨省，竭力以服其劳，承欢以养其志，谨疾以解其忧，和家以政其顺。父母或有过举，则几谏之。妻妾不敬翁姑，必急出之。即不幸而父母没也，殡则必诚必信，葬则尽哀尽礼，厝不久奄，祭以时举，夫如是，不孝之罪寡矣。

务耕读

君子当尽其在我，不义而富且贵，于我如浮云。若勤耕而得富，非不义之富也；苦读而得贵，非不义之贵也。吾族朴者宜归农，无辞胼胝之劳，将仰足以事，俯足以畜，不期富而自富矣。秀者宜归学，毋畏将就之苦，则太上立德，其次立言，不期贵而自贵矣。

和族邻

祖宗，父母之本也。父母，吾身之本也。兄弟，吾身之分也。族人，兄弟之分也，不可以不思也。思则饥寒相娱，不思则富贵相攘。凡我族人，谁非一脉，务宜同心一德，万勿尔诈我虞。即有不明，亦鸣族赴祠，辨明则止。而居尊者须公举直，断不应依阿致讼，令途人笑为豚犬也。若夫邻与吾共居此土，自当喜相庆，忧相吊，有无相通，患难相扶。倘坐视不顾，闭户自高，则为无良之民，相怨一方矣。

择师友

内无严父兄，外无严师友，而能有成者鲜矣。然贤父兄原赖天命，而名师友则由人择使。漫无所择，虽有可贤可圣之资，不能不坏于庸师之手。虽有本聪本明之质，不能不染于损友之流。惟行谊高，学问富，乃为良师。心术端，人品正，乃为益友。故《中庸》以"尊贤"居"九经"之次，盖深明夫人生善恶之门，天下治乱之本，而甚重夫师友也。后之人其勿忽。

维风俗

范文正公做秀才时，便以天下为己任，区区族党之风俗，而不思所以维之。盖吾人伏处族党中，有德之人当尊之，有志之士当成之，节孝之行当举之，忍让之家当表之。若夫奸佞者、刻薄者，索利而忘义者，健讼而罔上者，皆当以理喻之，以覆宗绝祀恐之，否则之正颜色以谢之，戒子弟以远之。夫如是，君子益勉于善，小人必悔其过，何患风俗之不美哉！昔彭觉所先生《勉儿侄赴秋闱诗》曰："百花亭醉广寒春，雪简萤编慰苦心。变化应从龙见者，英雄岂但鹿鸣宾。伊皋周召吾儒事，卢骆王杨末世珍。试诵岳阳楼上记，先忧后乐是何人。"至哉斯言，特敬述之，勉汝后人。

选自[湘乡]《谭氏族谱》，清同治四年(1865)宏农堂木活字本

湘潭熊氏家训

源流：始迁祖仲璜公，明洪武六年（1373）由江西丰城迁长沙沙河湾。六传派衍梧乐、梧举、梧荛三房，兄弟先后迁湘潭，散处于姜畲、吟江、拗柴诸处。荛房建支祠于郭家桥、樟塘两处。乐、举两房共建支祠于射埠高家滩。明万历四十四年（1616）、清康熙二十五年（1686）、乾隆十九年（1754）、乾隆六十年（1795）、道光二十二年（1842）乐、举、荛三房五修族谱。六修时因荛房人心不一，累邀累却，故1914年乐、举两房六修支谱。字派：仲梓万永和，庭梧引凤鸣，梦国光华盛，传家世泽宏，诗书遵典训，文学振芳名，运际升平会，云程捷步征。

家戒（节选）

戒斗殴

唾面自干，师德堪风。戒之在斗，圣训昭然。今人多不理会，每遇睚眦小忿，或拳足交加，刀棍相搏，致成人命，大可痛惜。今戒吾族，毋以富欺贫，毋以小加大，毋以强凌弱，毋以幼犯长，纵有横逆相投，受之不报，此时彼即强蛮，久之自感而化。若两相斗殴，非我伤彼，即彼伤我。语曰："一朝之忿，忘其身，以及其亲。"可不儆欤？

戒争讼

衙门八字开，有礼无钱莫进来。此言虽粗，实是至理。今人每因小忿，挟气争讼，竟至鬻产不悔，亦何惑之甚也？故凡些微口角，务宜息心静气，一含忍便了。即情关肤切，势迫无奈，亦必投鸣族众，赴愬里党，听其公论可已。庶几官不烦而吏不扰，身可保而家可全，方为盛世之良民。

戒播唆

谚云："劝人终有益，唆竦永无功。"此教猱升木①，古人之所戒也。近来人情浇薄，说长道短，背后刁唆，播是弄非，挺身为证，所在多有。吾族子弟凡闻有争斗，不待告愬，即需竭力排解，曲为劝释，秉公持正，务令两平。如再三处分不从，听其自作主张，毋模棱两可，酿成二家之嫌，毋颠倒是非，构起二家之祸，不惟罪免于公庭，亦可以见存心之厚矣。

戒赌博

古语有云："赌近乎盗。"一时赌不顾家，而被盗窃者多也。今人不务正业，反交赌友，每日三五成群，喝雉呼卢，势必视钱财如粪土，荡产业若灰尘，地无立锥，室如悬罄②，或作梁上君子，或为沿门乞丐，其害遂流毒于天下后世而莫救也，可不慨哉！庞公教子有诗曰："凡人百艺好营身，赌博场中莫去亲。能使英雄为下贱，解教富贵作饥贫。衣衫褴褛朋友笑，田地消磨骨肉嗔。不信但看乡党内，眼前流落几多人。"我族子弟，士农工商，各有恒业，勿蹈此弊，尚其凛诸。

戒淫行

诗云："犯着奸情家易破，养成色病药难医。"诚哉是言也！窃不解世之人，不亲君子，不接正人，只想风花雪月，嬉游度日。岂知天道难容，人神共嫉，一朝败露，小则亡身丧家，大则覆宗绝嗣，那时反悔，曾何益矣？我族子弟，宜破色魔之障，国法昭彰，凛之慎之！

戒奢华

人虽是一切世味淡泊方好，不要有富有贵。苟一味好胜争奇，全不量入为出，后来用将不继，势必暗地挪移，行见逋负之剥啄未去，国赋之追呼又来，则奢华之弊，岂浅鲜哉？孔子曰："与其奢也，宁俭。"吾族子弟，须当身体力行，交相劝勉，不至破家荡产，玷辱祖先，越理犯分，乖戾王章。幸甚幸甚！

---

①教猱升木：比喻唆使、引导恶人做坏事。

②悬罄：形容空无所有，极贫。

戒刻薄

忠厚乃处世之良方，刻薄非君子之所尚。近有锱铢必算之筹，重利收息，倾泻低潮，刻陷贫穷，升斗等秤，轻出重入，布帛菽粟，囤贱卖贵。今虽富足，安保异时亦富足乎？昔有一祝姓者，刻薄成家。一日龙出宅下，人物财产尽沉于潭，后人名曰“祝家潭”。观此可知天道好还，报施不爽，可不猛省？

戒越占

天地之间，物各有主，苟非吾之所有，虽一毫而莫取。无如世道不古，觊觎成风，见人财物，有思为己，占人田宅，妄作己业，是非相争，讼端不息，此皆不安分守己之所为也。故愿我族子弟，切勿取不义之财，勿图非分之业，存些心地留与子孙耕种，便是长策，且能悠久。

戒轻生

乾父坤母，至仁好生，全受全归，乃为完人。苟好勇斗狠，撒泼图赖，或悬梁而死，或溺水而亡，或服毒而毙，不惟不重父母遗体，且伤天地好生之心。万一经官相验，总属轻生自尽，置之不究，岂不大可惜哉！

戒为非

天下最可耻者，莫甚于为非。一流人耳，自耕读两途，百工技艺，俱可营身而糊口。乃有寡廉鲜耻，逾墙穿壁，以致身罹法网，死而无悔，何愚昧之若此乎？吾族清白传家，历无歹人，良可幸也。今乃设立此戒，愿世世子孙冰兢守法，永作良民，无作非为，无辱家声，无犯宪刑，祖宗庇之，鬼神佑之，获福无穷。

选自[湘潭]《中湘射埠熊氏六修支谱》，1914年思孝堂木活字本

长沙黎氏家训

源流：始祖添麟公，福建汀州宁化县人，元元统间仕粤，徙居嘉应州。十六传文锦公，清康熙三十八年(1699)偕侄进辅自粤迁楚，创业于长沙西乡栗山、曹家湾等处。明万历二十二年(1594)、清乾隆三十八年(1773)纂修族谱，道光十一年(1831)长、善、潭、宁、益、沅六邑合修族谱，同治十三年(1874)四修、1917年五修、1947年六修。老派：添闻士源德，肯梦道发抚，行传泰岳，国文进仕。道光十一年(1831)六邑合谱派语：生遇昌明世，经纶治泽洪，振家承祖绪，上达步青中。

家　训

一、每日天明，即当起身。打扫地面，揩抹桌椅，要内外整洁，门户肃然。

二、一日三餐，按时吃食。细细咀嚼，慢慢吞咽。莫求美味，须知小吃当大赌。毋抛饭粒，应念稼穑之艰难。

三、穿着衣裳，所以蔽体。但求整洁，莫贪华丽。帽子不正，好似下流。鞋跟不拔，徒现懒散。

四、欲求不病，须重卫生。未沸之水莫饮，不洁之物莫吃。病从口入，不药才是真医。防祸未然，免得有伤身体。

五、对父母和颜悦色，菽水亦可承欢。对子女课读课耕，教训不容稍懈。弟恭兄友，莫因小故而起龃龉。女助男帮，当同艰苦而共祸难。一家不睦，家道衰微。

六、嫁女须择佳婿，莫计家财。娶妻必求贤媛，毋重姿色。夫唱妇随，闺房之福，纳庶娶妾，烦恼自生。

七、积家犹如针挑土，必须惜物如金。败家好似水推沙，毋得挥金如土。由奢入俭，难如逆水行舟。由俭入奢，易似高山滚石。莫仗富足，懒惰即可贫穷；莫愁贫穷，勤勉便是资本。

八、花姑为淫邪之引，毋得观看消愁。赌博为盗贼之媒，慎勿逢场作戏。酒可伤身乱性，切忌贪杯。色足断嗣败名，务须节制。

九、近朱者赤，好人常须接近。近墨者黑，歹人定要远离。

十、族里之间，守望必须相助，祸难必须相扶。婚丧喜庆，贺吊务宜殷勤；疾病灾殃，慰问尤宜诚恳。

十一、处世贵立信，说谎是欺己欺人。服务贵尽忠，做事要有终有始。是非多从口出，闲谈莫论人非。祸福尽在人为，静坐常思己过。圣人戒多言，言多必失；君子亦有过，过而能改。

十二、居家处世，守此不渝，其庶几乎！苟或认为老生常谈，不屑遵守，吾未见其有成也，勉之，勉之！

选自《长沙黎氏六修族谱》，1947年尚絅堂木活字本

宁乡颜氏家训

源流：始迁祖子高，诩之二十世孙，颜真卿之二十四世孙，颜回之六十四世孙，于明初自江西永新浯溪徙湖南长沙城，寻再迁宁乡关塘。孙贵华、贵贤兄弟于景泰七年(1456)复由关塘迁邑之枫林营。贵华生震、兴，震生友铭、友泰。兴生友彬。贵贤生荣，荣生友广，衍为四支。清宣统元年(1909)纂有族谱，堂号"克复"。

续刊家规(节选)

劝爱国

子舆氏有云："一家仁，一国兴仁；一家让，一国兴让；一人贪利，一国作乱。"盖国家为人民之集体，一人爱国，推及全家；一家爱国，推及全国。故语曰："天下存亡，匹夫有责也。"中国地大物博，人口较列强为多，自应称雄于世界，然反受列强欺侮，至有次殖民地之讥者，由无人爱国所致也。若云爱国，并非难事，凡在国内，任何人只须安分守己，各尽应尽职责，即属贡献国家，忠爱国家。否则大之如秦桧、吴三桂之流，不惜断送祖国，沦于异族；次之如为国家公务员，贪污枉法，暴戾殃民；再次之如为士农工商，放弃正业，甚至偷扒抢窃，无所不为。此属不良份子，均为不爱国败类，深贻家族之羞，可为后人之戒。

慎交游

朋友为五伦之一，劝善规过，固不可少，要不可以不慎。历观古来大奸大恶，曾无独立自雄，必先植党市恩，要结人心，遂尔敢作威福。然其与交之徒，未必天良尽绝，只以择交不精，趋权嗜利，到头噬脐无及耳。凡我子弟，平日交游，必须郑重拣择，于五伦中验其躬行实践，毋少回邪不近人情之举[1]，然后深相结纳，庶几缓急可恃。

戒淫行

万恶淫为首。《阴骘文》卷，一切果报，极详且备，无容赘复。第恐后人根基浅薄，若不重加警醒，未免视为具文。凡我子弟，当念此是人鬼关头，稍不慎密，报捷影响。顾凡言语偶及，常存羞恶之心；耳目所交，俨然鬼神在望。设身处地，是我妻子，将何以处我？是我姊妹，我何以自处？反复相绳，则万念俱寂，斯本原之天良发见矣。不宁惟是，以言语坏人名节，于闺阃多事揣摩，最是少年习气，才子讥锋，抑知淫孽口过，丝毫不爽，甚可畏也。愿尔曹躬行不怠，争为天地完人。即或曾经失足，急早回头，尤可将功补过，慎毋流荡忘反，寡廉鲜耻，甘为人下而不辞。

恤孤寡

孤寡者，天下之穷民而无告者也。其志可嘉，其情可悯，其势易虐，其境堪怜，此固苍苍者气数之偶戾，明以俟夫仁人君子之大行其权也。凡我子弟，于此等类，无论同宗异姓，皆要留心关注，维持补救，以辅造物生成之憾。其有资产可扶者，尽心与为经营，以期保全。至于身无立锥，矢志不二，尤为特出，须当申明大义，劝诸有力，不惜解囊，以表清操，以维风化。

惜字纸

一画启《河图》之秘，六书代结绳之微。前圣后圣，授受罔乖。人心道心，危微勿坠。何莫非赤文绿字之所留遗也哉[2]？凡我子弟，切记留心，拾片纸于途间，莫令随飞花而入渎，焚只字于炉内，免教和柳絮以黏泥。一切裹物糊窗，擦几拭砚，均宜痛戒。或遇愚民有此，即当训诲，且以他物易之。不但此也，举凡有关闺阁名教、不明事迹及词讼事端，不可着笔，坏他人名节，误自己前程，是又惜之深者也。尔曹勉旃。

选自[宁乡]《沩宁枫林颜氏二修支谱》，1948 年克复堂木活字本

---

①回邪：邪曲不正。

②赤文绿字：古代传说中的一种符瑞。

湘潭潘氏家训

源流：始祖仕荣公，元翰林学士，居湘乡十四都滚陂塘。孙继先、大名，明洪武二年(1369)始迁湘潭，一居队头，一居桥头，衍峻、达、昭、秀、文、贵、聪、才八房。明正统十年(1445)、清康熙六十一年(1722)、乾隆五十年(1785)、道光二十五年(1845)、宣统二年(1910)纂修族谱。序派：力昭诒训，芳远泽深，美彦振起，宣述儒林，际逢景运，为国家琛。

劝学解

或曰："天下莫难于读书。"余谓读书非难，惟不肯读者自见为难耳。譬如升高陟遐[①]，裹足不前，而曰高不可升，遐不可陟，岂理也哉？且古人读书，如刘晏之号神童子，李贺之作《高轩赋》，年皆稚幼，博览群书，又何以称焉？此以知读书之不难也。或又有以家之贫为辞者，此其说更不可解。姑毋论冬夏读书，映雪囊萤，均非富家子。古语云："欲救贫，须读书。"是谓因贫而学，非谓因贫废学也。试问家贫之子，有善读书而终身贫贱者几人哉？有不读书而终能富贵者几人哉？即有能小富者，着以衣冠，听其言语，彼固道其所道，非吾所谓道也，德其所德，非吾所谓德也。此岂子弟之自误与？大都误于父兄之教耳。吾见世间不少读书之子弟，而少教读之父兄，良可惜也！况有家赀饶裕，力能教子弟读书，而吝于延师，抑或以延师为门面，而吝于学俸，又何怪读书之难成也？不知遗产业于子孙之手中，而子孙可败。遗诗书于子孙之腹中，而子孙断无可败者。吾愿吾族之人，有子六岁，即当以读书为先务，幸勿以年幼而存姑息之心，亦勿以家贫而惜俸金之费。倘有能读书之子，步

---

①升高：登高。陟(zhì)遐：远行。

入青云，自能光大其门闾，较之学艺、学贾与终为老农者，不真有天渊之隔耶？至于读书，本系乐境，并非苦途，特恐为子弟者，徒慕读书之名，鲜务读书之实，不能打破诚意关头，纵能多方掩饰，无在不形其苦，必至用力之久，一旦豁然贯通，夫然后苦尽甘来，其乐无极。吾故不得不以发奋读书，有厚望于吾族之子弟。又不能不以迫切教读，有厚望于吾族之为父兄者。后世子孙当不以余言为妄言也已。

选自[湘潭]《潘氏五修族谱》，清宣统二年(1910)荥阳堂木活字本

安化潘氏家训

源流：谱称周之毕公相武胜殷有功，长子封于魏，次子季孙荀食采于藩，遂以潘为姓。传八十二世至宋宁宗间，添君公由江西泰和县圳上迁湖南宝庆，生万一、万二、万三。万一公徙居湘潭、湘乡河东滑石滩、宁乡夏落桥等处；万三公迁居武冈、邵阳四塘红桥铺、宁乡粟溪、浏阳等地。万二生汝梅、汝和，汝梅居新化。汝和宅安化，为该支开基祖。汝和生鸾，鸾生循振、循礼，振公三传思敬、思忠二房，礼公八传正龙、正化二房。族谱创修于清雍正八年(1730)，嘉庆二十一年(1816)续修，光绪十年(1884)三修，1923年四修，堂号"紫岩"。派行：忠厚传家久，存心启裔昌，经营多秀实，绩治载元黄，博学诗书富，宗儒月桂香，乾坤敦孝蔚，仲伯笃恭芳，燕翼贻谋远，周基德泽良，季孙分衍派，世代与天长。

汝澄祖家训

余自辛丑孟夏有生以来，感祖宗培植之德，父母鞠育之恩，耳目聪明，心思睿知，宅衷浑厚，赋性中和，反求诸已，未常有一言一行以得罪于乡党朋友也。自孩提以至稍长，敦行孝弟，由稍长以至成人，苦事诗书，夕惕朝乾，日就月将，指望名标竹帛，以显天日之光，岂知字落孙山，徒抱云霄之望？县府屡试，孰不称扬，道考无名，止增吁叹。由是廿余年心前力后，不得已而驰心家务，竭力奉亲。不幸丙子之正，老母仙逝，终天之抱恨难释。既而己卯之岁，壮心未冷，见猎之思复兴。奈何时运不齐，命途多舛，韶光易迈，老大无成。已矣乎！年四十而见恶焉，其终也已。所恃者爰四子俱幸次第长成，二、三子业儒而未就，四子之鸿年十四，品格清奇，才性过人，若有出类超群之志，竟壮气之人，不意益丰得啬，青年命尽，诗书堕泪，青灯谁伴？书馆空悬。呜呼！生平愿付诸东流海木矣。今也余年不减，命未知之，道未终阻，各已先膺。三十九年之过，欲寡未能。四十以后之期，从天分付。前途事业，回想依稀，转盼光阴，恍然如昨。娶三媳以配三男，助伸父母之愿。接一婢以妻一仆，少敦家主之风。私置田种五石有零，扩充祖父之遗业。起造房屋三间两栋，传流孙子之箕裘。整顿家风，撑持门户，宾朋交际，日用营为，约计从前所费之金，不啻四百有零矣。然皆出于己身之营运，父母之滋培。一粒一粟，几费艰苦，山河田地，长禁栽培，刻印通行。古今共著，贤愚共赏。时乎静坐小斋，目击时艰，神游往代，爰集《中梅苦状》一册。即不当各家监史，亦可见一时之事实也。而今而后，可以退步回头，不忮不求，且自修心养性，功名富贵，置诸度外，毫不关心，得失荣枯，坦然坐视无入耳。纤些产业付儿曹，惟愿鼎足而立。今古文章传孙子，当自矢志竟成。不可见小利而废大伦，不可爱私藏而误公务，不可因目前而忘远大，不可贪酒色而败身家。一门九族相好，毋尤内亲外友，谦和以代，事上以敬为先，待下以宽为本。至戚贫穷莫疏，他人富贵莫厚。钱谷不必多藏，审其义利；饭食常思节俭，淡泊明心。无执己见而傲性惊人，无听人言而伤情破性。事必审其详细，理必辨于精微。爱众亲仁，慎言敏事。兢兢业业，念祖父之勤劳；孜孜屹屹①，启子孙之模范。农工商贾，堪为百世良谋；孝友仁慈，可作终身受用。耳为提，面为命，毋负斯言；说而绎，从而改，请事斯语。一言九鼎，寸楮千钧，不尽箴铭，服膺勿失。

选自[安化]《潘氏续修族谱》，1923年紫岩堂木活字本

---

①屹屹：勤奋不懈的样子。

湘乡戴氏家训

源流：始祖伯万公，字期兆，号正品，元时由江西吉州府泰和县梅子坡始迁楚南潭州，复徙湘乡光冲，为光冲之祖，嗣衍五房。本逵公，字万亿，号悠然，元时由泰和沙溪徙居湖南湘乡百石，为百石之祖，嗣派七房。清乾隆二十三年（1758）两支始修谱建祠，道光五年（1825）续修族谱。光绪十二年（1886）三修，1943 年四修，2003 年五修。班行：大育开群户，洪斌文元本（伯），南宗世允（道务思惟）仲，定国安邦民，显祖荣华久，玉堂富贵长，丹桂联芳秀，麒麟应瑞昌，赞治受恩爵，含和保泰祥，积德兴隆远，辉煌日月光，熙朝崇俊彦，景运乐平康，孝友传家宝，诗书继绪香，躬修伦纪笃，学植品行庄。

新议家规

我族人繁居阔，贤否不齐，若非预为约束，诚恐有染污俗，特议《家规》十条，锓板存祠①，每岁刷贴各村，庶触目警心，父诫兄勉，子弟知所遵循，无蹈罪戾，则幸甚。

一、国课大典，宜早输纳清晰，免致延搁受累。其有故抗不完者，公同禀究。

一、父母恩深，必要孝顺，倘有忤逆，稍露微迹，亲属同居，即报房族惩治，庶免后患。如隐匿不报，一经查知，先究隐匿。

一、尊敬长上，分所当尽，倘有横行侮慢者，报房族严加责惩。

一、同姓不婚，人所共明，即娶同姓之妇，亦干律例，今议永禁。至兄弟转房，尤为大乖伦纪，如敢妄为，送上究治。

---

①锓（qǐn）板：刻书。

一、是非必凭理处，毋得行蛮。倘有恃横行凶，强割、强牵、坐拼等情，带赴宗祠，先究行蛮，后论是非。

一、子弟务要勤俭，恪守正业，倘有游荡、赌博及一切非为者，亲属随时规戒不悛，带祠严惩。

一、理事职尊，宜秉公持正，毋得袒私挟嫌，借事挂费。如有此弊，公同斥革。

一、溺女恶习，忍心戕生，神人共怒，族议永革，违者严惩。

一、出为僧道，抛弃宗堂，深堪痛恨，族议严禁，违者重究。

一、私宰耕牛，有干例禁，查知定行重罚。

选自［湘乡］《湘上戴氏三修族谱》，清光绪十二年（1886）敦伦堂木活字本

长沙魏氏家训

源流：来长始祖国富公，字寿宝，直隶冀州真定府柏乡籍，一云保定千牛卫。元泰定四年(1327)从事湖广行省，后谢职客长沙，卜居赤塘。嗣三派大宗迁黔省，六派小宗又有迁浏邑者。清道光二十八年(1848)五修、光绪十二年(1886)六修、1923年七修族谱。家庙建于大贤都虎踏山。派序：国世元水万学文朝宗玉之(大)光培(成)。增定派序：式传先泽，振启家声，景象宏昌，尚克绍承。

家训(节选)

一、品行

天地之间，惟人为贵，得秀最灵。无论贫富贵贱，立品为先。修行最要，衣冠整饬，步履端方，语言谨实简要，此显明之迹也。尤必居心立志，思量作天壤端士，古今好人。达则为国为民，忠勤清正，处则敦孝行弟，睦族和邻。不忮不求，有为有守，弗混乱黑白，弗颠倒是非，弗存奸巧、刻薄、浅狭、阴险之心，弗作苟且、邪僻、贪污、残酷、陷害之事。即极贫贱，弗入娼盗优隶之流。总期无惭神鬼，罔愧君亲，如斯作人，斯无负为人也已。

一、读书

读书所以明理，识大体，变化气质，开拓见闻也。非为猎科第，取功名，相夸耀也。凡属子弟，概须攻读，书香种子不可绝也。一代不读书，俗；二代不读书，愚；三代不读书，泯没矣。其能读者，诵读须熟，讲解须详，习字须端圆有力，作文须理法明密，意清词湛，毋得浮伪也，毋得荒怠也。其实不能读者，或资性顽钝，或家计艰难，要亦须从学数年，使多识几字，恪习礼仪，聊以濡其耳目，开其心志，祛其鄙野焉。凡读书须尊明师，必忠且敬，毋怠慢。取益友，必亲而信，毋嬉狎而读。能有成者，置身儒雅之林，宜求道德之要。讲习必精切，领会尤贵神而明之，钩深而发蕴，身体而力行，通达以致用。毋徒竞记览，工词章，遂侈然自命为学者也。性情正大，品行端严，处则为醇儒，出则为名世，斯可谓能读书者。至若读书而借以饰智惊愚，陵人傲物，且或资以包揽武断，舞文流毒，作奸犯科，则又名教所不容，所当麾诸读书外者矣。

一、幼箴

生当孩提，即须善养，稍有知识，渐至长大，即不得听其任性发飙，不得听其打骂人，学油滑市井声口，及一切顽泼轻狂陋习恶态。成童入学，举止必端详正静，毋得躁动轻浮，飞扬跳舞。语言必从容简实，毋得率易叫嚣，尖利狂诈。《戴记》云："足容重，手容恭，目容端，口容止，身容静，头容直，气容肃，立容德，色容庄，坐如尸。"皆当恪谨循行者也。敬先生，毋得侮慢不听教训；睦同学，毋得嬉狎及相争斗。读书必高声朗诵，字句清明。写字必端直停匀，有势有力。温书必详审毋误，背书必精熟毋滞。书册必整齐爱惜。拜揖必安雅恪恭。及其开讲也，听讲、覆讲务须细心领会。有作必先将题目解清，题理如何、题脉如何、文法如何、文局如何，如何立意、如何措词、如何运笔、如何合题，沉思深索，方有进益也。及其将成人也，孝、弟、忠、信、礼、义、廉、耻，宜知所务。为读为耕，各专其业。曰勤曰俭，务尽其实。夙兴夜寐，时循循于法度之中，毋或稍轶于绳检之外焉。他如未能读书者，为工、为贾、为商，亦必习矩范、遵规法、勤艺业、安朴素，毋得懈怠侈荡，傲很凶顽，不顺父母，不敬兄长，不务正，不自力，不爱惜钱米服物，不听信老成言语，驯至同流合污，堕入下流而不可救药也。

戒赌博

赌博之为害烈矣，而人莫不嗜好，若以为快活事者。自伤心人视之，疲精敝神，无明无夜，瘁莫甚焉。赢钱半虚，输钱愁愤，郁莫甚焉。倾家荡产，对妻子而无颜，惨莫甚焉。付身名于罔惜，为祖宗所痛愤，憾莫甚焉。乃人间一大苦局也，何乐之有哉？父兄切戒而不可止，官府严禁而莫肯遵，岂真迷魂阵耶？抑人未暇深思耶？前人《戒赌十则》，其言至痛切，特录以儆我族人，毋熟视若无睹也。

一、坏心术。一入赌场，遂成利薮[1]。百计打算，总是一片机心；两相倾危，转生无穷恶念。虽至亲对局，必暗设戈矛；即好友同场，亦俨同仇敌。只顾自己赢钱，那管他人破产，心术岂不大坏？

二、丧品行。凡迷于赌局，即聪明俊秀人，料其学业无成，家道必败，鲜不轻贱之。正士弗与交，贸易弗与伙，姻婚弗与通，此赌之一文不值也。况赌无分贵贱，虽极下流，皆为同辈，一言不合，动加欺侮。既与同赌，莫可如何，成何品行？

三、伤性命。赢了乘兴而往，不分昼夜；输了拼命再来，那计饥寒？从此耗精疲神，必致殒身丧命。更或负债难偿，相对无面，含羞忍忿，遂至多病相牵。计绌势穷，且拌一死塞责。枉死城之去路，即此赌场之归路也，岂不可伤？

四、玷祖宗。送了人底银钱，还笑浪子发呆。破了你底家产，转笑痴儿作孽。不能耀祖光宗，反至辱门败户。乡党皆归咎其先人，父祖必含憾于死后。

五、失家教。赌博一事，引诱最易，家庭之内，见闻极亲。寻常教训子弟，都说须学好榜样。当场窥看父兄，且云愿照现规模。父子博，兄弟博，奴仆博，戏法成何家法？白日赌，深夜赌，密室赌，牌风且酿淫风。家教大坏，可为寒心。

六、荡家产。始而气豪，则挥金如土；终而情急，则弃产如遗。祖父一生辛苦，仅立门户。子孙片时挥霍，遂败家声。衣裳典尽止留身，亲朋谁惜田宅？鬻完犹欠债，天涯何归？想到此间，岂不可怜？

七、生事变。通宵出赌，彻夜开场。门户不关，盗贼每多乘闲。灯烛不熄，室庐尤致被焚。甚至浪子夤缘而生计，匪人窥伺以为奸。灭火敲门，主宾莫辨，绝缨解襦，男女逾闲，祸机所伏，不可不虑。

八、离骨肉。士农工商，各勤职业。父母妻子，互相欢娱。此天伦之乐，亦人事之常。自入赌场，遂沉苦海。典质钗钏，妻子吞声而饮憾。

---

①利薮（sǒu）：财利的聚集处。

变卖田产，父母蒿目而攒眉[1]。只计一人豪爽，不思举室怨嗟，抚心自问，其何以安？

九、犯国法。赌博之禁，新例最严。轻则杖一百，枷两月，害切肌肤。重则徒三年，流三千，长别乡井。绅士照例革斥，成何面目？衙役加倍发落，须顾身家。与其事后而悔，何如先事而戒。

十、遭天谴。历看开赌之家，每多横祸。赢钱之辈，偏至奇穷。总由噬人血肉，饱我腹肠，敛彼怨愁，供我欢笑。所以鬼神怀忿，报复不肯稍宽。天道好还，彼此同归于尽也。

戒吃洋烟

洋烟俗呼鸦片烟，美其名曰阿芙蓉，昔所未有，今乃盛行。贩者毒铺寰海，吸者害切身家。出自外洋，弊窦之开何酷。中深中土，迷途之恋方殷。卑陋者竞趋之，尊贵者亦奔焉。愚顽者争嗜之，明智者亦酣焉。至无味物也，群以为有味。本有用人也，竟渐归无用矣。岂天之有恶于群生而降此大戾与？抑何人之纷纷然、惘惘然，甘服此药，受此毒，迷惑沉溺于其中而不肯出，不可止也。为天下人哀之，特为我族人儆之也。

选自［长沙］《魏氏族谱》，1923年木活字本

①蒿（hāo）目：焦虑不安。

长沙瞿氏家训

源流：始祖伯福公，明洪武间以神武卫百户始迁长沙岳麓之西。九传至叔美公，讳仕美，明季卜居善化之西冲。清同治九年(1870)始修家乘，光绪十年(1884)、光绪三十三年(1907)、1934 年多次续修。九世瞿鸿禨，清末曾任军机大臣、内阁协办大学士。班行：(自五世起)应运文明，鸿宣祖泽，善余孚佑，代永名芳，咸式孝恭，诗书宝训，聿崇功业，克绍荣徽。

家训(节选)

《大学》本修身以齐家，盖身范既端而家道自正也。后世明其理而不能不托于言，非独颜黄门有家训之作也。夫一门相聚，随事指陈，犹且传之楮墨，况厘订家乘为后人立其范围，安可不隐括典常，昭垂彝教乎？吾家旧谱所载，首举五伦，此于往圣遗经不足拟其糟粕。又述王凝秉河汾之教，有勤、俭、恭、恕、冠、昏、丧、祭八条，恭、恕切于身而不切于家。四礼更宜别为一卷，其不能从而沿袭也，昔人宜有以谅之。今欲明著劝惩，撰为四务十戒，凡以留法度、示乾惕而已。

一、务守业。《传》曰："笃在守业。"天下之通义也。顾或见异思迁，终必归于浮动。尝见承平之日，士挟其文，农、工挟其力，商贾挟其握算，以游于通都大邑之间，但欲多财，甘为人役，其后或以财多而邪侈致败，或以财不多而流荡无归，丧其身而辱其先人，皆误于厌常之一念。《易》曰："不恒其德，或承之羞。"乃覆辙相寻，至死不悟，悲夫！尤可异者，近岁行军榷饷，随处需才，倘握其权，勃焉富贵，发迹者甚多侥幸，效尤者相率奔驰。士束诗书，农悬耒耜，工捐利器，商舍市廛，未必果遂所求，先已失其所守，而被戕、被黜者更无论矣。今我言之痛切，使族人尽悉其详，庶其纯朴自安，各专本业，待邀天佑，兴盛可期，诚保家之良也。至于习业之始，尤贵专精，蔡邕《劝学篇》云："硕鼠五能，不成一技。"驰骛之诮也。张华《励志诗》云："斫梓染丝，功在初化[①]。"勤慎之义也。凡教子者可不慎诸？

一、务节用。《论语》言："节用。"《王制》："量入以为出。"实得节之之方。家与国大小虽殊而理无二致，其醉生梦死，百度不修，撑拄支吾[②]，覆亡无日者，可不论矣。如欲求一家可久之道，惟有致谨于出入之间。富者节之必使有余，贫者节之使无不足。又其极贫者，明知入不敷出，而节一分少受一分之累，岂不大有裨益哉？一家之中，男女皆不坐食，则操作稍苦，自知物力之艰。夙兴夜寐，三饭各依其时，则动静有常，不患度支之滥。他若谨藏器物，毁失无虞，勤与俭相因，用以舒而自足矣。夫仗大义而全廉耻，皆自节用始，竭所有以济人节用，则仍可以自济，是爱养足布仁风也。虑不给而求助，节用则不轻于一求，是俭素足成清德也。反复思之，用不节而自贻其祸，用有节而自受其福，人纵乐于自便，岂有不避祸而向福者耶？

一、戒傲慢。礼毋不敬，为尽人立其防。而或任性乖张，径情直遂，则傲慢生焉。傲必怙终，慢多失检，皆属悖礼，祸之阶也。农工力作，或以椎鲁谅之。商贾恒与人交，倨侮必受其敝。至于文士，先赖师友讲习之功，及其学成，非官即幕，以身涉世，动辄招尤，可不遏其忿戾之萌，养其春容之度乎[③]？若平居里巷，以此失欢于邻人，或轻侮高年，或独违众议，棱角峭厉，肝肺杈枒，始虽见容，终必寡助，睘睘踽踽[④]，能不寒心？一门之中，责在卑幼，苟不能变化气质，辄无礼于父兄之前，虽似粗豪，实为凶暴，其于天亲若此，尚安望其和以处众哉？左氏著存亡消长

①"斫梓"句：接受熏陶培养，一开始就要严谨慎重。

②支吾：支撑。

③春容：舒缓从容。

④睘(qióng)睘：同"茕茕"，孤独无依的样子。踽(jǔ)踽：单身独行、孤独无依的样子。

之理，于此类辨之最严，今首举之，固有深为惕虑者已。

一、戒滥交。朋友居五伦之中，原取其直谅多闻，可以绳吾愆而励吾德也。后世所谓朋友，酬酢往来，文貌相厚，惟利是视，易合易离。又见有乍投胶漆可以约为弟兄，而退有后言遽加讪谤，若此类者，鬼蜮其状，蛇蝎其心，安得谓之朋友哉？侪偶之中，求其光明笃实，历久不变，间有一二，直如威凤祥麟矣。此必结契独真，两心相印，其他不过泛泛相接，乃可云不滥也。至于邪僻奸宄之辈，当谨避之，所谓见不善如探汤，又岂得以交论乎？

一、戒妄言。经籍所垂，以谨言教人者多矣。惟章句之间习焉不察，故自幼成诵而若罔闻知，人无论贵贱知愚，发口亦尝懊悔，而旋悔旋失，毕竟无以自惩，皆由思免厥愆未经刻厉，虽金铭在室亦即泛然置之。程子《言箴》："发禁躁妄[1]。"盖必随时警省，如严刑峻罚之在前，其庶几乎。且因言而蹈刑罚，亦意中之所宜虑者也。或传市井谣言而坐以捏造，或述官衙密事而罪以招摇，或间骨肉而控为主唆，或谈闺阃而酿成命案，或议人词讼而牵连以赴质，或讦人阴私而诬陷以复仇，凡此片语所关，辄遭拘系，用以自警，则欲言而自噤声矣。

一、戒浪醉。《酒诰》一篇，痛恨殷遗积习，断为大辟，不惮严刻以绳之，盖刑乱国用重典，必如是而可挽颓风也。凡人苟明此意，当思酒之为祸甚烈，而自揣其量以节制之。夫过饮至醉，并无乐境，宿酲未解，举体为之不安，而回念醉时言语支离，暴喜暴怒，种种丑态，良为妇孺所羞。乃一旦临觞，纵恣无度，废时失业，致疾招尤，抑何其不能自克欤？我定祭祀饮福之规，酒行三五巡而止，固恐侧弁号呶见憎于先人也[2]。平时之戒，非后嗣所当自懔者哉。

一、戒斗殴。血气之勇，为害甚大，一时忿激，纠结不开，己弱人强，必遭毒手，积成暗疾，因而陨身者有之。己强人弱，或曾肆习少林，拳足之间，猝然致命，锒铛对簿，皮骨俱销，抵偿与否，尚不可知，而身家之苦

---

①发禁躁妄：平息躁动和妄念。

②侧弁（biàn）：歪戴皮帽。

累已难堪矣。昔人有言，因事相争，安知非我之不是？人能如此设想，则心气和平，自无斗狠之事，纵受屈至不可忍耐，而虑及后患，亦必猛省回头。至于乞丐窘极向人，儒者固属可怜，强者亦不足责，若以恶言起怒，任意相殴，既恐重伤，亦防图赖，不如给钱使去，一转瞬而即释然，不亦为盛德之士乎？

一、戒嗜烟。洋烟贻害中国，说者以为齐人馈女乐之故智而中国不悟也。其后虽有悟者，而流毒已深，兴贩之徒又以利重而严禁不止。近岁则滇、黔、陇、蜀，种植甚蕃，其价渐廉，好之者日益众矣。通商之议既定，榷税比诸药材，刑律亦以治病为辞，科断轻于往日。然律条虽已论减，世风究属可危。贫贱之人甘流离而不返，有力者亦且自豪。公烟来自外洋，购者不惜重价，而器具之精致称之，至饮食之丰腴，药饵之滋补，竟日之灯火，同好之相酬，所费不赀，无可裁损。有此嗜好，不能早起，不能耐劳，不能久坐宾筵，不能依时赴约，动辄致疾，又或称疾不行，状貌颓唐，精神耗散，与废人无以异焉。此虽家有余赀，犹惧中落，一门相效，更不忍言。使其初染之时，早知猛省，又何至自为戕贼若是哉？

选自《长沙瞿氏家乘》，1934 年北平京城印书局铅印本